"十四五"广东省职业教育规划教材

高等职业教育新能源汽车类专业创新教材

新能源汽车
故障诊断技术

（彩色版配工作页）

主　编	刘存山　李　楷　吉世岳
副主编	李亚鹏　马　良
参　编	巩航军　潘斌双　毛　峰　刘　丰
	张　威　陈先亮　李少平　卓幼义
主　审	冯　津

配套网络课程

机械工业出版社

本书以国内主流品牌新能源汽车为载体，以故障诊断技术为核心，重点讲解了新能源汽车故障诊断时的高低压配电、车载网络、整车及各系统控制逻辑和故障诊断排除技巧。本书以"学习目标""情境导入""信息获取""任务实施""知识拓展"的体例撰写，并按照汽车故障诊断的难易和位置对内容进行编排，解决了以知识点或汽车结构贯穿而导致的多车型交织、分割式讲解、实操项目一带而过等问题。

全书将新能源汽车技术的知识点融入多个实操项目的控制逻辑中，对每个项目都配套了工作页以及相关学习资源，让学生在学习和操作过程中去领悟，做到知识面全覆盖，实操任务、案例有侧重，同时培养学生在排除故障时，一丝不苟、精益求精的职业素养。

本书概括和总结了新能源汽车在故障诊断时需要掌握的核心控制逻辑和关键检测点，可作为职业院校新能源汽车专业的教学用书和相关从业人员的参考读物。

图书在版编目（CIP）数据

新能源汽车故障诊断技术：彩色版配工作页 / 刘存山，李楷，吉世岳主编 .
— 北京：机械工业出版社，2022.7（2025.2 重印）
高等职业教育新能源汽车类专业创新教材
ISBN 978-7-111-71162-9

Ⅰ . ①新⋯　Ⅱ . ①刘⋯　②李⋯　③吉⋯　Ⅲ . ①新能源 – 汽车 – 故障诊断 – 高等职业教育 – 教材　Ⅳ . ① U469.707

中国版本图书馆CIP数据核字（2022）第115095号

机械工业出版社（北京市百万庄大街22号　邮政编码100037）
策划编辑：齐福江　　　　　　责任编辑：齐福江
责任校对：郑　婕　王明欣　　封面设计：鞠　杨
责任印制：李　昂
北京中科印刷有限公司印刷

2025年2月第1版第6次印刷
184mm×260mm · 17.25印张 · 429千字
标准书号：ISBN 978-7-111-71162-9
定价：69.00元（含工作页）

电话服务　　　　　　　　　　网络服务
客服电话：010-88361066　　机 工 官 网：www.cmpbook.com
　　　　　010-88379833　　机 工 官 博：weibo.com/cmp1952
　　　　　010-68326294　　金 书 网：www.golden-book.com
封底无防伪标均为盗版　　机工教育服务网：www.cmpedu.com

前 言

在党的二十大精神指引下，国家相关部门陆续出台新能源汽车及其上下游产业链的扶持政策，新能源汽车产业获得迅猛发展，市场呈现爆发性增长，随之而来的新能源汽车的故障诊断和检测维修需求也会出现较大增长。

本书以国内主流品牌新能源汽车为载体，以故障诊断技术为核心，重点讲解了新能源汽车故障诊断时的高低压配电、车载网络、整车及各系统控制逻辑和故障诊断技巧。本书以用"学习目标""情境导入""信息获取""任务实施""知识拓展"的体例撰写，并按照汽车故障诊断的难易和位置对内容进行编排，解决了以知识点或汽车结构贯穿而导致的多车型交织、分割式讲解、实操项目一带而过等问题。全书将新能源汽车技术的知识点融入多个实操项目的控制逻辑中，对每个项目都配套了工作页以及相关学习资源，让学生在学习和操作过程中去领悟，做到知识面全覆盖，实操任务、案例有侧重。全书高度概括和总结了新能源汽车在故障诊断时需要掌握的核心控制逻辑和关键检测点，让读者彻底学会新能源汽车的故障诊断技术。本书可作为职业院校新能源汽车专业的教学用书，也可供相关从业人员阅读参考。

本书配套线上课程网址 https://www.xueyinonline.com/detail/240868507。

本书由东莞职业技术学院刘存山、深圳技师学院李楷、东莞汽车技术学校吉世岳担任主编，东莞职业技术学院李亚鹏、马良担任副主编。其中，项目一由李楷、刘丰编写，项目二、四由刘存山编写，项目三由吉世岳、李亚鹏、潘斌双编写，项目五由马良、巩航军、毛峰、张威、陈先亮、李少平、卓幼义编写。

另外，本书的出版获得东莞职业技术学院质量工程项目（XXJC202201）的资助，在本书编写和拍配套视频的过程中，得到了广东合赢教育科技股份有限公司和乾元新景东莞比亚迪 4S 店的大力支持，在此表示感谢。由于资料筹备不够完善，加之编者水平有限，错误和不妥之处在所难免，敬请读者批评指正。

刘存山

二维码索引

CONTENTS
目 录

故障诊断技术基础

任务一 电控技术维修基础

学习目标

1）理解新能源汽车电控基本原理和结构。

2）能够规范使用钳式电流表测量高压电流。

3）能够使用解码器读取新能源汽车的故障码和数据流。

情境导入

近几年来，新能源汽车行业迅猛发展，后市场服务人才紧缺。小李是一名职业院校新能源汽车专业应届毕业生，毕业后进入一家新能源汽车维修企业工作。一天，一辆吉利帝豪 EV450 前来维修，刘师傅读取故障码后，结合汽车电控技术，初步判断为整车控制器（VCU）故障。刘师傅计划检测该 VCU，由于操作涉及汽车 ECU 和高压部件，需要先进行高压下电，于是刘师傅将这项任务交给了小李。小李初入职场，对新车型并不熟悉，你能帮助小李完成这项任务吗？

信息获取

一、新能源汽车电控维修基础

汽车 ECU（Electronic Control Unit）是汽车电控单元的缩写。新能源汽车功能丰富，需要数十个功能强大的 ECU 来完成各个功能系统的工作。据统计，目前新能源汽车平均装备有 30~50 块 ECU，而相对高端的车辆则装备 150 多块 ECU。随着车联网、智能控制、无人驾驶技术的不断发展，ECU 数量需求还在持续增加。

汽车 ECU 因为工作环境恶劣，通常具有以下特点：①汽车需要在不同的道路和气候条件下行驶，ECU 需要承受振动以及温度和湿度的变化。②汽车 ECU 具有自诊断和检测能力，能及时发现系统中存在的故障并存储故障码，告知维修人员故障发生的部位，以便于维修。③汽车 ECU 及其传感器通常使用 5V 电源，由于受车内外电磁干扰及其他原因的影响，电源电压变化较大。

二、汽车 ECU 结构组成和原理

汽车 ECU 的硬件部分由壳体、接口插脚和印制电路板组成。壳体由塑料和金属材料制成，接口插脚连接 ECU 与外部电路，电路板采用多层结构印制工艺，如图 1-1-1（左）所示。

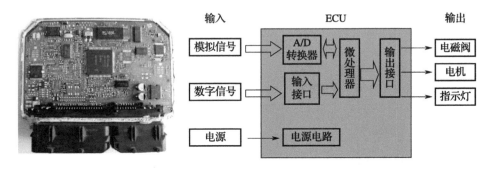

图 1-1-1　汽车 ECU 的硬件结构（左）、软件架构（右）

汽车 ECU 的工作过程：车辆起动时，ECU 进入工作状态，通过中央处理器（CPU）的控制，指令逐个被执行。在执行程序过程中，所需的信息来自各个传感器。从传感器来的信号首先进入输入回路，对其信号进行处理。如果是数字信号，经 I/O 接口会直接进入 ECU；如果是模拟信号，必须要经过 A/D 转换器转换成数字信号后才能进入 ECU。大多数信号在程序被执行前都暂时存储在 RAM 内，根据 CPU 指令再从 RAM 送至 CPU。然后将存储在 ROM（或 PROM）中的参考数据引入 CPU，使输入传感器的信息与之进行比较，根据软件程序算法，CPU 将结果输出给执行器或控制执行器动作，例如 ECU 根据整车驱动信号，控制电机输出一定的转速和转矩。

1. 汽车 ECU 结构组成

（1）输入接口

输入接口接收传感器和其他装置的输入信号，并对信号进行过滤和放大。输入信号放大的目的是使信号增加到汽车 ECU 可以识别的程度，输入信号的处理如图 1-1-1（右）所示，一般是在去除杂波和把正弦波变为矩形波后，再转换成输入电平。

（2）A/D 转换器（模拟／数字转换器）

从传感器送出的信号，有模拟信号和数字信号两种。其中相当一部分传感器输入的信号都是模拟信号，如动力电池温度传感器向 ECU 输入的是连续缓慢变化的信号，需要经过传感器及输入回路处理后，变成相应的电压信号，但这些信号 ECU 还不能直接处理，需经过相应的 A/D 转换器，将模拟信号转换成数字信号后才能输入 ECU。

（3）输出接口

输出接口为 ECU 与执行器之间建立联系的装置。它将 ECU 发出的决策指令，转变成控制信号来驱动执行器工作。输出回路一般起着控制信号的生成和放大等功能。ECU 输出的是数字信号，而且输出的电流很小，用这种信号不能驱动执行器工作，因此，通常还需要为执行器设计配套的驱动电路。

2. 汽车 ECU 的功能

汽车 ECU 按照特定的程序对输入信号（传感器信号和执行器反馈信号）进行处理，通过相应的功能算法生成控制指令，向执行器输出驱动信号。

（1）逻辑运算功能

ECU 从传感器或者总线上获得输入信号，经过一系列的算术运算（加、减、乘、除）和逻辑运算（与、或、非）之后通过执行器将动作输出。这是 ECU 最基本、最原始的功能。

（2）定时/计数功能

定时器和计数器本质上都是计数器。用作计数器时，使用的是 ECU 外部输入的脉冲，统计外部的计数源；用作定时器时，使用的是机器内部的时钟做计数源，因为机器时钟稳定性好，所以叫作定时器。人工智能（如定时开关门等）就是使用 ECU 的定时/计数功能完成的。

（3）中断服务功能

当来自输入、输出反馈电路的优先信号进入 ECU 时，ECU 将停止正在进行的工作，转向运行处理这些优先信号的子程序，使处理这些信号的时效性得到保证。

（4）总线功能

总线功能指的是 ECU 在车载网络中交换数据信息的功能。由于 ECU 在车载网络中并非孤立地存在，各个 ECU 之间需要交换信息，比如仪表需要发动机输出的转速信号才能正确地显示当前的转速，目前的车载总线技术主要有 LIN、CAN、FlexRay、MOST 等。

（5）诊断功能

由于整车各功能模块一旦装配好，就很难再获得其在车体中的信息。我们可以利用诊断仪从 ECU 中读出故障码或数据流，从而更加有针对性地进行维修。诊断仪是车外设备获取汽车信息的重要渠道，也是实现外部设备和汽车 ECU 交换数据信息的关键。

三、新能源汽车核心模块

新能源汽车作为一种绿色交通运输工具，由多个子系统构成，主要包括三大电（电池、电机和电控）与三小电［DC/DC 模块（简称 DC/DC）、车载充电机（OBC）、高压配电盒］以及空调等车身电器其他附件（图 1-1-2）。各个子系统都通过自己的 ECU 来完成各自的功能和目标。

新能源汽车不论是早期的分立式控制模块还是现在的多合一集成式总成设计，其核心模块都没有变，都是由动力电池及其管理器、驱动电机及其管理器、交直流充电系统、驾驶感知和整车电控系统、高压防护与辅助、高低压配电以及汽车机械系统等组成的。如比亚迪纯电动汽车已经由之前的独立部件向四合一集成，如今又改为三加三（"DC/DC、OBC、充配电三合一"+"电机、电机控制器、减速器三合一"）的结构，改进后减少了整车线束，结构更加紧凑。

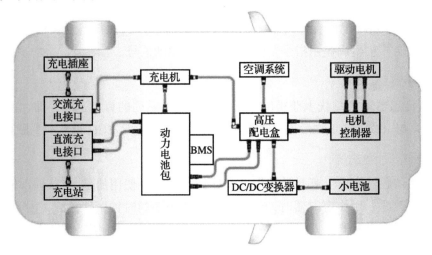

图 1-1-2　新能源纯电动整车系统控制架构

从不同的能量传递回路来看，纯电动新能源整车系统分为控制回路、电能回路、冷却液回路和机械能回路四种工作线路，如图 1-1-3 所示。

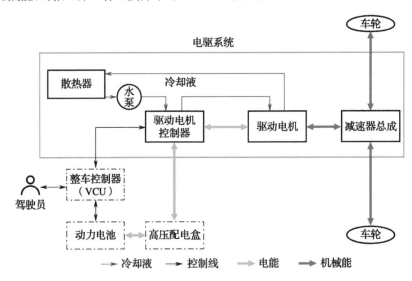

图 1-1-3　新能源整车系统四种能量（介质）传递线路

1. 控制回路

驾驶员通过档位选择和加速踏板位置传感器，将主观愿望变为信号输送到整车控制器（VCU），整车控制器协调动力电池、电机控制器工作。

2. 电能回路

动力电池的电能，经过高压配电盒，然后经过驱动电机控制器，将高压交流电输送到驱动电机的高压线路（图 1-1-4）。涉及高压的部件有动力电池、DC/DC、直流和交流充电接口、电机控制器、驱动电机、PTC（Positive Temperature Coefficient）加热器、空调压缩机和其他高压配件。

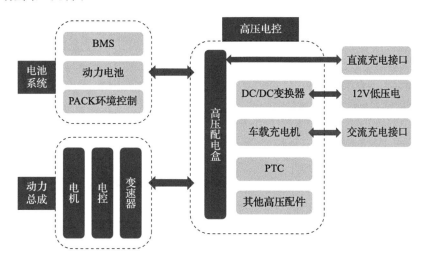

图 1-1-4　新能源纯电动汽车的高压线路

3. 冷却液回路

冷却液回路的动力源是水泵，水泵将冷却液输送到驱动电机控制器和驱动电机，冷却之后再流回到散热器，周而复始。

4. 机械能回路

动力电池的电能，经过高压配电盒，然后经过电机控制器，将高压交流电输送到驱动电机，驱动电机将旋转的动能输送到变速盒总成，之后经传动轴将动力输送到两侧的车轮，如图 1-1-5 所示。

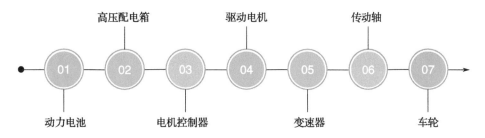

图 1-1-5　机械能回路

北汽新能源汽车同样也从分立式向集成式发展，为了看清楚各模块结构，以早期分立式车型为例（图 1-1-6）：机舱最右侧是车载充电机，功能是慢充电使用；中间是 DC/DC，主要功能为辅助电池及常规低压电路供电；靠在 DC/DC 左侧的是高压配电盒，主要是分配高压电，另外将直流充电的高压直流电输送到动力电池包；在机舱最左侧的是电机控制器，核心功能是将高压直流电变为交流电，输送到驱动电机。

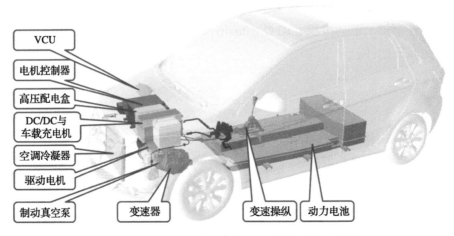

图 1-1-6 北汽新能源车的 ECU 模块设计布局图

任务实施

新能源汽车下电断高压基本操作

1）按下 POWER 键，待仪表熄灭。如果出现仪表死机不灭的情况，可尝试长按按钮，如图 1-1-7 所示。

2）一键起动的车辆，可将车辆钥匙放置在离车辆 5m 之外的地方，如图 1-1-8 所示。

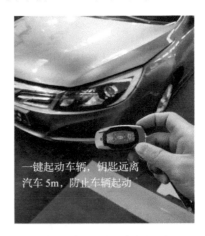

图 1-1-7　按下起动开关　　　　图 1-1-8　放置车辆钥匙

3）将车辆辅助电池的负极断开，并用绝缘胶布包裹，防止意外接触，如图 1-1-9 所示。

4）找到车辆的手动维修开关位置（一般安装在车辆的动力电池处），可根据维修手册查找并拆卸相关饰板，如图 1-1-10 所示。

5）佩戴新能源汽车专用的绝缘手套，拔出手动维修开关（也有许多新能源汽车未配置），如图 1-1-11 所示。

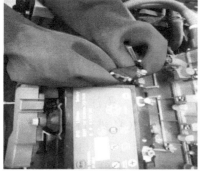

图 1-1-9　断开蓄电池负极

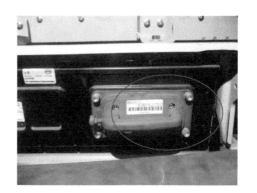

图 1-1-10　找到手动维修开关

6）使用绝缘胶布将手动维修开关槽封住，避免发生触电事故或者手动维修开关被再次安装，如图 1-1-12 所示。

图 1-1-11　拔出手动维修开关

图 1-1-12　密封手动维修开关槽

7）将拆下的手动维修开关放置在一个安全的地方，或者放进自己的口袋进行保管。

8）手动维修开关在被拆除之后，维修人员须等待 5min，因为车辆其他高压部件中的电容器还会存在高压电，需要等到电容器进行自放电之后，确认高压部件不具有高压电后，才可以对高压部件进行维修作业。

9）使用万用表对所维修部位进行高压残余电压测量，如果测量值大于 3V 时，应使用专用放电工装对该部位进行放电（图 1-1-13）。在高压残余电压完全消失后，方可进行下一步操作。

10）对高压部件放电后，用万用表再次测量，图 1-1-14 所示实测电压为 0.001V，确认无电。

图 1-1-13　用放电工装对高压部件放电

图 1-1-14　确认无电

知识拓展

汽车 ECU 故障发生机理和检测方法

如果出现了解码器无法进入汽车 ECU 的现象，其故障原因可能是 ECU 未工作或 ECU 本身的问题，也有可能是总线线路问题。在检修 ECU 之前，需注意以下四点：①认真检查外电路，尤其是总线线路，确认外电路正常之后方可对 ECU 进行检修。②检查 ECU 外部是否有损伤痕迹，固定是否牢固，焊锡（粘胶）是否密封可靠。③检查插接器和线路情况，特别是电源线和搭铁是否正常，保证 ECU 供电正常。④确认 ECU 型号和软件版本号相符。

1. ECU 故障类型及故障机理

（1）电源电路故障

故障原因可能是新能源汽车的 DC/DC 输出电压异常（类似传统燃油车的发电机调节器故障），导致电压过高；或在行驶过程中，蓄电池接头松脱致使 DC/DC 或发电机直接向 ECU 供电；或是工作过程中油污、水、灰尘引起电源线路连接部位漏电搭铁，也有可能是操作时误将电源的极性接反等。

（2）输入/输出电路故障

常见的故障是放大电路元器件烧坏，有时也会伴随着电路板上覆铜线条烧断等情况。这类故障极易发生在散热不良、表面烤漆和焊接维修作业、电路发生过电流和过电压等条件下。其机理有两方面：一是温度过高导致零件绝缘材料破损；二是过电流和过电压引起元器件烧蚀。因此 ECU 的工作温度不能超过 85℃。

（3）存储器故障

可擦写存储器（EPROM 或 EEPROM）出现故障时，可通过复制处理。方法为：将良好的具有程序内容的存储器芯片，通过烧录器读出程序，写入新的空白芯片，再将新的芯片装入 ECU 使用。少数 ECU 被加密，芯片不能被复制。

（4）特殊故障

由于汽车工作环境恶劣，雨、水、泥、雪、灰尘和油污等侵蚀，大负荷工作时间过长和工作时剧烈的冲击振动，会造成 ECU 变形、开裂、元器件引脚断路短路、粘连或元件损坏等故障。

2. ECU 的检测方法

（1）直观检查法

通过目视去观察电路、元器件等的工作状态，从中发现异常。这是所有检查法的基础步骤。了解 ECU 的基本信息（型号、引脚、应用车型等），并掌握故障可能的外部表现迹象，如密封不良、进水、外部断路、外部短路、严重烧蚀等。

（2）接触检查法

ECU 在工作状态下，检查人员可通过直接接触去寻找故障点。在对待查元件接触的过程中，通过触觉感知温度，通过嗅觉感知气味，确认是否有异常表征。在检查过程中，ECU 要放置平稳，注意线路板或电子元器件与其他部分（尤其是车身底盘）应保持一定的距离，以免发生短路造成不可修复的故障。

（3）故障再生法

有意识地让故障重复发生，并力图使故障的发生、发展、转化过程变得比较缓慢，以便提供充足的观察机会、次数、时间，在观察过程中发现影响故障的因素，从而查出故障部位和原因。

对于 ECU 来说，间歇（偶发）性故障几乎都是在一些特定的环境下出现的，因此，为了让故障再现，就需要模拟故障显现环境。通常采用的方法有四种：①振动法。通过轻轻地振动、拍打、敲击 ECU，拉动 ECU 连接线束，再现振动的环境。②水淋法。用水浇淋风窗玻璃或机舱盖，再现 ECU 受潮的环境。③加热法。可以用电吹风或热风枪对 ECU 可疑部位进行加热，再现温度过高的环境。④电器全接通法。接通汽车上的全部用电设备，再现 ECU 电路电流过大的环境。上述检测方法适用于间歇出现的故障，对于一直处于不良状态的情况，则不宜采用。

（4）参照检查法

这是一种利用比较手段来寻找故障部位的检查方法。通常用一个性能良好的 ECU，测量其关键部位的参数，包括电压、电阻等。运用移植、比较、借鉴、引申、参照等手段，查出不同之处，以便诊断故障部位和原因。

（5）替代检查法

用一个性能可靠的元器件去替代一个待查的元器件（或电路），如果替代后工作正常，说明待查元器件出现故障。如果替代后故障现象不变，则可排除待查元器件的故障，并可进一步缩小故障范围。替代检查法适用于各种故障诊断，但在采用时要有针对性，这样会节省诊断时间，提高诊断的成功率。在运用替代法检查的过程中，还应注意以下三点：①替代检查法对仅有一两个元件存在故障的情况较为实用，通常是在其他方法诊断出具体的方向和范围之后采用。②对于集成电路这样的多引脚元件，采用替代检查法更要慎重。③在特殊情况下，一个故障若是由两个或以上故障点造成的，此时若只替代其中一个元器件则故障现象仍然不变，必须同时替代两个或多个待查元器件直到故障现象消除。

（6）电压检查法

电压检查法主要是对 ECU 内关键点的电压进行实时测量，以找出故障部位。这些关键点主要是各集成电路的供电电源、线路中连接蓄电池的主电源、受起动开关或电源开关控制的电源、内部经过集成稳压器或调整二极管输出的稳压电源（因为电路中的数字电路、ECU 等都工作在 5V 或更低的电压下，12V 的蓄电池电压不能直接加载到这些元器件的电源引脚上）等。

（7）电阻检查法

利用万用表检测线路的通断、阻值的大小，来判别故障原因和故障部位。此种方法主要适用于元器件和铜箔线路的检测。铜箔线路经常发生开裂的原因主要是因车辆的冲击、振动而造成的；而 ECU 进水受潮是造成铜箔腐蚀断路的主要原因。在实际操作时，必须查清铜箔线路走向，可通过线路两端电阻检测来判别。

（8）波形检查法

采用专用或通用示波器，对 ECU 关键点和相关引脚进行测量，从而判断 ECU 是否正常。波形检查法还可对传感器的输入信号、经输入电路后送给 ECU 或 A/D 转换器的信号、输出信号及各种驱动器的输入 / 输出信号进行检测分析。

（9）信号注入检测法

采用信号发生器给电路输入相同或相近的信号，在输出端观察执行器的动作情况，或在输出端连接示波器或万用表，根据波形或显示信号高低来判断故障。

任务二 安全防护与检修设备

学习目标

1）掌握新能源汽车高压安全须知。

2）能够规范地对个人和新能源汽车进行安全防护作业。

3）能够规范地进行新能源汽车高压上、下电操作。

情境导入

汽修工小李刚入职，售后经理考虑到他是高职毕业生，交代小李与车间主管一起撰写一份新能源汽车上、下电操作的规范流程。

信息获取

一、维修新能源汽车的高压安全须知

1. 电动汽车高压安全要求

根据 GB 18384—2020《电动汽车安全要求》，在最大交流工作电压小于 660V，最大直流工作电压小于 1000V 以及整车质量小于 3500kg 时，电动汽车的高压安全要求如下：

1）人体的安全电压低于 35V，触电电流和持续时间乘积的最大值小于 30mA·s。

2）绝缘电阻除以电池的额定电压至少应该大于 100Ω/V，最好是能确保大于 500Ω/V。

3）对于各类电池，充电电压一般最高不超过额定电压的130%。

4）在上电过程中应该采用预充电过程来避免高压冲击。

5）高压系统断开后1s，汽车的任何导电部分和可接触部分对地电压峰值应当小于42.4V（交流）或60V（直流）。

2.高压系统监测参数

电动汽车的高压电气系统工作电压有数百伏，高压电缆线绝缘介质老化或受潮湿环境影响等因素都会导致绝缘性能下降，电池组自身产生的漏液、受潮等，也会导致绝缘程度下降。因此，高压电气系统相对车辆底盘的电气绝缘性能的实时检测是电动汽车电气安全技术的核心内容，对于电动汽车的高压电气系统和自动断路器的工作状态及功能的监测，需要检测的参数可以分成以下四类：①高压电气参数，包括高压系统电压、电流，高压总线剩余电量。②高压电路参数，包括动力电池绝缘电阻、高压总线等效电容。③非电测量参数，包括环境温度、湿度等。④数字测量参数，主要是开关量的输入和输出等。

二、维修新能源汽车的个人安全防护

在维修新能源车辆的过程中，为了保障工作人员的人身安全，安全有效地完成工作任务，必须使用相应的安全工具和设备。同时为了防止工作人员触电，个人还必须穿戴防护设备，主要有绝缘手套、护目镜、绝缘鞋和非化纤材质的衣服等。上述安全工具及防护设备，如图1-2-1所示。

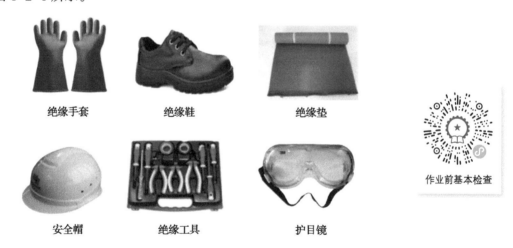

绝缘手套　　　　　绝缘鞋　　　　　绝缘垫

作业前基本检查

安全帽　　　　　绝缘工具　　　　　护目镜

图1-2-1　用于新能源汽车维修的防护用品

各安全工具及防护设备的使用要求见表1-2-1。

表1-2-1　各安全工具及防护设备的使用要求

序号	工具名称	用途描述
1	警示牌	在地面或车辆附近明显位置放置
2	绝缘手套（绝缘等级为1000V/300A以上）	拆除及安装高压部件使用

（续）

序号	工具名称	用途描述
3	劳保手套	拆除及安装高压部件使用
4	绝缘鞋	拆除及安装高压部件使用
5	护目镜	拆除及安装高压部件使用
6	绝缘帽	拆除及安装高压部件使用
7	绝缘表	测试高压部件绝缘阻值
8	绝缘工具	拆除及安装高压部件使用

1. 绝缘手套

1）用于高压车辆维修的绝缘手套，应符合 GB/T 17622—2008《带电作业用绝缘手套》（35kV 及以下带电作业使用）。

2）绝缘手套应能够承受 1000V 及以上的工作电压，应具备耐碱性，当工作中接触到来自高压动力电池组的漏液时，可防止这些物质对人体组织的伤害。

3）绝缘手套需要定期检验，而且在每次使用前须进行密封性检查。检查的方法是向手套内充入一定的空气，观察手套是否有漏气的风险，如图 1-2-2 所示。

图 1-2-2　绝缘手套的密封性检查

4）绝缘手套的使用方法和检查流程，如图 1-2-3 所示。

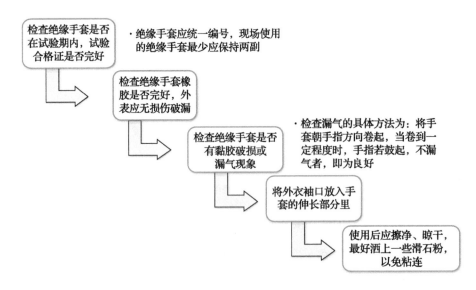

图 1-2-3　绝缘手套使用方法与检查流程图

2. 护目镜

新能源汽车维修用的护目镜（图 1-2-4），不仅可防止电池电解液的飞溅，还可以防止新能源汽车维修过程中产生的电火花对眼睛的伤害。

图 1-2-4　护目镜

3. 绝缘鞋

绝缘鞋（靴）的作用是使人体与地面绝缘，防止电流通过人体与大地之间构成通路，把触电时的危险降低到最小程度。绝缘鞋构造如图 1-2-5 所示，应符合 GB 21148—2020《足部防护　安全鞋》的要求，电阻值范围在 $100k\Omega{\sim}1000M\Omega$，具有透气、防静电、耐磨、防滑等功能。

进口优质牛皮　柔软舒适鞋舌　优质吸汗耐磨内里

进口轻钢钢头　　正品Logo　　PU注塑鞋底

图 1-2-5　绝缘安全鞋内部构造

4. 非化纤工作服

维修高电压系统时，必须穿非化纤类的工作服。化纤类的工作服会产生静电，并且在发生火灾事故时，化纤会在高温环境下粘连人体皮肤，导致维修人员产生二次伤害。

其他的新能源安全工具及防护设备在此不予介绍。

三、维修新能源汽车的检修设备

新能源汽车必须使用带有绝缘功能的工具和专用的检修设备，如钳流表、绝缘测试仪等。常用的新能源汽车维修工具及检测设备，见表 1-2-2。

表 1-2-2　新能源汽车常用的维修工具及检测设备

序号	类型	工具设备名称	规格要求	单位	备注
1	绝缘工具	绝缘工具套装	高压电维修绝缘工具，耐压 1000 V	套	
2	检测仪表	数字式万用表	符合 CAT Ⅲ[①]要求	个	如 FLUKE 系列万用表
3		钳形电流表	符合 CAT Ⅲ要求	台	如 FLUKE 321
4		绝缘电阻测试仪	符合 CAT Ⅲ要求	台	如 FLUKE 1587
5	诊断仪器	专用车型诊断仪	对应车型	套	如北汽 BDS，比亚迪 ED400、ED1000
6	防护用品	绝缘台	耐压 ≥ 10kV	台	
7		绝缘手套	耐压 ≥ 10kV	副	
8		绝缘鞋	耐压 ≥ 10kV	双	
9		护目镜	耐压 ≥ 10kV	副	

① CAT Ⅲ：根据国际电子电工委员会 IEC 1010-1 定义的过电压等级。

1. 绝缘工具

绝缘工具是采用绝缘材料进行加工并适用于电气系统拆装等操作的工具。新能源汽车涉及高压的部分零部件拆装必须使用绝缘工具，这些工具包括常用的套筒、呆扳手、螺钉旋具、钳子、电工刀等。绝缘工具（图 1-2-6）必须装有耐压 1000V 以上的绝缘柄。

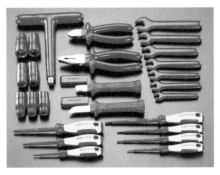

图 1-2-6　绝缘工具

2. 检测仪表

新能源汽车维修中使用的检测仪表有数字式万用表、绝缘电阻测试仪和钳形电流表等。

（1）汽车专用数字式万用表

数字式万用表应符合 CAT Ⅲ 安全级别的要求。图 1-2-7 所示是汽车专用数字式万用表，具备以下检测功能：①交流 / 直流（AC/DC）电压、电流；②电阻；③频率（Hz）；④温度（TEMP）；⑤二极管；⑥连通性；⑦电容；⑧绝缘测试（低压）。有些汽车专用的万用表，还具有转速（r/min）、百分比（占空比，%）、脉冲宽度（ms）测试以及其他功能。

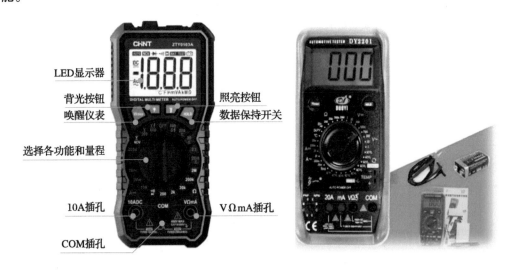

图 1-2-7　汽车专用数字式万用表

（2）绝缘电阻测试仪

由于电动汽车的运行情况非常复杂，在运行过程中难免会出现部件间的相互碰撞、摩擦、挤压等情况，导致高压电路与车辆底盘之间的绝缘性能下降。绝缘电阻是新能源汽车设备安全要求测试中的一项重要指标，它可以判断绝缘体是否完整以及绝缘体表面是否被污染。通过测量设备的绝缘电阻可以及时发现新能源高压器件受潮、绝缘劣化和绝缘击穿等缺陷。另外，电源正负极引线将通过绝缘层和底盘构成漏电回路。当高压电路和底盘之间发生多点绝缘性能下降时，还会导致漏电回路的热积累效应，可能造成车辆的电气火灾。电动汽车的电气绝缘性能检测需要使用专用的绝缘测试仪器，测量高压电缆及零部件对车身绝缘电阻是否位于规定值范围内。

绝缘电阻测试仪分为机械式绝缘电阻表（俗称摇表）、电子显示式（图1-2-8）两种类型，其通常有三个接线柱，即L（线路端）、E（接地端）、G（屏蔽端）。使用时注意如下事项：

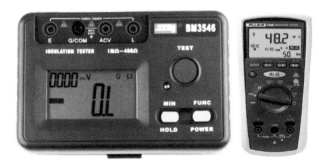

图1-2-8　SZBJ3456（左）和FLUKE1508（右）的绝缘电阻测试仪

1）测量前必须将被测设备电源切断，并对其进行短路放电。决不能带电测量，以保证人身和设备的安全；对容性较大的被测设备，测试完成后要及时对地短路放电。

2）被测物体不得带电，测试前要先放电，不然会影响测试结果。

3）一般用500V或1000V档位测试绝缘性能，使用时，应放在平稳、牢固的地方，远离大的电流导体和外磁场。

4）不能用手接触接线柱。另外被测物表面要清洁，以减少接触电阻，确保测量的准确性。

（3）钳形电流表

由于新能源汽车驱动系统的导线存在较大的交变电流，必须使用钳形电流表进行测量。钳形电流表是一种不需断开电路就可直接检测电路电流的便携式仪表，因外形成钳形，故名钳形电流表（钳流表）。

常用的钳形电流表原理如图1-2-9（左）所示，其工作部分主要由一只电流表和穿心式电流互感器组成。电流互感器的钳头在捏紧钳头扳手时可以张开；被测导线的电流产生的磁通在线圈上感应出电流i，感应电流i依次经过电流﹣电压转换电路、修正电路、模拟信号转换电路，用相应的算法计算，最终在显示屏上显示出待测电流的大小。

钳形电流表外观如图 1-2-9（右）所示。可以测量交 / 直流的电流、电压、交流频率、电阻以及导通性。

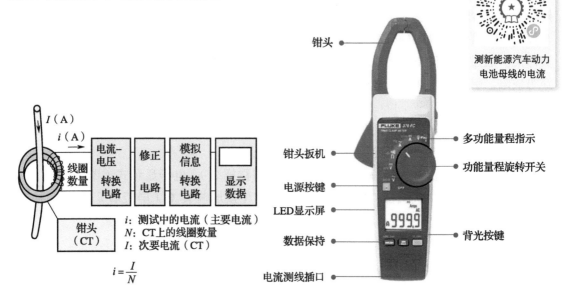

$$i = \frac{I}{N}$$

i：测试中的电流（主要电流）
N：CT 上的线圈数量
I：次要电流（CT）

图 1-2-9　钳形电流表原理（左）及外观（右）

测新能源汽车动力
电池母线的电流

（4）汽车专用示波器

汽车电控设备的信号变化速率非常快，变化周期快的达几微秒，还有一些信号是间歇的，时有时无，这就需要仪器的测试速度高于信号变化的速度。汽车专用示波器不仅可以快速捕捉上述电路信号，还可以用较慢的速度来显示其变化的波形，以便观察和分析。

维修人员一般通过以下 5 个参数指标来分析信号波形：幅值（信号最高电压）、频率（信号的循环时间）、形状（信号的外形）、脉宽（信号的占空比或所占时间）和阵列（信号的重复特性）。通过波形分析可进一步检查出电路中的传感器、执行器以及电路和电控单元等各部件的故障。例如 UTRNIX 汽车专用示波器（图 1-2-10），其内部配置有 16 种重要传感器的标准波形，用户可以将测量波形与标准波形进行比较，分析出是否存在故障。

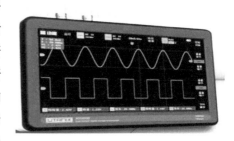

图 1-2-10　UTRNIX 汽车专用示波器

（5）故障诊断仪

汽车故障诊断仪能与被检测车辆的控制模块（ECU）通信，用于对应车型的故障诊断，也称解码器、故障扫描仪。不同品牌的车型通常都采用各自厂家开发的专用诊断仪器，如比亚迪 VDS2000、广汽新能源 GIDS 诊断仪（图 1-2-11 左）等。通常专用解码器的功能比通用解码器更强大，多数具有引导性故障排除功能，但却只能用于厂家自己品牌的车型。

而市场上的通用解码器有元征 X431，道通 MS908（图 1-2-11 右）等由于其功能强大，软件及时更新，可以解码市场上绝大多数的车型，一机多用，性价比较高，因此受到绝大多数中小微企业主和维修人员的青睐，使用率非常高。汽车故障诊断仪通常具备以下功能：①读取清除故障码；②数据流读取；③执行元件动作测试；④系统基本设定；⑤控制模块的软件升级、编程、编码等。

图 1-2-11　广汽新能源 GIDS 诊断仪（左）、道通 MS908 诊断仪（右）

任务实施

一、用绝缘测试仪测量绝缘与耦合电阻

（1）用绝缘测试仪测量绝缘电阻

用 FLUKE 绝缘测试仪测量绝缘电阻，如图 1-2-12 所示。

交流充电口测绝缘

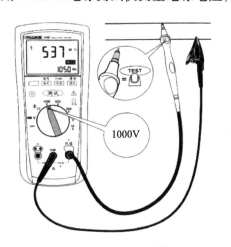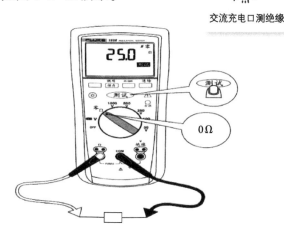

图 1-2-12　用绝缘测试仪测量绝缘电阻（左）及接地耦合电阻（右）

1）将测试仪正、负探头插入"绝缘"和"COM（公共）"输入端子。

2）将旋转开关旋至所需要的测试电压（1000V）。

3）将与 COM 连接的探头接地，与"绝缘"连接的探头接触测试点，按住正表笔"测试"按钮，辅显示位置显示被测点上所加的电压（1050V），主显示位置显示绝缘电阻此刻测试数值（537MΩ）。

（2）用绝缘测试仪测量接地耦合电阻

1）将测试探头插入"Ω"和"COM（公共）"输入端子。

2）将旋转开关旋至"零Ω"档位置，进行初步校正。校正后，检测电阻，图1-2-12右显示电阻读数为25Ω。

二、用钳形电流表测量高压电流

（1）测试前安全防护

首先做好车辆防护，随后维修人员穿戴好劳保用品，穿好高压绝缘鞋，戴好绝缘手套。

（2）测量方法

以FLUKE 317钳形电流表（电流钳）为例，在测量电流时，按以下步骤进行。

1）估算电流大小，选择正确的档位与电流类型。例如，如果需要测量三相电机的一相电流，如图1-2-13所示，选择交流电流档并校零。

2）打开电流钳，将被测线路放入电流钳钳口之中，被测导线应尽量放在钳口中部，不可同时钳住两根导线。

注意：测量时电流钳应该保持钳口闭合且尽可能垂直于导线，否则将测量不准确，如图1-2-14所示。

图1-2-13　档位选择

3）开始测量，读取电流值。钳形电流表可在不断开电路的情况下测量电流，但只限于在被测线路电压不超过额定电压的情况下使用。

4）如需测量变化电流的最大值，应在上步的基础上按下"MAX"键后再进行测量。如图1-2-15所示。

图1-2-14　钳口应闭合

图1-2-15　测量变化的电流

（3）注意事项

1）测量前，应先检查钳形电流表铁心的橡胶绝缘是否完好，钳口应清洁、无锈，闭合后无明显的缝隙。

2）测量前应先估计被测电流大小，选择适当量程。转换量程档位时，必须在不带电情况下或者在钳口张开情况下进行。

3）测量大电流后还要测量小电流时，应开合铁心数次以消除铁心中的剩磁，减小误差。

4）每次测量前后，要把调节电流量程的切换开关放在最高档位，以免下次使用时，因未选择量程就进行测量而损坏仪表。

知识拓展

人体触电的危害

有大约 5mA 的电流通过人体时，就会产生麻木感，但电流可以导走；若体内通过的电流大于 10mA，就会超出人体导出电流的极限，此时，人体开始收缩，无法再导走电流。电流的滞留时间也会相应增加。如果体内通过的电流达到 30~50mA 且长时间滞留会导致呼吸停止和心室纤维性颤动；经过人体的电流达到 80mA 时，被认为是"致命值"。因此，42.4V 以上的交流电，60V 以上的直流电都具有危险性。

触电对人体的伤害主要有：①电击效应。电流低于导通限值时，会有相应的电击反应，从而容易因肢体不受控制和失去平衡而导致受伤。②热效应。在电流的导入和导出点处会发生烧伤和焦化，也会发生内部烧伤，由此可导致肾脏负荷过大，甚至造成致命伤害。③化学效应。血液和细胞液被作为电解液而电解，严重时会引起中毒。④肌肉刺激效应。正常的身体功能和肌肉运动都是由大脑通过神经系统控制的，如果人体通过的电流过高，肌肉首先会产生抽搐，大脑会无法控制肌肉组织，如紧握的拳头无法打开或移动等；其次，如果电流经过胸腔，肺就会产生痉挛甚至引起呼吸骤停；最后，如果流经心脏会导致心跳节奏被打乱，人体将无法进行心脏的收缩和扩张运动。⑤发生急剧短路的热效应。当工具急剧发热而导致材料熔化时，可能发生烧伤事故。⑥短路引起火花。金属快速熔化而产生飞溅，飞溅出来的金属颗粒可能会引起烧伤或灼伤眼睛。⑦高压线路接通和断开时产生的弧光辐射可能造成电光性眼炎。

任务三 常规维护与保养

学习目标

1）理解新能源汽车的维修类别。

2）能够对新能源汽车进行日常保养维护。

3）能够简述新能源汽车一级保养的基本内容。

情境导入

高职毕业的汽修工小李刚入职。小李在校期间使用过金德 KT600 解码仪，但就业后，车间内使用的是比亚迪 VDS2000 专用解码仪。面对新的仪器仪表，小李克服困难，通过查阅资料，请教师傅，可以对新能源汽车进行保养维护。

信息获取

一、新能源汽车的维修类别

新能源汽车保养是指保持和恢复新能源汽车的技术性能，保证其具有良好的使用性能和可靠性能。2018 年 8 月 21 日，上海市汽车维修行业协会下发《新能源汽车维护技术标准》（试行）通知，该标准适用于纯电动汽车，规定了日常维护、一级维护、二级维护的周期、作业内容和技术要求。保养周期根据营运及非营运电动汽车的使用频率进行区分，将维护类别分为四级：日常维护、一级维护、二级维护和诊断维修，具体见表 1-3-1。

表 1-3-1　新能源汽车维护技术标准（上海市汽车维修行业协会）

序号	维修类别	营运电动汽车	非营运电动汽车	技师技能要求
1	日常维护	每个营运工作日	—	三类技能
2	一级维护	5000~10000km 或者 1 个月	5000~10000km 或者 6 个月	二类技能
3	二级维护	20000~30000km 或者 6 个月	20000~30000km 或 1 年	三类技能
4	诊断维修	更换高压系统总成部件（如控制模块、高压空调压缩机等） 维修仅限于蓄电池内独立部件更换（如高压蓄电池单体电池） 高压系统部件外观损坏、变形严禁维修更换，应报备相应主机厂		二类技能

二、新能源汽车日常维护内容

1. 日常维护

日常维护以"清洁、调整和安检"为核心，其主要作业内容，见表 1-3-2。

防护车辆并填写铭牌信息

表 1-3-2　新能源汽车日常维护

序号	日常维护	常规系统	电动系统	备注
1	清洁	车身（车窗等）	高压部件相关风冷过滤网	如有采用压缩空气吹扫或使用工业级吸尘器除尘
2	调整	常规工作介质（油、水、电、胎压等）	高压工作介质（制冷剂、冷却液、高压蓄电池的电量等）	
		运动部件润滑（如门窗铰链）	电动传动系统零部件润滑	

（续）

序号	日常维护	常规系统	电动系统	备注
3	安检	底盘（制动、传动、悬架、转向等）	驱动电机及控制器工作状态检查	出现任何高压警示，应立即停用处理（警告灯见《电动汽车常见图标》，未注项目参照产品使用说明）
		电气（灯光、照明、信号等）	仪表指示灯检视	
		电机运转状态	动力蓄电池系统、电动辅助系统	

新能源汽车日常维护应由驾驶员（或者车主）执行，日常维护在如下条件进行：①没有举升机；②没有解码仪及相关固定式专用维修工具，例如压缩气枪等。

驾驶员（车主）日常维护，以目视检查为主，涵盖驾驶舱的仪表显示检查、前机舱的元件外观检查、四个车门铰链位置检查、车身及轮胎检查、充电口（盖）的检查五个方面。

（1）驾驶舱的仪表显示检查

下面以 2017 款比亚迪 E5 和 2020 款秦 EV 的仪表来说明。

1）仪表左侧。仪表左侧显示驾驶员安全带、功率及能量回收、驻车提示等，如图 1-3-1 所示。驾驶员需要检查仪表显示是否正常，安全带指示灯是否点亮（安全带未闭合时）。

2）仪表中部。仪表中部如图 1-3-2 所示（比亚迪 E5 车正常上电后），主要显示动力电池 SOC、ECO（经济）模式、OK 指示灯、时间、轮胎气压、档位和出现故障时文字提醒等。

汽车的 ECO 模式有主动和被动之分。被动式 ECO 没有专门的按键，只是一个提醒功能。在车辆行驶时，仪表板会显示一个被动式的绿色 ECO 标志，当车速超过 20km/h，驾驶员仍大力踩加速踏板加速或爬坡行驶时，ECO 字样会消失，在状态平稳后经智能评估电耗达到最佳电能供应时，仪表板会再次显示 ECO 绿色标志。

图 1-3-1　2020 款秦 EV 的仪表

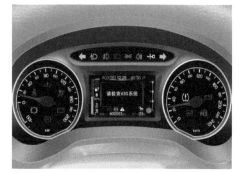

图 1-3-2　2017 款比亚迪 E5 的仪表

3）仪表右部。比亚迪车正常上电之后，仪表右部主要显示车速、胎压、低压电池和转向系统故障警告灯等。

（2）前机舱的元件外观检查

2017 款比亚迪 E5(左) 和 2020 款秦 EV（右）的机舱如图 1-3-3 所示。在车辆下电的情况下，检查机舱室内的 PTC 水壶、动力电池包冷却液和电机冷却液以及玻璃洗涤液的液位。检查辅助电池的桩头是否连接牢靠，检查高压电控箱体的外部高压接插件是否牢靠等。

图 1-3-3　2017 款比亚迪 E5(左) 和 2020 款秦 EV（右）的机舱

（3）四个车门铰接位置

检查四个车门铰接位置是否正常，是否已经涂抹润滑脂。

（4）车身及轮胎检查

车辆外观及轮胎检查遵循顺时针方向，检查项目为：左前侧车门→左前轮胎及轮眉→前机舱盖及灯光总成→右前轮胎及轮眉→右前车门→右后车门及右后轮胎→行李舱盖及灯光总成→左后轮胎及左后车门。

（5）充电口（盖）的检查

检查交流充电口盖、直流充电口盖和插头桩是否正常，充电口盖是否能正常开闭，图 1-3-4 所示为 2017 款比亚迪 E5 和 2020 款秦 EV 的充电口。

图 1-3-4　2017 款比亚迪 E5 和 2020 款秦 EV 的充电口

三、新能源汽车核心总成维护内容

无论是纯电动汽车还是混合动力汽车，它们的"三电"（电池、电机、电控）保养检查至关重要，主要涉及以下检查内容。

（1）高压动力电缆的维护

1）动力电缆线外观的检查，包括电缆线的绝缘层、插接件自锁装置有无损坏，插接件内表面有无烧蚀，电缆线有无老化。

2）检查电缆线插接件有无松脱。

3）检查电缆线是否与金属摩擦。

4）检测电缆线的绝缘性。

（2）动力电池的维护

1）检查动力电池组的外壳有无变形、密封条有无老化。

2）检查动力电池的高压接线和低压接线的插座有无松动。

3）6个月或10000km时检查电池有无变形，漏液。

4）运行4年后需做动力电池容量测试。

5）连接诊断仪，检测有无故障码。

（3）电机及电机控制器的维护

1）检查电机控制器输入端的接头螺栓或插头有无松动、接触面有无烧蚀。

2）检查电机接线柱上的螺栓有无松动、变色、烧损。

3）检查电机三相电缆线的绝缘性，检查绝缘层有无破损，有无老化。

4）检查电机的旋变线圈、温度传感器插接件有无松脱。

5）检查电机及电机控制器的散热水泵和散热风扇工作是否正常。

6）每60000km或3年更换电机及控制器的冷却液。

7）每45000km更换电机的齿轮油。

8）检查DC/DC输入，输出电线的外观、绝缘性，辅助电池的接头有无松动。

9）连接诊断仪检测电机及电机控制器有无故障码。

任务实施

新能源汽车日常维护操作

1）作业前准备。进行工位安全隔离防护，首先拉起红色隔离带，做好场地隔离。树立警示标志，金属性质的警告牌立在地面，纸质或者塑料警告牌可以放在车顶上。

绝缘垫（面积是1m×2m）主要用于操作人员在汽车前段操作时的防护，首先保证地面的干燥性，可以采用绝缘测试仪检查绝缘垫与地面的绝缘性，如图1-3-5所示。

2）作业前准备。进行个人安全防护工作，工作人员应该检查并穿戴工作服、绝缘帽、护目镜、劳保手套、绝缘手套、绝缘鞋等，如图1-3-6所示。

高压电维修警告牌

汽车维护检查

图1-3-5　三角告示牌及绝缘垫

图1-3-6　绝缘手套（左）、护目镜（中）、绝缘帽（右）

3）作业准备。进行车辆安全防护，安装车轮挡块。

4）检查作业。外检作业，检查车身状况。

5）检查作业。进行车身检查，在车辆的右前侧B柱位置下方，记录车辆型号、车辆识别码、电机型号、电池容量、工作电压。

6）作业准备。进行车内安全防护，安装座椅套、方向盘套和地板垫。

7）检查作业。检查汽车前部灯光，技师B在驾驶室内，按喇叭，操作灯光开关，如图1-3-7所示。技师A检查汽车前部灯光，包括前小灯、前雾灯、前照灯（前远光、前近光）、警告灯、左右转向灯。

8）检查作业。检查汽车后部灯光，主要有后转向灯、倒车灯、后雾灯等。

图1-3-7　技师B在驾驶室内操作灯光开关

9）检查作业。进入驾驶室，起动车辆，打开鼓风机。按下并检查AC开关指示灯的工作情况，检查空调面板各个按键的功能。检查鼓风机的风速调节和通风装置的风向切换功能、检查空调制冷时冷却风扇的运转情况。

10）检查作业。检查室内照明灯、前后升降器是否正常，检查完毕后，车辆下电。

11）检查作业。拉开充电口盖开关，检查交流、直流充电口盖是否有水迹、是否干燥。检查各充电插接器接口处是否有异物、烧蚀等情况。

12）作业准备。做好车身安全防护，安装翼子板布和前格栅布，如图1-3-8所示。

13）检查作业。检查驾驶员侧防火墙一侧制动液液位（白色罐）、电机冷却液液位（红色液体）、电池冷却液液位及 PTC 加热补偿罐液位，图 1-3-9 为检查 PTC 加热补偿罐液位。

图 1-3-8　技师 A 安装翼子板布和前格栅布　　　　图 1-3-9　技师 A 检查 PTC 加热补偿罐液位

14）检查作业。冷却系统检查，检查各冷却系统上软管的安装连接情况及有无裂纹、损伤和泄漏。

15）检查作业。高压电控总成的检查，包括高压电控总成外观是否变形，高低压线束或插接件是否松动。

16）检测作业。检查低压电源的正、负极桩头，测量并记录低压电源系统电压（静态）。正常情况下，在唤醒且 DC/DC 正常工作状态下，辅助电池电压为 13.6~14.8V。

17）检查作业。插上充电枪，检查车辆能否正常充电及充电时仪表显示是否正常。如图 1-3-10 所示，仪表右上角红色插枪灯点亮，显示中文"连接已成功，正在充电中 / 当前电量 37%/ 充电功率 27kW（比亚迪 E5 功率仪表只显示整数，不显示小数，如遇到充电功率 0%，需用解码器核实真实的功率）/ 预计充满时间：1 小时 8 分钟。

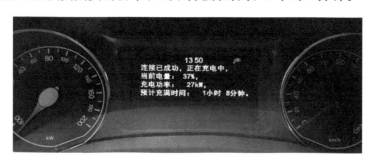

图 1-3-10　技师 A 检查比亚迪 E5 仪表显示

18）检查作业。使用解码器检查车辆是否有故障并记录。检查完毕之后，关闭上电开关，断开辅助电池负极，取下维修开关。

19）检查作业。检查汽车行李舱随车工具及备胎。

20）检查作业。连接举升机四条支撑的支架，将托盘支撑在固定位置上。举升时候，检查支架托盘的支撑位置是否牢靠，然后将汽车举升到中位。

21）检查作业。检查汽车轮胎的胎压。旋转轮胎，检查轮胎是否拖滞，上下、左右晃动轮胎，检查轴承是否正常，如图 1-3-11 所示。

如果气压不符合要求，则需要补充或降低气压　　　检查轮胎是否存在拖滞

图 1-3-11　技师 A 检查汽车轮胎的胎压、是否拖滞、轴承是否正常

22）检查作业。检查汽车悬架系统，检查减振器是否漏油、减振弹簧上下托盘减振胶片连接是否准确。

23）检查作业。举升机举升到高位，锁定举升机。检查汽车悬架系统下摆臂球头是否损坏。

24）检查作业。举升机举升到高位，锁定举升机。检查汽车悬架系统转向横拉杆是否损坏，球头防尘罩是否损坏。

25）检查作业。检查冷却系统的下方元件，包括驱动电机冷却水道、动力电池冷却水道、水泵是否有漏水现象。

图 1-3-12　技师 A 检查动力电池包外观及接头

26）检查作业。检查动力电池包的外观，低压、高压插头是否连接好，连接水管是否连接准确，动力电池是否存在托底的现象，如图 1-3-12 所示。

27）检查作业。检查驱动电机的外观，低压、高压插头是否连接好，连接水道是否连接准确，驱动电机是否存在托底的现象。

28）检查作业。检查副车架固定螺栓（2017 款比亚迪 E5，280N·m±5N·m）、车架下稳定杆两颗紧固螺栓（120N·m）、后悬架支架三颗紧固螺栓（85N·m±5N·m）是否紧固。

29）检查作业。降低汽车至低位，检查并按照要求紧固轮胎螺栓，如图 1-3-13 所示。

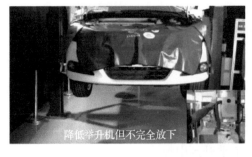

降低举升机但不完全放下　　　使用定扭力扳手、接杆和21mm套筒

图 1-3-13　技师 A 检查并紧固轮胎螺栓

30）检查作业。填写检查工单。

31）检查作业。收拾驾驶室四件套（地板垫、方向盘套、座椅套、变速杆套）。恢复并检查辅助电池负极，安装维修开关。保证准确无误的前提下，接通上电开关，确认车辆无任何故障之后即可。

知识拓展

新能源车一级维护操作

根据 2018 年《新能源汽车维护技术标准》（试行）要求，以清洁、润滑、紧固、调整和仪器检测为主的维护作业，需由二级技能以上技师执行。此外，新能源汽车的一级维护分为两部分：常规系统一级维护和高压系统一级维护。其中，常规系统一级维护与传统汽车类似，按照 GB/T 18344—2016 执行。高压系统一级维护的项目及要求见表 1-3-3。

表 1-3-3　高压系统一级维护项目及要求

序号	作业项目		作业内容	技术要求
1	驱动电机	驱动电机冷却液的液位和浓度检查	检查驱动电机冷却液的液位和浓度，必要时添加冷却液和校准冷却液冰点	液位在指示刻度范围内，冰点根据厂家规定的要求操作校准
		驱动电机安装支架	目视检查驱动电机外观与安装支架	驱动电机外观无裂纹、无破损，安装支架无歪斜开裂等故障现象，支架固定螺栓力矩符合出厂标准
2	动力电池	动力电池系统（设备）冷却风道滤网	拆卸、清洁、检查滤网	清除积尘，如有损坏或达到产品说明书要求更换条件的，更换滤网
		动力电池系统状态	用专用动力电池维护设备（或外接充电）对单体电池一致性进行维护	动力电池系统中电池单体一致性应满足产品技术要求
		动力电池系统 SOC 值校准	采用动力电池专用诊断设备（或外接充电）对系统 SOC 值校准	系统 SOC 误差值小于 8%
		动力电池安装	目视检查动力电池外观与安装支架	动力电池外观无裂纹、无破损，安装支架无歪斜开裂等故障现象，支架固定螺栓拧紧力矩符合出厂标准
		外接充电互锁	外接充电检查	当车辆与外部电路（例如：电网、外部充电器）连接时，不能通过其自身的驱动系统使车辆移动
		维修开关	手动检查维修开关	确保可靠安装并清理表面灰尘

（续）

序号	作业项目		作业内容	技术要求
3	高压控制系统	整车高压系统故障检查	用专用诊断仪检查车辆高压系统是否报故障，并对故障实施解除相关作业	高压系统无故障
		高压线束插接器紧固	目视检查、紧固	插接器接触面无过热、烧蚀等现象，紧固力矩满足技术要求
		高压绝缘状态	使用绝缘表（1000V）检测高压系统输入、输出与车体之间的绝缘电阻	绝缘电阻 ≥ $500\,\Omega/V \times$ 汽车额定电压
		绝缘防护完整性	目视检查	高压线束绝缘防护层完整，无老化、破损。设备绝缘机脚无老化、破损、异常变形
		高压系统紧固检查	目视检查、紧固	高压箱、电机控制器等外挂式的高压系统部件紧固力矩满足技术要求
4	高压附件系统	电动空压机油面	目视检查	在刻度指示范围内
		电动真空助力器	目视检查、紧固	各管路、接口不漏气
		电动空压机安装紧固检查	目视检查、紧固	符合紧固力矩要求
		电动空压机传动结构紧固检查	目视检查、紧固	符合紧固力矩要求
		电动空压机卸荷功能检查	起动电动空压机，加压完成、停止工作后，系统自动卸荷	卸荷正常、无异常延时或关闭后漏气等情况
		电动转向泵安装紧固检查	目视检查、紧固	符合紧固力矩要求
		充电系统（DCDC）	功能检查、紧固	辅助电池充电电压符合出厂标准
		电动空调压缩机状态检查	功能检查、紧固	空调制冷符合出厂标准，紧固力矩符合出厂要求
		电加热暖气系统	功能检查、紧固	暖气制热符合出厂标准，紧固力矩符合出厂要求

任务一 高压电源及管理系统

学习目标

1）理解单体电池的结构和故障产生机理与动力电池包的连接形式。

2）理解电池管理系统的各种功能和控制逻辑。

3）能够对新能源汽车电池管理器进行检修。

情境导入

经过项目一的学习，小李已经对车间的安全防护用品、车辆维修设备、故障排除仪器等都有了一定的认识。这一天，小李熟练地操作解码仪道通 MS908E，竟然读出了"P1A3800 动力电池单体电压一般过低"的当前故障码。小李将情况反馈给刘师傅后，刘师傅说这是动力电池包内部出现了故障，需要把动力电池包拆下来。于是小李查阅了维修手册，准备和搭档小吉一同前去拆卸动力电池包，我们一起去看看吧。

信息获取

一、新能源汽车电池及其性能

汽车作为交通运输工具，追求通行效率和高速行驶能力，这就要求其有充沛的动力，实现的方法有三种：轻量化、高性能电机和高比功率动力电池。表 2-1-1 列出了各种动力电池的优缺点和使用车型。

表 2-1-1 各种动力电池的优缺点和使用车型

	优点	不足	常见车型
磷酸铁锂电池（LFP）	安全性第一，成本优势第二	电压低、能量总值低、续驶里程短	初代比亚迪秦、腾势 300、比亚迪 e6
钴酸锂电池（LCO）	良品率和单体一致性最好，能量密度尚可	成本高、循环寿命一般，易过热	特斯拉 Model S、特斯拉初代 Roadster 以及各类 3C 产品
镍酸锂电池（LNO）	能量密度第一	循环寿命最短、也最不安全	暂无资料

（续）

	优点	不足	常见车型
锰酸锂电池（LMO）	最便宜	循环寿命差、高温易分解、衰减明显	宝马 i3、日产 Leaf
镍钴锰酸三元锂电池（NCM）镍钴铝酸三元锂电池（NCA）	能量密度第二大、比功率第一、循环寿命表现也不错	安全性一般、成本高	北汽新能源 EU450、吉利帝豪 EV300、比亚迪秦 EV450 等

动力电池的性能指标主要有电压、容量、内阻、功率、能量、输出效率、自放电率、放电倍率、使用寿命等，根据电池种类不同，其性能指标差异较大。

1. 电压

电压分端电压、开路电压、额定电压、充电终止电压和放电终止电压等。如果是三元（镍钴锰）锂单体电池，其额定电压为 3.7V，工作电压范围在 3.1~4.1V 之间；如果为磷酸铁锂单体电池，其额定电压为 3.2V，工作电压范围在 2.7~3.7V 之间。表 2-1-2 是磷酸铁锂单体电池故障参数。

表 2-1-2 磷酸铁锂单体电池故障参数

故障名称	故障级别	阈值
单体电池过充电	1	3.85~4.00V
单体电池较严重过电压	2	3.65~3.84V
单体电池一般过电压	3	3.40~3.64V
单体电池一般欠电压	3	3.00~3.19V
单体电池较严重欠电压	2	2.80~2.99V
单体电池严重欠电压	1	2.50~2.79V
单体电池过放电	1	2.00~2.49V
单体电池一般过热	3	40~49℃
单体电池较严重过热	2	50~60℃
单体电池严重过热	1	≥ 61℃
电池组漏电	—	≤ 500Ω/V

2. 容量

容量是指电池在一定的放电条件下所能放出的电量，常用单位为安时（A·h），它等于放电电流与放电时间的乘积，也可以用 kW·h（度）为单位。电池的容量可以分为理论容量、实际容量、标称容量和额定容量等。额定容量是指按国家或有关部门颁布的标准，电池在一定的放电条件下应该放出的最低限度的容量称为额定容量，图 2-1-1（左）是比亚迪秦 EV 的动力电池参数，以续驶里程 300km 为例，标称总电压为 386.9V，额定容量为 40.62kW·h（105A·h）。图 2-1-1（右）是比亚迪 E5 的动力电池参数，标称总电压为 633.6V，额定容量为 47.5kW·h。

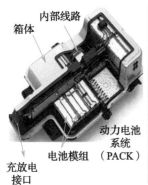

内部线路
箱体
动力电池系统（PACK）
电池模组
充放电接口

秦EV车型	300km	400km	比亚迪E5	参数
节数	106	112	动力电池类型	环保型磷酸铁锂动力电池
标称电压/V	386.9	408.8		
容量/A·h	105	130	单体电池	3.2V 75A·h
电量/(kW·h)	40.62	53.14	动力电池包总电压	3.2V×198节=633.6V
模组	10	10		
BIC解析数量	10	12	动力电池包容量	75A·h（47.5kW·h）
接触器	预充、正极、负极	预充、正极、负极	动力电池工作温度	−20~60℃

图 2-1-1 比亚迪秦 EV（左）和 E5（右）的动力电池参数

3. 功率

功率是指电池在一定的放电标准下，单位时间内所输出能量的大小，单位为 W 或 kW。电池的功率决定了电动汽车的加速性能和爬坡能力。功率分为质量功率密度和体积功率密度。质量功率密度是指单位质量电池所能输出的功率，也称质量比功率，单位为 W/kg 或 kW/kg。体积功率密度是指单位体积电池所能输出的功率，也称作体积比功率，单位为 W/L 或 kW/L。

4. 不一致性

电池不一致性是指同一规格，同一型号的单体电池组成电池组后，在电压、内阻及其变化率、荷电量、容量、充电接受能力、循环寿命、温度影响、自放电率等参数方面存在的差异。主要评价指标有容量的一致性、内阻的一致性、电压的一致性。电池组的整体性能和寿命取决于其中性能最差的某一单体电池，这就要求动力电池的一致性要好。

二、单体电池与动力电池包

图 2-1-2（右）为动力电池包的爆炸图，其包含电源保护系统（安全保护零件类、维护插件等）、高性能锂离子电池组、冷却管路、防水电池盘等。电池模块主要利用单体电池串联进行增压，并联进行扩容。动力电池一般由若干个电池模块组成，而每个电池模块又由若干个单体电池串、并联组成。电池模块的结构组成包括单体电池、电压测量部分、温度测量部分、电池间的接线材料和绝缘材料等，图 2-1-2（左）为电池模块的爆炸图。

2017 款比亚迪 E5 新能源汽车使用磷酸铁锂电池，通过连续串联 198 节电池（分成 13 个电池模块）的方式升压至整车额定电压 633.6V。每节单体电池的容量为 75A·h，串联后总容量仍为 75A·h，总能量为 198×3.2×75=47.5kW·h。电池包由上下两层组成，各个模块串联的单体电池数量和模块间的连接方式如图 2-1-3 所示。

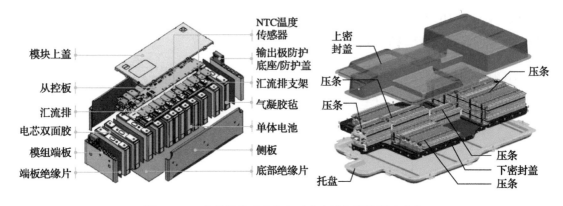

图 2-1-2 电池模块（左）和动力电池包爆炸图（右）

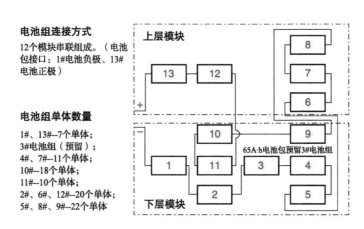

图 2-1-3 比亚迪 E5 的模块连接方式

三、动力电池管理系统

电池管理系统（BMS）是动力电池的"大脑"，是汽车动力控制的核心，是监控和保证动力电池包正常工作的监控单元。许多新能源汽车的 BMS 都采用分布式电池管理系统，如比亚迪 E6 的电池管理系统（BMS）由 1 个电池管理器和 11 个电池信息采集器（BIC）以及若干电池采样线组成。比亚迪秦 EV 和 E5 车型将电池管理系统置于前机舱内，而把电池信息采集器（BIC）封装在动力电池包中。电池信息采集器的主要功能是采样电池电压和温度，监测电池的均衡和采样线是否发生异常。

BMS 的主要功能（图 2-1-4）是保证每节串联电池的电压、电流等各项性能指标一致，负责整车电动系统的电力控制并实时监测高压电力系统的用电状态，采取保护措施，保证车辆安全行驶。其详细功能有充放电管理、接触器控制、功率控制、电池异常状态报警和保护、SOC/SOH（剩余电量 / 容量）计算、自检以及通信等。

由于电池存在木桶效应，某一节有短板，所有电池的性能都将按照这一节的性能计算，这对电池的可靠性提出极高的要求。为了防止过充电、过放电、过温等一系列影响单体电池性能的问题出现，BMS 需要进行实时监控，保证单体电池工作在正常工作状态下。

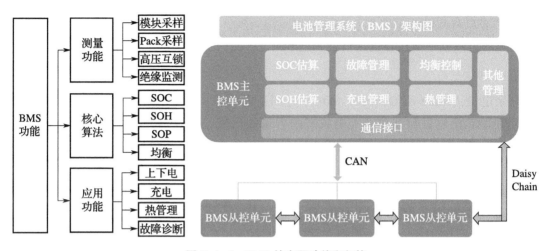

图 2-1-4　BMS 的主要功能和架构

1. 监测功能

BMS 最基本的功能是测量单体电池的电压、电流和温度，监控动力电池包的绝缘性能和高压互锁状态。

（1）监测电压

监测单体（或单元、模块）的电压，对于 BMS 具有以下三个作用：①可以用来累加获取整个动力电池包的电压值；②可以根据单体（或单元、模块）电压压差来判断单体（或单元、模块）差异性；③可监测单体（或单元、模块）的运行状态。

（2）监测温度

动力电池的温度监测主要采用 NTC 温度传感器，借助电池温度可以识别是否过载或有电气故障。出现温度异常情况时必须立即降低电流强度或关闭高压系统，以免电池进一步损坏。此外，测量温度还用于控制冷却系统，从而确保电池始终在最有利于自身功率和使用寿命的温度范围内运行。

（3）监测电流

单体电池串联给整车提供电能，一般只需要测量整车输入或输出电流即可。电流测量手段主要分两种：智能检流器或霍尔电流传感器（图 2-1-5）。

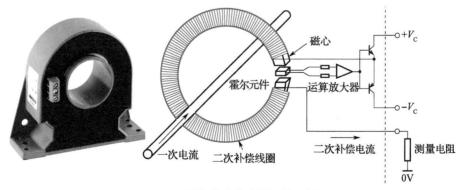

图 2-1-5　霍尔电流传感器及其工作原理

2. 状态计算功能

电池管理系统中最核心也是最难的是 SOC、SOH 的估算。

（1）SOC

剩余电量（State of Charge，SOC）也叫荷电状态，代表电池使用一段时间或长期搁置不用后的剩余容量与其完全充电状态的容量的比值，常用百分数表示。其取值范围为0 ~ 100%，当 SOC=0% 时表示电池放电完全，当 SOC=100% 时表示电池完全充满。

动力电池在汽车加速的时候放电，汽车减速时用再生制动产生的能量进行充电。电池管理器实时监测动力电池的 SOC 并实施控制。

1）SOC 的计算。最常用的 SOC 估计方法是开路电压法和安时积分法，BMS 通过动力电池电流、电压和温度信号来修正计算，如图 2-1-6 所示。安时积分法的公式为

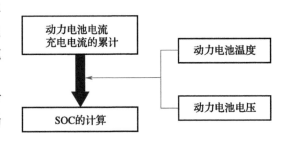

图 2-1-6　SOC 计算方法

$$SOC=SOC_0-\frac{1}{C_N}\int_0^t \eta I\mathrm{d}\tau$$

式中，C_N 为电池额定容量；I 为电池电流；η 为充放电效率；充放电起始状态记为 SOC_0。

2）电池 SOC 的计算单元。电池 ECU 在计算 SOC 时通常以电池模块作为计算单元。整车动力电池 SOC 值将取决于性能最差的电池模块，当电池模块的 SOC 差值过大时，BMS 将报故障码。

（2）SOH

SOH（Section Of Health）的标准定义是：在标准条件下动力电池从充满状态以一定倍率放电到截止电压所放出的容量与其所对应的标称容量的比值，该比值是电池健康状况的一种反映，即电池满充容量相对额定容量的百分比。新出厂电池的 SOH 为 100%，完全报废电池的 SOH 为 0。

1）SOC 与 SOH 的关系。一般情况下，SOC 描述的是电流参数的短期变化，SOH 描述的是长期变化。SOH 的测量不需要连续进行，多数情况下只需定期测量。

2）SOH 的估算方法。SOH 以百分比的形式表现了当前电池的容量能力，对一块新电池来说，其 SOH 值是 100%。随着电池的使用，电池在不断老化，SOH 逐渐降低，在IEEE 1188 中明确规定，当动力电池的容量能力下降到 80% 时，即 SOH 小于 80% 时，就应该更换电池。目前主要的 SOH 估算方法如下：

①直接放电法。SOH 最直接的测量方法是让单体电池实际放电一次，测试放出的电量。目前利用负载对单体电池放电是业内评价 SOH 唯一公认的可靠方法。

②内阻法。通过建立内阻与 SOH 之间的关系来估算 SOH，大量论文都已证明电池内

阻和 SOH 之间存在确定的对应关系，可以简单地描述为：随电池使用时间的增长，电池内阻增加，将影响电池容量，从而可以估算 SOH。

3）影响 SOH 的因素。

①放电深度。体现了电池放电的程度。相同容量的电池，放电深度越大，电池释放的能量就越多，电池的寿命就越短。

②充放电速率。会对电池的寿命产生很大的影响，对电池进行高倍率电流充放电会加剧电池的极化现象，缩短电池寿命。

③温度。温度过低会影响电池内部电解液的活性，降低电池的充放电效率。温度过高则会使电池内部的化学平衡体系遭到破坏，使电池材料结构发生变形，降低使用寿命。

④过充电与过放电。当电池放电至截止电压时，继续放电会使电极与电解液发生不可逆的化学反应，使电池的活性成分变少，降低使用寿命。

3. 系统辅助功能

电池管理系统的辅助功能主要包含接触器控制、热控制和充电控制等，这些功能往往与整车控制系统或者其他相关的系统进行联合使用。

（1）系统主接触器控制

动力电池内通常有多个接触器，包括正、负、预充接触器和充电接触器等。BMS 负责对接触器进行驱动控制和状态检测。BMS 往往需要和整车控制器协调确认后控制，而安全气囊 ECU 在输出碰撞信号时，BMS 会直接控制断开接触器。通常接触器在电池包外还有独立的配电盒以对高压电流进行分配和保护。

（2）热控制

为了保证电池的使用寿命，必须让电池工作在合理的温度范围之内，当动力电池温度过高时要为动力电池降温，温度过低时则需要为其适当加热。

（3）充电控制

在充电时，BMS 首先需要引导进行电气物理连接，随后需要对交流或直流接触器进行开关控制，在充电的过程中 BMS 还需要和充电设备进行信息交互。

4. 通信与故障诊断

（1）通信功能

电池管理系统需要经常与给整车控制器（VCU）、仪表和电机控制器通信，发送电池状态的相关信息。

（2）故障诊断和容错运行

动力电池系统的故障需要以故障码 (DTC) 的形式进行报警，通过 DTC 触发仪表板的故障警告灯，来提醒驾驶员及时维修。

四、动力电池故障诊断与排除

动力电池系统通常由单体电池、电池管理系统、Pack 系统（含功能元器件、线束、结构件）等相关组件构成。动力电池系统故障，可以分为三种不同层级的故障形式：单体电池故障（图 2-1-7 的红框）、电池管理系统故障、Pack 系统集成故障。

图 2-1-7 比亚迪 E5 动力电池包和单体电池（红框）

1. 单体电池故障

（1）单体电池安全性故障

1）内部正负极短路。引起电池内部短路的原因有很多，可能是生产过程中缺陷导致或是长期振动外力变形所致。一旦发生严重短路，肯定会发生冒烟或燃烧。如遇该情况，必须第一时间跳车逃生。

2）漏液。引起电池漏液可能的原因有二：①外力损伤，如碰撞、安装不规范造成密封结构被破坏；②制造原因，如焊接缺陷、封合胶量不足造成密封性能不好等。

另外，电池漏液后会导致整个电池包的绝缘故障，如果发生两点或以上绝缘故障会导致短路。通常软包和塑壳单体电池相比金属壳单体电池更容易发生漏液而导致绝缘故障。

3）负极析锂。过充电、低温充电、大电流充电都易导致电池负极析锂。许多厂家生产的锂电池在 0℃ 以下充电和老化时都会发生析锂（图 2-1-8 左）。发生负极析锂后，锂金属不可还原，会导致电池容量发生不可逆的衰减。析锂达到一定程度，会形成"锂枝晶"（图 2-1-8 右），刺穿隔膜发生电池内部短路。因此动力电池在使用时严禁在低温下充电。

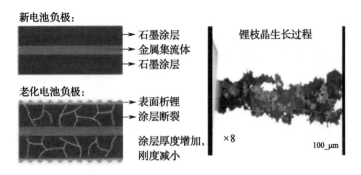

图 2-1-8 老化电池石墨涂层断裂表面析锂（左）和锂枝晶生长的过程（右）

4）单体电池胀气鼓胀。产生胀气的原因很多，主要是因为电池内部发生副反应产生气体，最为典型的是与水发生副反应。胀气问题可以通过在单体电池生产过程中严格控制水分避免。一旦发生电池胀气，就会发生漏液的情况。

（2）单体电池非安全性故障

单体电池的非安全性故障只影响使用性能，不会出现严重问题，主要有以下几种形式：

1）容量一致性差。动力电池的不一致性通常是指各单体电池或模块间的剩余容量（SOC）差异过大或者电压的差异过大，引起电池的续驶能力变差。电池间一致性变差的原因是多方面的，包括生产制造工艺、存放时间长短、电池组充放电期间的温度差异、充放电电流大小等。

2）自放电过大。电池制造时的杂质会造成电池内部微短路进而引起不可逆反应是造成个别电池自放电偏大的最主要原因。另外，由于长时间的充放电和长期搁置的过程中，随环境条件发生化学反应，引起电池自放电严重，这种情况下电池电量降低、性能低下，将很快不能使用。

3）低温放电容量减少。由于电解液的低温性能不好，参与反应不够，电解液电导率降低而导致电池电阻增大，电压平台降低，容量也随之下降。目前各厂家的电池在 -20℃ 以下的放电容量基本在额定容量的 70%~75%。在低温下使用，会严重影响电动汽车的使用性能和续驶里程。

4）电池容量衰减。容量衰减主要来自于活性锂离子的损失以及电极活性材料的损失。随着动力电池的反复使用，其正极活性材料层状结构规整度下降、负极活性材料上沉积钝化膜、石墨化程度降低、隔膜孔隙率下降等都会导致电池电荷传递阻抗的增大，进而引起电池脱锂能力的下降，电池容量会随着减少。电池容量衰减是电池不可避免的问题。

2. BMS 故障

单体电池故障不仅和电池本身有关，也和 BMS （图 2-1-9）出现故障有关。

（1）BMS 电压检测失败

在线路接口的连接和压线的过程中若出现接触不良，会导致电压检测线故障。首先，若 BMS 无法获得真实的电压信息，在充电时，就会出现该停

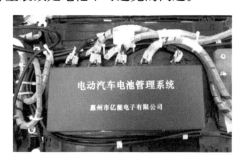

图 2-1-9 电池管理系统（BMS）

止充电而没有停止的问题。磷酸铁锂电池在过充电至 5V 以上时，大部分会冒烟，但是三元锂电池一旦过充电就会发生爆炸；其次，电池过充电会使其内部的电解液释放出气体进而导致电池鼓胀，严重的话甚至会冒烟起火。在放电时，若 BMS 电压检测失败会导致电池过放电。长时间电池过放电会导致电池正极材料的分子结构遭受损坏，从而导致以后充不进去电。最后，电池过放电后会导致电池的电压过低，容易造成电解液分解，进而干涸发生析锂的可能，严重时会导致电池内部短路。

（2）BMS 电流检测故障

若霍尔电流传感器出现故障，BMS 就采集不到电流，SOC 的估算值会偏差较大。若发生在充电时，有可能因电流检测故障导致充电电流过大，进而引起单体电池内部发热，若温度超过一定范围，会造成动力电池的标称容量衰减，损害电池的使用寿命。

（3）BMS 温度检测故障

许多研究表明，单体电池的使用寿命跟温度有直接关系，在 45℃时的循环使用次数是 25℃时的一半，另外温度过高，电池易发生鼓胀、漏液，爆炸等问题，因此在电池使用过程中要严格控制电池的使用温度在 20~45℃之间。若因温度检测故障导致电池工作温度过高，可能会发生不可逆反应，进而导致电池容量急剧衰减和内阻增大的问题。

（4）绝缘监测故障

在动力电池发生变形或漏液的情况下，极易引发动力电池绝缘性能降低的故障。如果故障没有被 BMS 及时检测出来，就有可能发生人员触电的危险。

（5）电磁兼容通信故障

电磁干扰会导致 BMS 通信故障，会引发上述所有问题。

（6）SOC 估算偏差大

多数电池生产厂家都存在 SOC 估算偏差大的问题。目前的检验标准要求偏差在 5% 以内，许多电池管理器很难达到。因为在实际使用过程中，SOC 会随着使用环境的复杂和影响因素的增多，误差越来越大，因此动力电池需进行 SOC 标定。

3. Pack 系统集成故障

（1）汇流排的故障

如果是螺栓连接，在后期使用过程中，螺栓氧化脱落或振动使螺栓松动会导致导体连接处产生大量的热，极端情况下会导致动力电池着火。因此绝大部分动力电池系统生产厂家在 Pack 设计时，单体电池与单体电池连接或模块与模块连接处采用激光焊接，或在连接处增加温度传感器通过检测的手段避免汇流排故障，如图 2-1-10 所示。

图 2-1-10　动力电池包的汇流排

（2）主回路插接器故障

动力电池系统高压线通过插接器与外部高压系统相连。若插接器性能不可靠，在振动下发生虚接，会产生高温烧蚀。一般来说插接器温度超过 90℃就会发生连接故障。因此在系统设计时插接器需要增加高压互锁功能，或增加温度传感器，时刻监测插接器的温度以防止插接器故障。

（3）高压接触器粘接

接触器在大电流带载闭合时通常会产生烧蚀现象，一般都采用预充方案以避免其触点粘接和烧蚀的发生。

（4）熔断器过电流保护故障

熔断器的选型匹配要合适，高压系统部件的过电流熔断梯度（先熔断哪个后熔断哪个）要综合考虑。另外，还需考虑在振动或外部受到碰撞挤压导致动力电池形变而使 IP 等级降低（以"IP67"为例，第一个数字"6"代表最高防尘等级"灰尘禁锢"，"7"代表次高防水等级"防短时浸泡"）时的熔断保护。

4. 动力电池故障对整车的影响

1）一级故障（非常严重）。报故障码，一段时间后会造成整车出现安全事故，如起火、爆炸、触电等。BMS 一旦上报该故障，表明动力电池处于严重故障状态，影响行车安全，见表 2-1-3。

表 2-1-3 一级故障

故障名称	故障编码	对整车的影响
单体电池过电压	P0004	行车模式：电池放电电流降为 0，断高压，无法行车
电池外部短路（放电过电流）	P0006	车载充电：请求停止充电/停止加热，主正、主负继电器断开
温度过高	P0007	直流快充：发送 BMS 终止充电，主正、主负继电器断开
电池内部短路	P0014	

2）二级故障（严重）。报故障码，会造成整车进入跛行、暂时停止能量回收、停止充电状态。BMS 一旦上报该故障，表明动力电池某些硬件出现问题或动力电池处于异常工作条件，见表 2-1-4。

表 2-1-4 二级故障

故障名称	故障代码	对整车影响
单体电池欠电压	P0269	行车模式：限功率至放电电流 25A
BMS 内部通信故障	P0279	行车模式：限功率至放电电流 25A，"最大允许充电电流"调整为 0 充电模式：发送请求停止充电，如果上报故障后 2s 内未收到响应，BMS 主动断开高压继电器或加热继电器
BMS 硬件故障	P0284	BMS 主动断开高压继电器或加热继电器
BMS 与车载充电机通信故障	P0283	车载充电模式：请求停止充电，或请求停止加热，如果上报故障后 2s 内未收到响应，BMS 主动断开高压继电器或加热继电器
温度过高	P0258	行车模式：限功率至放电电流 25A，"最大允许充电电流"调整为 0

（续）

故障名称	故障代码	对整车影响
绝缘电阻过低	P0276	行车模式：限功率至放电电流25A，"最大允许充电电流"调整为0 充电模式：发送请求停止充电，如果上报故障后2s内未收到响应，BMS主动断开高压继电器或加热继电器
加热元件故障	P0281	充电模式：请求停止加热，如果上报故障后2s内未收到响应，BMS主动断开加热继电器

3）三级故障（轻微）。可能报故障码，对整车无影响或不同程度地造成整车进入限功率行驶状态，表明动力电池处于非正常工作状态，见表2-1-5。

表2-1-5　三级故障

故障名称	故障代码	对整车影响	恢复条件
温度过高故障	P1043	行车模式：放电功率降为当前状态的50%	重新上电
绝缘电阻过低	P1047	上报不处理	
电压不均衡	P1046	行车模式：放电功率降为当前状态的40%	
单体电池欠电压	P1040		
温度不均衡	P1045	上报不处理	
放电过电流	P1042	行车模式：放电功率降为当前状态的50%	

5. 电池管理系统的故障检测与自我保护

BMS能够在运行过程中实时检测表2-1-6所列的参数状态，实现对电池系统的故障诊断。

表2-1-6　电池管理系统故障诊断表

故障状态	电池管理系统故障诊断状况
模块温度 > 65℃	一级故障：一般高温警告
模块（单体）电压 > 3.85V	一级故障：一般高压警告
模块（单体）电压 < 2.6V	一级故障：一般低压警告
充电电流 > 300A	一级故障：充电过电流警告
放电电流 > 450A	一级故障：放电过电流警告
绝缘电阻 < 设定值	一级故障：一般漏电警告
模块温度 > 70℃	二级故障：严重高温警告
模块（单体）电压 > 4.1V	二级故障：严重高压警告
模块（单体）电压 < 2.0V	二级故障：严重低压警告
绝缘电阻 < 设定值	二级故障：严重漏电警告

同时，BMS 也会根据检测到的故障运行自我保护策略，见表 2-1-7。

表 2-1-7　故障运行自我保护诊断表

故障类别	整车系统级别的故障响应和处理	电池管理系统硬件响应
一级故障	电池管理系统发出警告后，整车的其他控制器模块可以根据具体故障内容启动相应的故障处理机制	无
二级故障：温度高		关断直流动力回路
二级故障：电压高		关断直流动力回路
二级故障：电压低		关断直流动力回路
二级故障：严重漏电		不允许放电

任务实施

动力电池包拆装

拆卸前需要的工具设备如下：

1）电动汽车举升机、拆卸和安装动力电池的适配接头套件等。

2）用于检测动力电池的专用测试仪。

3）用于拆卸和安装动力电池的起重工具（动力电池举升机）。

4）用于松开动力电池内部卡子的塑料楔。

比亚迪 E5 动力电池的拆卸与安装

拆卸步骤

1）准备工具，如图 2-1-11 所示。

2）做好车辆防护（车内外三件套），如图 2-1-12 所示。

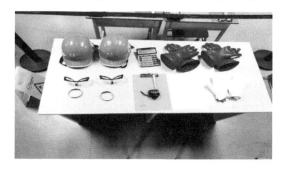

图 2-1-11　准备绝缘工具

图 2-1-12　做好车辆防护

3）断开蓄电池负极（等待 3min）。

4）断开维修开关。

5）举升车辆。

6）放置动力电池举升机（并举升到适当位置，顶住动力电池），如图 2-1-13 所示。

7）断开动力电池低压插件，如图 2-1-14 左侧黄框所示。

8）断开动力电池高压母线，如图 2-1-14 右侧白框所示。

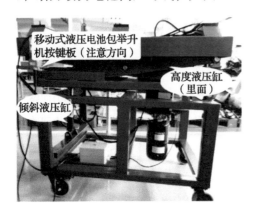

图 2-1-13　动力电池举升机　　　　　图 2-1-14　动力电池低压插头和高压母线

9）拆卸动力电池紧固螺栓（10 颗），安装时的拧紧力矩为 125N·M，如图 2-1-15 所示。

10）将动力电池降下，并推出安全位置，放置警示牌，如图 2-1-16 所示。

图 2-1-15　动力电池紧固螺栓　　　　　图 2-1-16　动力电池总成

知识拓展

电池管理系统的工作模式

BMS 有以下五种工作模式：

（1）下电模式

整个系统的低压与高压都处于不工作状态的模式。在下电模式下，BMS 控制的所有高压接触器均处于断开状态；低压控制电源都处于不供电状态。下电模式属于省电模式。

（2）准备模式

在准备模式下，系统所有的接触器均处于未吸合状态。在该模式下，系统可接收外界的起动开关、整车控制器、电机控制器和充电枪等部件发出的硬线信号或 CAN 报文信号，

BMS 通过控制各高压接触器实现进入所需的工作模式。

（3）放电模式（高压上电）

整车系统监测到起动开关的上电信号后，BMS 首先闭合动力电池内的主负接触器，为防止过大的电流冲击，主负接触器闭合后会立即闭合预充接触器进入预充电状态；当预充电压达到母线电压的 90% 时，立即闭合主正接触器并断开预充接触器进入放电模式。

（4）充电模式

动力电池管理系统检测到充电唤醒信号（Charge Wake Up）时，系统即进入充电模式。在该模式下，BMS 控制闭合动力电池的主负接触器和交流/直流接触器，为了保证低压电源能持续供电，同时会控制 DC/DC 处于工作状态。在充电模式下，系统不会响应起动开关发出的任何指令，充电插枪提供的充电唤醒信号可作为充电模式的判定依据。对于磷酸铁锂电池，由于其低温下不具备很好的充电特性，当电池温度低于 0℃ 时，系统首先会进入充电预热模式，并为预热装置供电，当温度升高到设定值后即进入充电模式并断开预热装置的电源。

（5）故障模式

由于动力电池的使用关系到用户的人身安全，因而 BMS 对于各种相应模式总是采取"安全第一"的原则。BMS 对于故障的响应会根据故障等级而定。当其故障级别较低时，系统会采取报错或者发出报警信号的方式告知驾驶员；当故障级别较高甚至伴随有危险时，BMS 将采取断开高压接触器的控制策略。动力电池常见的故障及其处理方法见表 2-1-8。

表 2-1-8　动力电池常见故障及其处理方法

项目	故障现象	故障后果	处理方法
单体电池	单体电池 SOC 偏低	电池组容量降低，电动汽车续驶里程短	对单体电池单独充电
	单体电池 SOC 偏高		对单体电池单独放电
	单体电池容量不足	电池组充电不足，使用寿命缩短，电动汽车动力不足、续驶里程短	更换单体电池
	单体电池内阻偏大	电池组充电不足，使用寿命缩短，电动汽车动力不足、续驶里程短	
	单体电池过充电	电池内部短路，电池热失控，严重时会失火、爆炸	检查电池管理系统
	单体电池过放电		
	单体电池内部短路	电池热失控，严重时会起火、爆炸	更换单体电池
	单体电池外部短路		排除断路故障、更换单体电池
	单体电池极性装反		更换单体电池

（续）

项目	故障现象	故障后果	处理方法
电池管理系统	CAN 通信故障	无法监控电动汽车	检查 CAN 网络
	总电压测量故障	无法监控总电压	检查总电压测量模块
	单体电压测量故障	无法监控单体电压	检查单体电压测量模块
	温度测量故障	无法监控电池温度	检查温度测量模块
	电流测量故障	无法监控电池电源	检查电流测量模块
	冷却系统故障	电池温度偏高	检查冷却风扇控制线路
线路或连接件	电池间虚接	电动汽车动力不足、续驶里程短	紧固电池连接
	电池间断路	电动汽车无法起动	检查电池连接
	快速熔断器断开		检查快速熔断器
	动力电插接器断开		
	动力电插接器虚接	接插器易烧蚀，电动汽车动力不足	检查动力电插接器
	信号电插接器故障	无法监控电动汽车	检查信号电插接器
	正极接触器故障	电动汽车无法起动	检查接触器
	负极接触器故障		

任务二 高压配电线网

学习目标

1）充分认识新能源汽车的高压电控总成。

2）充分理解新能源汽车接触器的控制原理。

3）能够对新能源汽车接触器故障进行诊断与排除。

情境导入

小李工作认真负责、态度积极向上，得到车间主管的赏识。正好这时迎来了企业的定期培训，于是车间主管派了几名得力员工前往，这其中就有小李。小李珍惜机会，决心要提升自己。在培训过程中，培训师提到了电控技术是新能源汽车技术的关键，而接触器控制在这其中起了重要作用，那就让我们一起去看看接触器是怎么工作的吧。

信息获取

一、新能源汽车的高压用电设备

如图 2-2-1 所示，以动力电池为节点，新能源汽车的高压配电分为放电和充电两部分，简称为"四充四放"，其中核心部分是放电，由动力电池、熔断器、接触器、高压负载和超级电容组成。

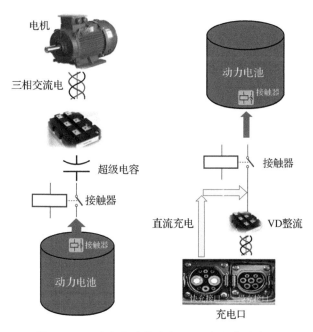

图 2-2-1 动力电池的放电（左）与充电（右）

1. 高压放电部分

纯电动新能源汽车的高压放电路线（负载）有 4 条（图 2-2-2 黑线），分别是 VTOG（双向交流逆变式电机控制器）、DC/DC、空调压缩机和 PTC，简称为四放。

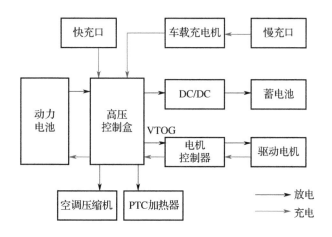

图 2-2-2 高压电分配图

2017 款比亚迪 E5 的高压电分配如图 2-2-2 所示。DC/DC 类似于传统汽车的发电机，在高压上电后就需要运行，以满足全车电器用电和给辅助电池充电的需求。电机控制器（VTOG）与驱动电机之间应内部并联超级电容以满足电机控制快速响应的需求，为此高压配电线路增加了预充接触器以缓冲超级电容引起电流过载的问题。空调压缩机和 PTC 在需要调节车内温度的时候接入高压电网。比亚迪 E5 四合一高压配电箱（上层）的爆炸图如图 2-2-3 所示，主要包括 VTOG 高压电控主板、超级电容、IGBT 模块、DC/DC、霍尔电流传感器、接触器、熔断器和漏电传感器等。

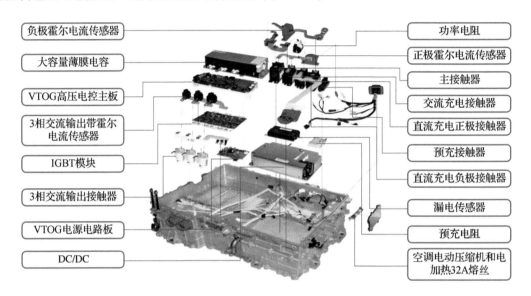

图 2-2-3　比亚迪 E5 四合一高压配电箱爆炸图（上层）

2. 高压配电充电部分

按照充电能量分为 4 条充电分支（图 2-2-4 蓝线），简称为四充，分列如下：

1）直流充电（40 ~ 60kW）：直流充电桩→直流充电口→直流充电正极接触器→动力电池包 DC+。

2）交流小功率充电（≤ 3.3kW）：便携式充电枪→交流充电口→车载充电机（OBC）→交流充电熔丝 FUSE →动力电池包 DC+。

3）交流大功率充电（> 3.3kW）：交流充电桩→ VTOG →交流充电接触器→动力电池包 DC+。

4）能量回收（<1kW）：驱动电机→ VTOG →主接触器→动力电池包 DC+。

综上，交流小功率充电是利用车载充电机对 220V 单相市电进行交直流转换、升压变化后进行充电。交流大功率充电是利用 VTOG 对 380V 三相市电进行交直流转换、升压变化后进行充电。直流充电由直流充电桩直接供出高压直流电，不需要整车对其处理，直接将匹配好的直流高压电输送至动力电池。另外，能量回收涉及制动能量回收和放松加速踏板能量回收两种，每种回收能量的强度又分两三个等级（参看项目四任务四的知识拓展）。

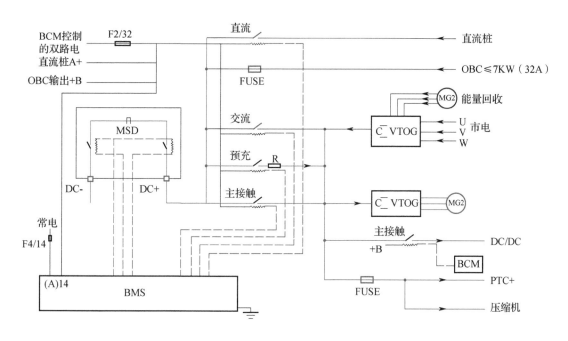

图 2-2-4 2017 款比亚迪 E5 的充放电基本电路

二、高压配电箱及高压熔断器

1. 高压配电箱

高压配电箱类似于家用配电箱，通过配电箱将电池包中巨大的能量依据各模块用电需求进行控制。高压配电箱的核心零部件是接触器和高压熔断器，为了控制大电流通过，需要使用数个接触器并联工作。为了保证高压用电设备的安全，在各个高压电路上都串联了高压熔断器并设置在高压配电箱内，图 2-2-5（左）为北汽 EV200 使用的第三代高压配电箱，其内的高压熔断器有车载充电机的 F2、DC/DC 的 F3、电动压缩机的 F4 和 PTC 加热器的 F5；图 2-2-5（右）为 2017 款比亚迪 E5 空调系统 32A 高压熔断器（电动压缩机与PTC 共用）。

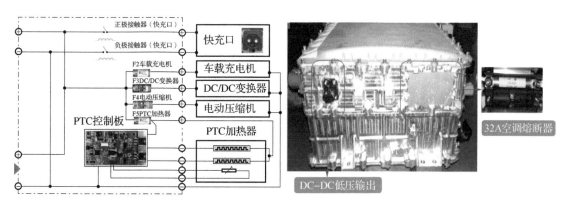

图 2-2-5 北汽 EV200 使用的第三代高压配电箱（左）和比亚迪空调系统高压熔断器（右）

2.高压熔断器

熔断器作为电路中的保护元件，在回路中出现故障时，熔断器工作分为"熔"+"断"两个过程，"熔"的过程与电流有关，"断"的过程与电压有关。熔断器的电压可以表述为：熔断器可以分断电压所产生的电弧，熔断器可承受的最大电压值必须大于系统中的电压值。对于交流和直流熔断器在分断上有明显的区别，交流电呈正弦波形交替传导，每周波有一个过零点，此时电量值最低很容易熄灭电弧；而直流电的任何波形都不存在过零点，在分断直流短路故障电流时，全靠熔断片的迅速汽化和石英砂的扩散吸附和冷却作用强迫熄灭电弧，因此要比分断交流电弧困难得多。熔断器熔断主要是个热积累的过程，从根本上来说持续电流是选型的依据。

$$熔断器额定电流\ I_n=I_额 K/\left(K_t K_e K_v K_f K_a K_b\right)$$

式中，I_n 为熔断器额定电流；$I_额$ 为负载额定电流；K 为负载修正系数；K_t 为温度修正系数；K_e 为插接器件热传导系数；K_v 为风冷修正系数；K_f 为频率修正系数；K_a 为海拔修正系数；K_b 为熔断器壳体修正系数。

三、高压配电的有触点电路控制

1.直流接触器的工作原理

（1）电磁机构

直流接触器电磁机构由线圈和衔铁组成，如图 2-2-6 所示，多采用绕棱角转动的拍合式结构。为了保证衔铁可靠地释放，常需在铁心与衔铁之间垫有非磁性垫片，以减小剩磁的影响。新能源汽车用接触器的电磁机构通常采用 12V 的低压直流电对其线圈进行供电。当接触器线圈通电后，线圈电流产生磁场，使静铁心产生电磁吸力吸引动铁心并带动触点动作，此时常闭触点断开，常开触点闭合，两者联动。当线圈断电时，电磁吸力消失，衔铁在弹簧的作用下释放，使触点复原。

图 2-2-6　新能源汽车的 12V 直流接触器

（2）触点系统

直流接触器有主触点和辅助触点。主触点一般做成单极或双极，由于触点接通或断开的电流较大，采用滚动接触的指形触点。辅助触点的通断电流较小，常采用点接触的双断点桥式触点。新能源汽车上的接触器的设计思路是"低压控制高压"。

（3）灭弧装置

由于直流电弧不像交流电弧有自然过零点，直流接触器的主触点在分断较大电流（直流电路）时，灭弧更困难，往往会产生强烈的电弧，容易烧蚀触点和延时断电。为了迅速灭弧，对于小容量的直流接触器一般采用磁吹式灭弧装置，对于中大容量的接触器则常用纵缝灭弧加磁吹灭弧的方法。

例如，比亚迪 E5 新能源汽车的动力电池包内有 4 个接触器，包括 2 个分压接触器和母线主正与主负接触器，各接触器的设置位置如图 2-2-7（左）所示。由于动力电池包内的 4 个接触器的控制线圈未直接连接到电池包的低压接口上，因此直接测量上述控制端子的电阻值，测量值在 2~3kΩ（其实为接触器电路板上 MOS 管 G 栅极—S 源极的电阻）。2017 款比亚迪 E5 新能源车在高压四合一配电箱内设置了 5 个接触器，如图 2-2-7（右）所示，从上到下依次为主接触器、交流充电接触器、直流充电正极接触器、直流充电负极接触器和预充接触器。经检测，交流充电接触器控制线圈的电阻为 34.6Ω，直流充电正极和负极接触器的控制线圈电阻分别为 34.9Ω 和 34.5Ω，预充接触器控制线圈的电阻为 117.3Ω，主接触器控制线圈的电阻为 24.7Ω。

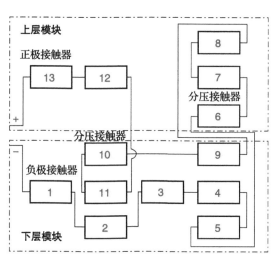
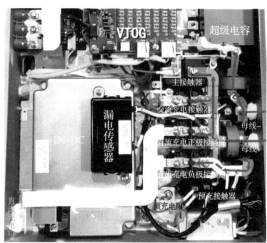

图 2-2-7　比亚迪 E5 动力电池包内的接触器（左）和高压四合一内的接触器（右）

2. 直流接触器的常见故障

高压直流接触器在使用过程中，主要存在以下问题：

1）接触器触点粘连故障

①控制异常导致过大的冲击电流。

②预充未达预期效果导致过大的冲击电流。

③低压电路保护电路问题或者反向电流。

④接触器触点与铜排连接接触面积不够，发热严重或熔焊。

2）使用环境及其他导致的工作异常

①超过接触器使用温度范围，会导致接触器的动作参数超过正常范围（如混动车型接

检测比亚迪 E5 高压电控箱内 5 个接触器控制线圈的电阻

触器靠近排气管)。

②因异物、油污等导致的接触器触点发热异常。

③装配和碰撞过程中的剧烈振动导致接触器变形等。

四、高压配电中无触点电路控制

绝缘栅双极晶体管（Insulated Gate Bipolar Transistor，IGBT）可以理解为大功率晶体管，由 BJT(双极型晶体管) 和 MOS(绝缘栅型场效应晶体管) 组成的复合全控型电压驱动式电力电子器件。IGBT 具有输入阻抗高、开关速度快、驱动电路简单、通态电压低、能承受高电压大电流等优点，被广泛应用于驱动交流电机（图 2-2-8）、变频器、开关电源等领域。IGBT 通过栅极驱动电压来控制开关晶体管，通过电导调制来降低通态损耗。

电动汽车电机驱动电路中的 IGBT，其开关频率并不太高，一般在 20 kHz 以内。由于电机驱动电路中工作电流较大，系统复杂，需要选择饱和电压低、关断特性较"软"的 IGBT。而新能源汽车的动力电池电压通常都较高，电机功率也较大，因此，要求 IGBT 的额定电压 > 600V，额定电流 > 300A。以比亚迪 F3DM 为例，电池正常工作电压为 330V，IGBT 工作过程中电压过冲会达到 800V 以上。驱动电机额定功率如果为 50 kW，正常行驶时，IGBT 输出电流约在 200A 以内。输出电流最大的工况是急加速，电流峰值约 1500A。综合考虑，比亚迪 F3DM 应采用 1200V/600A 规格的 IGBT 模块。

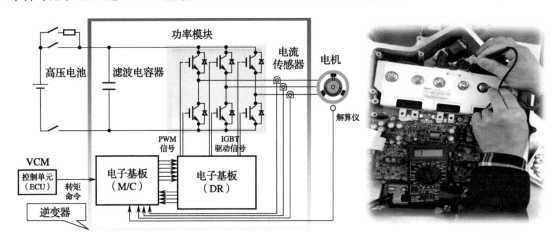

图 2-2-8　IGBT 功率模块驱动交流电机

任务实施

检测比亚迪 E5 电机三相电电压和电流的变化

驱动电机三相交流电高压接触器更换

1）将动力电池包与车身分离并打开动力电池箱体上盖。

2）确定接触器安装的位置，有对应螺栓插孔，如图 2-2-9 所示。

3）选取型号匹配的驱动电机三相交流接触器进行安装，如图 2-2-10 所示。

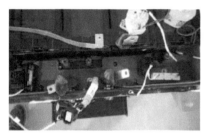

图 2-2-9 接触器安装的位置

图 2-2-10 驱动电机三相交流接触器

图 2-2-11 安装螺栓和弹簧垫圈及垫片

4）接触器固定螺栓组件为三件套，测量其电阻值应符合标准，如图 2-2-11 所示。

5）组件安装顺序为①弹簧垫圈（上），②垫片（下）。

6）将接触器对准专属插槽并拧紧螺栓。

7）接触器顶部端子需连接高压电缆、预充电阻、加热接触器等线束，操作时按照实际情况进行线束连接（分"正"与"负"），如图 2-2-12 所示。

8）安装完毕后将绝缘套固定好，如图 2-2-13 所示。

9）安装箱体上盖、密封并将箱体与车身进行安装。

10）车辆上电行驶，检测装配效果。

图 2-2-12 接触器顶部端子

图 2-2-13 接触器安装完整状态

知识拓展

IGBT 的开关工作原理

IGBT 的结构与功率 MOS 管的结构十分相似，主要差异是 IGBT 增加了 P+ 基片和一个 N+ 缓冲层。基片的应用在管体的 P+ 和 N+ 区之间创建了一个 J1 结。由图 2-2-14 可知，IGBT 包含 P+/N-/P/N+ 四层结构，可以认为 IGBT 是由一个 MOS 管和一个 PNP 晶体管组成的，由栅极控制的 MOS 管驱动 PNP 晶体管；也可以把它看成是由一个 VDMOS 和一个 PN 二极管组成的。在图 2-2-14 所示的结构中，栅极 G 与发射极 E 短接且接正电压、集电极 C 接负电压时，器件处于反向截止状态。此时 J1、J3 结反偏、J2 结正偏，J1、J3 反偏结阻止电流的流通，反向电压主要由 J1 承担。当栅极 G 与发射极 E 短接，集电极 C 相对于栅极加正电压时，J1、J3 结正偏、J2 结反偏，电流仍然不能导通，电压主要由反偏结 J2 承担，此时 IGBT 处于正向截止。当集电极 C 加正电压，栅极 G 与发射极 E 施加电压大于阈值电压时，IGBT 的 MOS 沟道开启，器件进入正向导通状态。

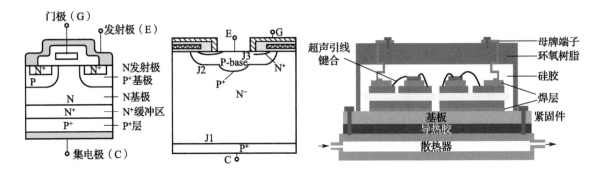

图 2-2-14　IGBT 的电气符号与 IGBT 的内部结构

<h1 style="text-align:center">任务三　低压电源及管理系统</h1>

学习目标

1）熟悉辅助电池的作用和通信插头的管脚定义。

2）熟悉辅助电池管理系统（LBMS）的工作原理和故障排除方法。

情境导入

　　汽车维修工小李接到领导交代的任务，需要对比亚迪 E5 纯电动汽车的辅助电池管理系统进行专项学习及维修，并制作一个授课 PPT，因此他需要收集各种资料，我们一起去看看吧。

信息获取

一、新能源汽车低压电源

　　传统燃油车低压电源的作用是车辆起动时向起动机和点火装置供电，起动后维持电控系统（ECU、传感器和执行器）正常工作，电源通常有铅酸电池和发电机。

　　新能源汽车同样需要低压电源，作用是车辆起动时给起动模块供电，起动后维持电控系统（ECU、传感器和执行器）的正常工作。由于纯电动新能源车缺少了发动机和与之匹配的发电机，为此都配备了 DC/DC 系统。另外，由于蓄电池的能量有限，发电机和 DC/DC 都是在车辆起动后才运行，许多汽车还设计了能量管理系统和辅助电池管理系统。

　　比亚迪 E5 的辅助电池内部集成了低压电池管理器（Low-Volt Battery Management System，LBMS），其通过通信口和整车模块交互信息。辅助电池安装在机舱左侧，如

图 2-3-1 所示。LBMS 具有电压、电流和温度监测功能，监测到异常状态时会触发故障报警功能，仪表上的故障指示灯会相应点亮，同时显示"请检查辅助电池系统"。

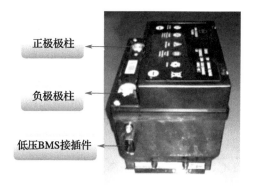

图 2-3-1 比亚迪 E5 的低压辅助电池

比亚迪 E5 的低压电源采用四节磷酸铁锂单体电池组合而成，如图 2-3-2 所示。由于该单体电池的标称电压为 3.2V，故该蓄电池的正常工作电压为 12.8V（大于传统铅酸电池的 12.6V）。如果这种蓄电池进入"过放电保护"模式，可以将其从车上拆下，把四个单体电池拆卸分离，分别对每个单体电池进行充电，并利用钳形表检测充电电流大小。如图 2-3-3 所示，刚开始的充电电流为 0.71A，在小电流充电后，LBMS 会控制 MOS 高边驱动电路导通，充电电流会缓慢变大，此时充电电流变为 16.85A，电压也会缓慢回升，说明辅助电池具备活性，性能得到了恢复。

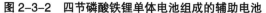

图 2-3-2 四节磷酸铁锂单体电池组成的辅助电池

图 2-3-3 比亚迪 E5 辅助电池维护充电

一般来说，充电最大电压可设定为高出标称电压的 20%。另外，电池电量（SOC）通常和电压具有相关性，比亚迪 E5 辅助电池以 $0.5C$ 放电对应的电压点和 SOC 关系见表 2-3-1。

表 2-3-1 $0.5C$ 放电对应的电压点和 SOC 关系

放电之后剩余电量	电压值 /V
5%	11.90
10%	12.24
25%	12.55
50%	12.74
75%	12.85

二、DC/DC 的作用与原理

1. DC/DC 的作用和工作流程

DC/DC 相当于传统燃油车的发电机，通常安放在前机舱内，其作用是将存储在动力电池中的高压电能量转换成 12V 的低压电，经过配电盒，供给整车低压电器工作；在高压动力电池亏电时，12V 的辅助电池会反向给高压动力电池充电，如图 2-3-4 所示。DC/DC 具有体积小、效率高及耐受恶劣工作环境等特点。图 2-3-5 为比亚迪 E5 新能源车的 DC/DC，安装在四合一高压电控箱中，其高压侧并联在超级电容上，因此 DC/DC 正常工作是在超级电容充电后（即高压预充完成）。

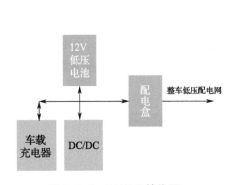

图 2-3-4　DC/DC 的作用

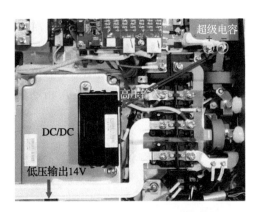

图 2-3-5　比亚迪 E5 上 DC/DC 的位置

DC/DC 的工作流程如下：①整车 ON 档上电或充电唤醒→②动力电池完成高压系统预充电流程→③ VCU 发给 DC/DC 使能信号→④ DC/DC 开始工作。

注意：DC/DC 在主接触器吸合时，动力电池母线对外输出电流并且超级电容预充完成后，DC/DC 就开始工作，DC/DC 通过 CAN 接收正极接触器吸合信号，如果收不到该信号会延迟 5s 启动。

2. DC/DC 的工作原理

DC/DC 的本质就是高压直流与低压直流的能量转换。表 2-3-2 所列为比亚迪 E5 新能源汽车 DC/DC 的参数，输入电压 400~820V，输出电压 14V（电压 600V），最大输出功率 2.52kW（706V）。

表 2-3-2　DC/DC 工作参数

项目		降压模式
高压侧	电压范围	400~820V
	功率范围	最大 2.52 kW（输入电压为 706V 时）
低压侧	电压范围	9.5~14 V@400~600V 14V ± 0.2 V@600V 以上
	电流范围	额定 150A，峰值 180A

DC/DC 的电路工作原理如图 2-3-6 所示，V_{in} 为输入电压，通过 DC/DC 回路，在输出端得到需要的输出电压。一次侧开关电路将输入电流调制成矩形波，这个过程主要依靠控制器调制特定占空比的 PWM 波，用以驱动四个开关管按照既定的顺序和时间开闭，从而实现电流逆变过程。一次侧输入电压可以通过占空比调节，占空比增加，输出电压也增加，占空比减小，输出电压减小。频率则可以通过调节开关频率调节。T1 为变压器，变压器既可以实现电气隔离，又可以起到电压调节的作用。一次侧线圈匝数是固定的，二次侧可改变匝数，因此可得到不同的电压等级。变压器的工作过程为，经过左侧全桥电路逆变得到脉冲矩形波，传递到变压器的二次侧，得到的是另一个电压幅值的交流正弦波。经过 VDR_1 和 VDR_2 整流以后，再经由 C_f 和 R_l 滤波处理，得到直流电，提供给输出端。

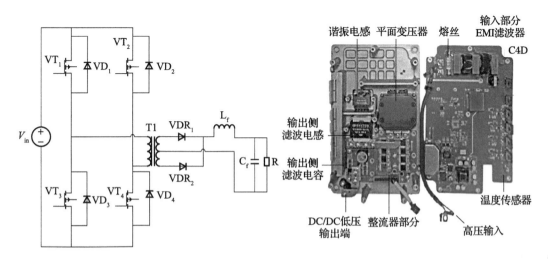

图 2-3-6　DC/DC 电路工作原理和实物电路板

三、LBMS 的工作原理

　　LBMS 的基本功能如图 2-3-7 所示。

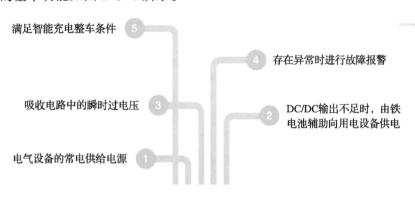

图 2-3-7　LBMS 的基本功能

　　下面重点阐述 LBMS 的三种重要功能。

1. 智能充电功能

当辅助电池管理器（LBMS）监测到辅助电池 SOC 低于 40% 时，将会向高压 BMS 发送充电请求，若整车满足一定条件（前舱盖关闭、"OFF"档、高压系统正常等），将会启动 DC/DC 给辅助电池充电，组合仪表提示"辅助电池电量低，进入智能充电模式"，此为智能充电功能。

2. 超低功耗设置

对于库存车辆，为保护辅助电池中的单体电池，避免过放电，可以对 LBMS 进行主动设置，使辅助电池进入超低功耗，此时正极柱断开对外输出，整车无电。

1）用比亚迪诊断仪 VDS2100 进入"辅助电池管理系统（LBMS）"。

2）选择辅助电池管理系统的主动控制，再选择"启动蓄电池整车超低功耗功能"，此时整车断电。

3）切记不可再次按压左前门微动开关，否则之前设置的"超低功耗"状态将会失效，需要重新通过诊断仪再次设置。

3. 低压辅助电池的唤醒

当车辆长期存放后，辅助电池可能已进入休眠状态。若"智能充电"失效，辅助电池也有可能切断整车电源（辅助电池正极柱与单体电池正极之间通过继电器和 MOS 管连接，LBMS 可对该继电器和 MOS 管进行开闭控制），如发现车辆无电，智能钥匙将无法实现遥控寻车及车辆解锁功能；此时只需将智能钥匙靠近左前车门附近，按下左前门把手的微动开关，即会唤醒辅助电池。

（1）微动开关唤醒

比亚迪 E5 低压辅助电池 LBMS 接插口的 1 号针脚是 CAN-H，3 号针脚是 CAN-L，6 号针脚是低功耗唤醒微动开关线（图 2-3-8），具备低功耗唤醒功能；辅助电池处于休眠状态时，通过左前门微动开关拉低电平来唤醒 LBMS，随后 LBMS 接通 MOS 管并控制接通辅助电池的正极柱。

微动开关唤醒低压辅助电池

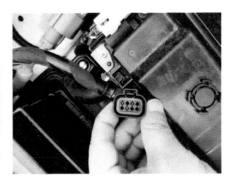

图 2-3-8　BK50 插接器外观图

（2）强制短接唤醒

比亚迪 E5 低压辅助电池也可以强制唤醒，可通过将 LBMS 接插口的 6 号针脚（正常为高电平，辅助电池的电压力 12.8V）与电池负极柱短接拉低的方式来实现。

四、LBMS 的故障诊断

比亚迪 E5 的辅助电池与 DC/DC 低压输出端并联，通过正极熔丝盒为整车低压电器提供 13.8V 电源。辅助电池电路的故障码见表 2-3-3。

表 2-3-3　辅助电池电路的故障码

DTC	故障描述
B1FB2	电源电压过低故障
B1FB3	电源电压过高故障
B1FB4	电源电流过大
B1FB5	电源温度过高
B1FB9	MOS 失效故障

1. 辅助电池电路分析

2017 款比亚迪 E5 的辅助电池电路分为左右两部分，如图 2-3-9 所示，左侧是辅助电池组件，右侧是前舱正极配电盒。辅助电池有正、负极桩头，其上的 BK50 插接器有 1、3、6 号三个端子。

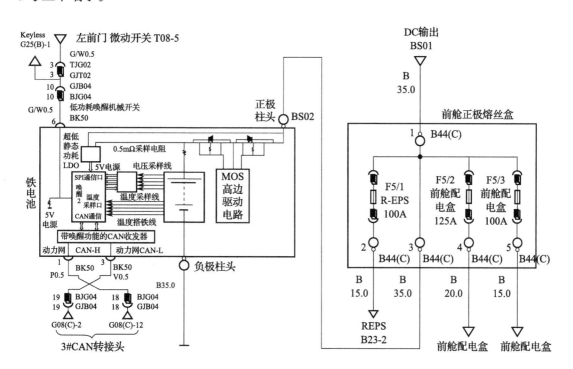

图 2-3-9　2017 款比亚迪 E5 辅助电池电路

比亚迪 E5 辅助电池的激活，通过上述电路图，可以看出由 Keyless G25（B）-1、左前门微动开关 T08-5 完成触发，两者取其一即可。E5 辅助电池的激活主要就是左前门微动开关 T08 和无钥匙起动 Keyless 两条并联线路实施的。

左前门微动开关 T08 的具体位置、端子号如图 2-3-10 所示。

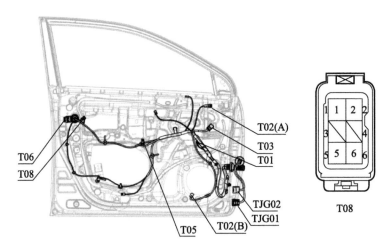

图 2-3-10　左前门微动开关 T08 具体位置（左）、端子号（右）

2. 比亚迪 E5 的辅助电池亏电机理分析

在辅助电池质量正常情况下，通过电路观察，辅助电池正极桩头从前舱正极配电盒的 B44（C）端子获得来自 DC/DC 充电（BS01 端子）电流，因此，若是这条线路断开、虚接或 MOS 高边驱动电路连接不畅，均会导致辅助电池长期无法充电而亏电，进而产生车门无法打开和仪表黑屏的情况。

3. 低压电源的顶层能量管理

某些汽车的车身控制模块（Body Control Module，BCM），不仅用来控制汽车车身用电器（灯具、刮水器、洗涤器、门锁、电动窗等），同时还具有低压电源的顶层管理功能，如电压保护、延时断电、系统休眠等。

任务实施

低压电源的维修

1）首先按照表 2-3-4 完成相关工作。

表 2-3-4　作业前准备

	1. 检查隔离栏，设置安全警示牌、灭火器
	2. 车辆防护
作业前准备	3. 车辆预检
	4. 安全检查：绝缘手套、绝缘鞋性能，耐压等级
	5. 诊断仪器确认：型号，解码器完好，OBD（On-Board Diagnostics）诊断接头

2）利用解码器读取故障码，查看是否有其他故障，若是有故障则排除，同时确保汽车开启电源开关。

3）利用万用表检测辅助电池电压，将数据填入表 2-3-5，确认是否需要更换，辅助电池电压应该不低于 13.8V（DC/DC 工作时）。

表 2-3-5　辅助电池电压

辅助电池电压	标准数据	结论
11.7V	13.8V	辅助电池漏电

4）沿着辅助电池溯源而上，检查正极熔丝的好坏，如图 2-3-11 所示。

前舱正极熔丝盒

图 2-3-11　前舱正极熔丝盒

5）若正极熔丝正常，则继续沿着正极熔丝溯源而上，检查前舱配电盒。

6）测量各个熔丝的电压，填写表 2-3-6 的表格。

表 2-3-6　熔丝电压

	熔丝名称	熔丝对搭铁电压
F5-1 熔丝	R-EPS 熔丝	11.7V
F5-2 熔丝	预留	11.7V
F5-3 熔丝	P 位电机熔丝	11.7V

7）若上述正极熔丝电压正常，则继续沿着正极熔丝溯源而上，检查前舱配电盒的 DC 输出端子是否有 13.8V 的稳定电压，若没有，则需要检查 DC/DC 元件，检查结果见表 2-3-7。

表 2-3-7　DC 输出端子电压

DC/DC 输出电压	与标准数据对比	结论
0V	> 13.8V	DC/DC 模块没有低压直流输出

8）结果说明 DC/DC 没有输出低压充电电流，导致辅助电池没有及时充电。因此，还要针对 DC/DC 没有充电的现象进一步去排除故障。

知识拓展

带 LBMS 的辅助电池故障诊断

装配了带 LBMS 的辅助电池的比亚迪新能源车（如秦、唐、E5、T3 等），如果遇到整车无法上电的问题，且按左前门外把手上微动开关（黑色按钮）无法唤醒时，为了保证单体电池性能和用户的使用安全，不能直接使用外搭接蓄电池对火。应首先检查辅助电池电压，然后再根据电压采取不同措施。

1）无论是混动车型还是纯电动车型，只要是四个单体组成的辅助电池，电压在 7.5V 以下时，不可以直接使用外搭接蓄电池对火，需更换辅助电池。

2）电压在 7.5V 及以上时，使用细导线拉低短接唤醒，若短接后测量有电压，确认只是进了超低功耗模式，则排查一下微动开关接线或者按压方式等问题。辅助电池还可以装车使用，建议尽快上 OK 档补充电量。其他情况则可能是 LBMS 内部器件损坏，需更换辅助电池。

3）当辅助电池电压在 7.5V 及以上时，辅助电池管理器（LBMS）存在以下两种模式：超低功耗模式和过放电保护模式。

①当进入"超低功耗模式"时，可使用细导线短接 6 号脚和辅助电池的负极，短接后听到继电器吸合的"咔哒"声，即恢复正常。

②当进入"过放电保护模式"时，可以外搭接蓄电池电源并按起动开关上电，随后辅助电池管理器（LBMS）被唤醒并进行充电，仪表充电故障指示灯点亮一会儿后很快熄灭，可用诊断仪读取辅助电池各单体电池的电压等相关数据流。

任务四 低压配电线网

学习目标

1）能够理解新能源汽车双路电的作用。

2）掌握新能源汽车配电盒、熔丝等低压配电知识。

3）能够对带继电器的低压电路进行快速检测。

情境导入

高职毕业的汽车维修工小李接到公司技术总监交代的任务，撰写一份车间内部培训课件。小李发现，比亚迪 E5 汽车中有一种被称为"双路电"的电源，而这类电源来自双路电继电器，也被称为"IG3 继电器"。小李已经归纳整理出了包括双路电在内的新能源汽车低压配电网络知识，想在培训中分享这一收获，我们一起去听听小李是怎么说的。

信息获取

一、汽车起动与高低压配电的关系

一键起动配置的传统燃油车，分为 OFF 档、ACC 档、ST（起动）档、ON 档。当踩制动踏板并按下起动按钮为起动档，发动机起动；当不踩制动踏板时按下起动按钮，仪表点亮，发动机不起动，为 ON 档。

一键起动配置的新能源汽车，起动按钮的档位与传统汽车相似，也分为四个档位，由于取消了发动机，在称呼上有所不同：OFF → ACC → ON → READY 或 OK（比亚迪）。如比亚迪新能源汽车，按起动按钮时不踩制动踏板，仪表不会点亮但会提示"踩下制动踏板，同时按下起动按钮"。

汽车的起动与制动踏板、起动按钮、钥匙防盗密切相关，需要为上述模块提供电源。在上述模块都正常工作的情况下，汽车起动还需要为全车动力网的控制 ECU 进行低压配电。比亚迪纯电动汽车的主干路低压配电由 BCM（车身 ECU）控制，供电电路分成 ACC、IG1、IG2 等供电支路，如图 2-4-1 所示，在相关继电器吸合的情况下全车低压用电器才能工作，才会进一步控制高压接触器，高压电路才能正常配电。比亚迪新能源汽车根据使用要求分为常电、ACC 电、IG1 电以及 IG3 双路电（类似于传统车的 ON 档电），涉及的各个部件如下：

| 常电 | ACC电 | IG1电 | IG2电 |
| 用于汽车进入起动部件、系统通信、仪表显示 | 用于车身娱乐设施以及点烟器供电 | 用于汽车起动准备供电，主要为底盘部件供电 | 通过两个路径到达用电设备 |

图 2-4-1　新能源汽车低压配电

1）常电的供电设备主要有网关、舒适系统、Keyless 无钥匙模块等。

2）ACC 继电器控制的主要有组合仪表、转向轴锁、多路集成控制模块等。

3）IG1 控制的主要有车载终端、组合仪表、空调控制器等。

4）IG3 控制的主要有电机控制器、档位控制器、主控制器、DC/DC、动力电池管理器等。

二、低压配电盒的分类与功能

1. 低压配电盒的位置分布

以比亚迪新能源汽车 E5 为例，有 7 个低压配电盒，其安装位置如图 2-4-2 所示。其中，前机舱内有 4 个，分别是正极熔丝盒、前舱配电盒 I（靠近辅助电池）、前舱配电盒

Ⅱ、前舱外挂配电盒（靠近前机舱防火墙）等。位于驾驶室仪表台内有 3 个，分别是仪表配电盒Ⅰ（在驾驶员膝盖位置）、仪表配电盒Ⅱ（在前排乘客储物盒里）、仪表板外挂配电盒（在中控空调面板下方）。其中双路电继电器 IG3 在仪表板外挂配电盒内，它会影响整车上电多个模块的工作。

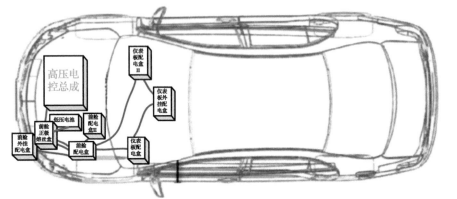

低压配电继电器熔丝位置、低压配电盒的分类与功能

图 2-4-2　新能源汽车低压配电

2. 低压配电盒的功能

通过比亚迪 E5 低压配电盒的连接关系，可以大致了解这款车的基本设计思想。按照电源电路，大致分为三个节点。

（1）节点一：前舱正极熔丝盒

前舱正极熔丝盒主要起到电源中转作用，12V 的辅助电池与 DC/DC 正极输出并联，通过不同熔丝依次将电源输送给下游的电子助力转向（EPS）电机、前舱配电盒。

（2）节点二：前舱配电盒

前舱配电盒将电源输送至车内的仪表配电盒Ⅰ、仪表配电盒Ⅱ、前舱配电盒Ⅱ，一路通过熔丝盒 F1，将电源输送到图 2-4-3 上方单点画线框内的车身、灯光洗涤系统，另一路送至前舱配电盒Ⅱ和前舱外挂继电器。

（3）节点三：仪表配电盒 I、仪表配电盒Ⅱ

仪表配电盒Ⅰ下游对应网关、空调系统组合开关、多媒体系统、车身门窗系统、EPS、ABS 等，还有仪表外挂继电器。仪表配电盒Ⅱ下游连接 EPB 控制器和仪表外挂继电器。

三、低压熔丝的位置与分布

熔丝通常是一个电路的上游，可以管控下游的各个元件，图 2-4-3 所示是比亚迪 E5 低压配电盒和各个用电器连接关系。比亚迪 E5 上的熔丝盒有 5 个，按照 F1-X~F5-X 命名，分布在前舱左侧靠近辅助电池的前舱配电盒 Ⅰ，这里的熔丝均按照 F1-X 体系编写。前舱配电盒Ⅱ位于前舱左侧，靠近防火墙，这里的熔丝均按照 F3-X 体系编写。前舱正极熔丝盒紧靠辅助电池（100A 以上的大熔丝），这里的熔丝均按照 F5-X 体系编写。其他熔丝盒的位置设计在仪表台的左右侧，其中仪表配电盒Ⅰ在驾驶员下方，靠近OBD（On-Board Diagnostics）诊断座，这里的熔丝均按照F2–X体系编写。仪表配电盒Ⅱ在前排乘客储物盒下方，这里的熔丝均按照F4–X体系编写。

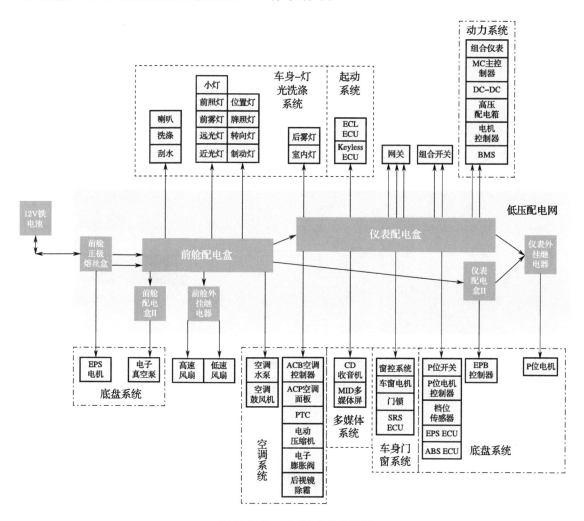

图2-4-3　低压配电盒的连接

全车低压电网走向：辅助电池供电到前舱的正极熔丝盒F5–X，其中F5-2送电通往前舱配电盒F1–X（主要为灯光风扇等）。其中F1-22会送电通往仪表配电盒Ⅰ的F2–X中（这部分熔丝涉及BCM控制、双路电和动力网上各ECU的电源以及车窗后视镜、刮水器等）；F1-23送电通往仪表板配电盒Ⅱ的F4–X（这部分主要涉及主控ECU、EPB、P位电机、充电枪锁等）。前舱正极熔丝盒F5–X的部分分支会送电通往前舱配电盒Ⅱ的F3–X（这部分熔丝主要涉及电动真空泵）。

四、继电器的位置与分布

比亚迪E5的继电器盒共有6个，分别按照K1x~K4x和KGx、KBx命名。其中K1x₁

继电器分布在前舱配电盒 I 内，主要是鼓风机、空调水泵、后除霜、前雾灯用；K2x 继电器分布在仪表配电盒 I 内，主要是 IG1、ACC、电动车窗、闪光继电器等用；K3x 继电器分布在前舱配电盒 II 内，主要是直流充电、电动真空泵继电器等用；K4x 继电器分布在仪表配电盒 II 内，主要是双路电继电器 2 和出租车用；KGx 继电器分布在仪表中控台收音机后面。图 2-4-4 所示为双路电继电器 KG-1 和 KG-2（P 位电机继电器），其中此处的双路电继电器 KG-1 非常重要。KBx 继电器有 3 个，是前舱外挂继电器，靠近散热风扇，分别是高、低速风扇继电器和风扇模式继电器。

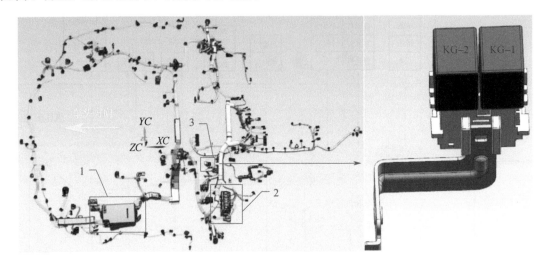

图 2-4-4　双路电继电器的位置

1—前舱配电盒　2—仪表配电盒　3—继电器座

任务实施

2017 款比亚迪 E5 低压配电致不能上电排除故障操作

1. 故障现象

起动车辆确认故障现象，发现不能上 OK 电，仪表报动力系统故障、动力电池故障灯亮。

2. 故障排除

1）使用诊断设备扫描整车模块，发现多个模块扫描不到（无 VTOG、DC、BMS 和漏电传感器）。

2）从 DLC 诊断口测量动力网 CAN 线 CAN-L、CAN-H 对搭铁电压，电压正常（CAN-H 为 2.5~3.5V，CAN-L 为 1.5~2.5V，需断开诊断设备测量）。

3）车辆退电至 OFF 档，断开辅助电池负极 3min。

4）从诊断口测量动力网 CAN 线 CAN-L、CAN-H 之间阻值，阻值正常（标准为 60~70Ω）。

5）从诊断口测量动力网 CAN 线 CAN-L、CAN-H 对搭铁阻值，阻值正常（标准为 >10kΩ）。由以上 CAN 线测量结果确定非 CAN 线故障导致模块无法通信。

6）查询电路图分析不通信模块之间的关联，确认 VTOG、DC、BMS、漏电传感器的双路电熔丝共用，对双路电上游公用回路锁定排查。

7）连接辅助电池负极，测量驾驶员腿部下方的仪表配电盒 F2-4 熔丝（图 2-4-5）输入、输出端电压，发现输入有电压而输出无电压，进一步排查发现熔丝已经熔断。

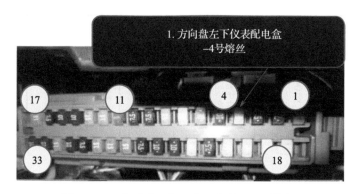

图 2-4-5　驾驶员腿部下方配电盒 F2-4 熔丝

8）更换 F2/4 熔丝，重新上电确认故障排除，清除系统故障码。

知识拓展

一、比亚迪 E5 的低压配电图

图 2-4-6 所示是 2017 款比亚迪 E5 的低压配电图，从图中可以清晰地看出蓄电池的配电走向以及相关熔丝的管控范围。如 F2-4 熔丝，该熔丝位于电路上游，管控双路电 KG-1 继电器，当 KG-1 继电器吸合，触点下游分为四条线路，这四条线路属于并联关系，它们分别是 F4/2 直流充电器继电器、F2/32 去 DC 及 BMS 线路、F2/33 去高压配电箱及后续五个接触器、F2/34 去网关及组合仪表。

二、2020 款比亚迪秦 EV 的低压配电图

2020 款比亚迪秦 EV 的低压配电图与 2017 款比亚迪 E5 的低压电路相差不大，最大的改动在充配电模块，另外各个熔丝和继电器的位置和命名也有较大区别，如图 2-4-7 所示。由该图可知，影响高压上电的熔丝多在前舱配电盒上，如 F1/34 在 VTOG 的供电线路上，F1/12 在 VCU 的供电线路上，F1/22 在充配电模块的供电线路上。

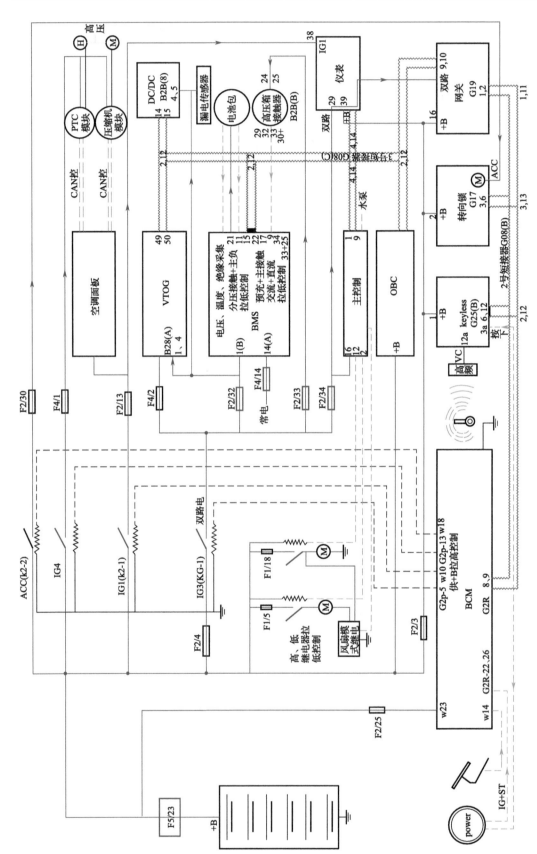

图 2-4-6 2017 款比亚迪 E5 低压配电图

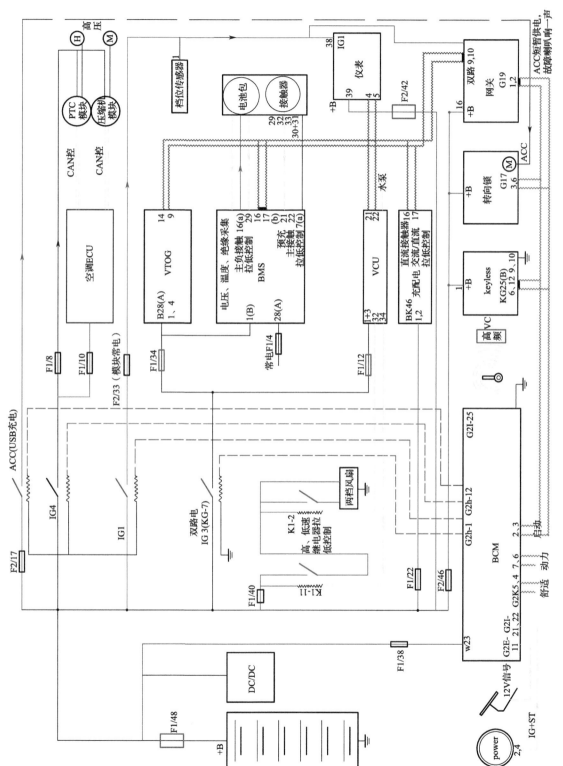

图 2-4-7 2020 款比亚迪秦的低压配电图

车载网络与整车控制策略

学习目标

1）掌握新能源汽车 CAN、LIN、MOST 等车载网络基础知识。

2）掌握新能源汽车 CAN 波形的意义并能解析报文。

3）能够对新能源汽车 CAN 网络的故障进行诊断与排除。

情境导入

汽车维修工小李接到维修任务，自己和师傅将一起维修某顾客的比亚迪秦 EV 故障车，这辆故障车解码仪读不了故障码，无法进入各个模块。首先他需要将所有涉及整车控制的 CAN 系统整理一下，得出一张完整的 CAN 系统图后再排除该车的网络故障。

信息获取

一、汽车控制器网络通信

新能源汽车的整车控制器（VCU）、电机控制器（MCU）和电池管理系统（BMS），构成了整个电驱动控制系统的核心。除了这三个控制器外，在汽车中还有很多低层级的控制器，如空调、照明、多媒体控制器等，这些控制器之间需要时刻进行数据传输和交互，一方面需要接收来自整车控制器的指令；另一方面，它们需要将指令传递给执行器以执行相关的操作。因此，通信和交互的准确性、可靠性和高效性需要依靠总线技术来保证。

早期的汽车，控制器大多采用点对点的单一通信方式，随着控制器越来越多，一辆汽车如果采用点对点的传统布线，导线长度可达 2km，这种方式明显不能满足要求。随后汽车总线技术便应运而生，无论有多少个控制器，每一个控制器只需引出两条线共同接在两个节点上。它的工作原理与公交车运营类似，如图 3-1-1 所示。每一个公交站台相当于一个控制器，公交车上的乘客相当于需要传递的数据，公交车行驶的路线即为 CAN 总线。每一个与总线连接的控制器（站台）都会收到总线上的信息，如果信息有用，则会接收和储存下来；如果无用，便会忽略。同样，如果某个控制器 A 需要发送数据给另一个控制器 B，首先该数据会在总线上传递，连接在总线上的控制器 B 就会接收这个信息。需要指出的是，除了控制器 A 和 B，连接在总线上所有的控制器都能收取到这个信息。这样，控制器便能够进行信息交互，从而实现多个控制单元的信息共享，这就是总线技术的工作原理。

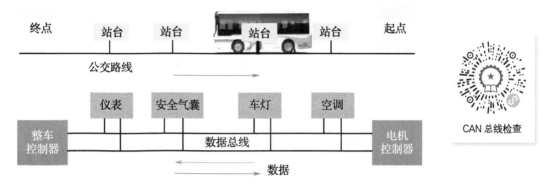

图 3-1-1　总线通信的基本原理

目前，汽车的网络连接，根据传递的信息量的速度、网络特性，可以分为 CAN、LAN、LIN、MOST 等不同的网络系统。

1. CAN 总线

CAN（Controller Area Network）总线是德国博世公司于 20 世纪 80 年代初为解决现代汽车中众多的控制与测试仪器之间的数据交换而开发的一种串行数据通信协议，它是一种多主总线，以广播形式发送数据，通信速率最高可达 1Mbit/s。目前已经在汽车行业得到了广泛应用。CAN 总线具有以下的特点：

1）数据通信没有主从之分，任意一个节点可以向任何其他（一个或多个）节点发起数据通信，靠各个节点信息优先级先后顺序来决定通信次序。

2）多个节点同时发起通信时，优先级低的避让优先级高的，不会对通信线路造成拥塞。

3）数据传输速度快，传输实时性好，抗干扰能力强。

4）通信距离最远可达 10km（速率低于 5kbit/s），速率最高可达到 1Mbit/s（通信距离小于 40m）。

2. LIN 总线

LIN（Local Interconnect Network）总线是基于 UART/SCI（通用异步收发器 / 串行通信接口）的低成本串行通信协议，在汽车领域主要用于车门、天窗、座椅控制等，最大传输速度为 20 kbit/s。LIN 总线有其"局域"特性，在汽车中一般不独立存在，通常与上层 CAN 网络相连，形成 CAN-LIN 网络节点，一般会规定该"网络节点"的控制器归属。如图 3-1-2 所示，空调主控，通过 LIN 总线连接雨量传感器、刮水器、空调 – 天窗等。

在车载网络系统中，LIN 处于低端，可与 CAN 网络互补优势，如在 LIN 系统中，加入新节点时，不需要其他从节点做任何软件或硬件的改动。LIN 和 CAN 一样，传送的信息带有一个标识符，它给出的是这个信息的意义或特征，而不是这个信息传送的地址。

LIN 总线的电气性能对网络结构有很大影响。网络节点数不仅受标识符长度的限制，而且受总线物理特性的限制。在 LIN 系统中，建议节点数不超过 16 个，LIN 系统每增加一个节点大约使网络阻抗降低 3%。LIN 总线的传输速率可达 20kbit/s，最大为 64 个标识符。

使用万用表测量 LIN 总线的电压，正常情况下的电压值在 6~10V 之间，网络越忙，其电压值越低。如果出现 12V 或者 0V 情况则说明存在短路或者断路故障。采用示波器测量，正常情况下，LIN 的波形信号如图 3-1-3 所示。

图 3-1-2　空调连接的 LIN 总线

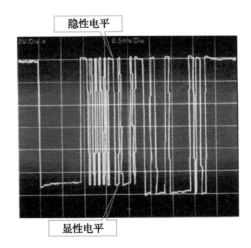

图 3-1-3　LIN 总线的波形信号

整个波形信号在 1~12V 之间变化，当 LIN 总线上没有信号传输时，电压值为 12V，当有信号传输时，电压值约为 1V。

3. MOST 总线

面向媒体信息传输的 MOST（Media Oriented Systems Transport）网络以光纤为载体，通常是环形拓扑。MOST 可提供高达 25Mbit/s 的带宽，远远高于传统的汽车总线，可以同时播放 15 个不同的音频流，主要应用在汽车信息娱乐系统。MOST 总线主要由光导纤维、光导插头、内部供电装置、电气插头、专用部件、标准微型控制器、MOST 发射接收机、光导纤维发射机等部件构成，如图 3-1-4 所示。

MOST 采用塑料光缆网络协议，将音响装置、电视、全球定位系统及电话等设备相互连接起来，给用户带来了极大的便利。MOST 网络可以不需要额外的主控计算机系统，结构灵活、性能可靠、易于扩展。MOST 网络支持"即插即用"方式，在网络上可以随时添加和去除设备。

光导纤维是 MOST 的传输媒介，由几层材料组合而成。由于光信号在光导纤维内进行的是全反射，要求光纤走向尽量接近直线，光导纤维的特殊结构能够保证光信号在一定弯曲度内全反射，但光纤弯曲部位的弯曲半径必须大于 25mm，否则就会出现信息传输故障，如图 3-1-5 所示。

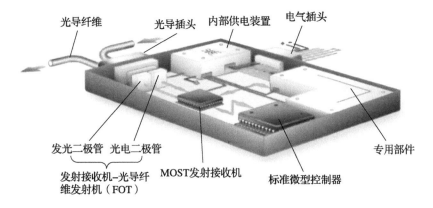

图 3-1-4 MOST 总线结构

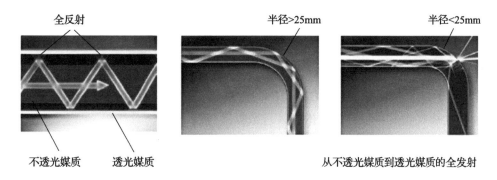

图 3-1-5 MOST 系统的光信号传输示意图

二、CAN 总线硬件技术

图 3-1-6 是目前汽车主流的网络总线架构形式（图中每个框代表一个 ECU）。CAN 总线为了便于管理和控制，一般按功能需求进行划分，如车身 CAN、动力 CAN 等，对外信息交互通过诊断 CAN。新能源汽车的车身总线通常采用低速 CAN，动力总线采用高速 CAN，由于车内导航、影音的需求较大，所以在车载导航和娱乐系统中采用速率可达 22.5Mbit/s 的 MOST 总线或其他类似的高速总线。另外，还留有连接到车内 OBD 接口的诊断 CAN。

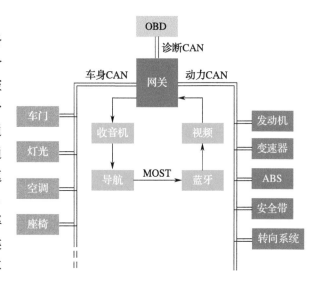

图 3-1-6 整车 CAN 总线技术

如图 3-1-7 所示，CAN 总线系统主要由控制器、收发器、终端电阻和传输线组成。除数据传输线外，其他元件都置于控制单元内部。

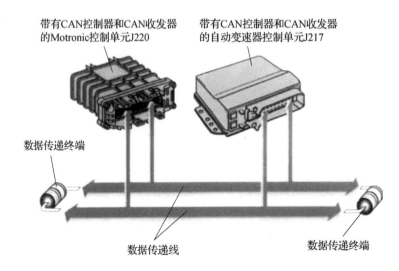

图 3-1-7　大众车系 CAN 总线系统

1. 控制器

控制器用于接收控制单元中 ECU 发出的数据、处理数据并传给 CAN 收发器；同时 CAN 控制器也接收收发器收到的数据、处理数据并传给 ECU。

2. 收发器

收发器由一个发射器和一个接收器组成，其作用是将从控制器接收的数据转换成能够通过 CAN 总线传输的电波信号，并能双向传递。

3. 终端电阻

终端电阻的作用是防止信号在传输过程中因回波反射造成信号叠加而使信号失真，影响数据的正常传输。通常终端电阻为 120Ω。

4. 传输介质

传输线又称通信介质或媒体，为了防止外界电磁波干扰和向外辐射，CAN 总线通常采用两条缠绕在一起的双绞线。

5. 网关

网关是汽车内部网络通信的核心，由于汽车通常采用多种总线将控制单元连接成网络，而不同总线之间无法直接相互传递数据，因此通过网关可以实现各种总线和模块之间信息的共享以及汽车内部的网络管理和故障诊断功能。例如，舒适总线、驱动总线通过网关"翻译"，将舒适总线与驱动总线之间的信息传输速率和识别代号进行转换，从而实现信息的可靠、迅速和实时传输。

6. 网络拓扑

网络连接的形式一般有五种，分别为星形连接、环形连接、网状连接、总线连接以及混合型连接。在汽车上应用较为广泛的是 CAN 总线网络连接形式，CAN 总线上的各个控制单元通过内部收发器（发射–接收放大器）并联在总线上，各控制单元的地位相同，没有任何控制单元享有特权，在这个意义上 CAN 总线为多主机结构。

7. 网络波形

用以传输数据的 CAN 总线采用双向数据线，CAN-H 和 CAN-L 数据线的信号电压相互对称分布，两条线的电压总和等于常值。高速 CAN 和低速 CAN 波形不太一样（图 3-1-8），但是 CAN-H 线和 CAN-L 线之间也有共同特点，就是波形相反，传递的数据是一样的。例如，当 CAN-H 数据线电压为 5V 时，CAN-L 数据线电压为 0V；而当 CAN-H 数据线电压为 0V 时，CAN-L 数据线电压为 5V。高速 CAN 总线能以 500kbit/s 速率传递数据，每一组数据传递大约需要 0.25ms，每个控制单元会在 7 ~ 20ms 发送一次数据。

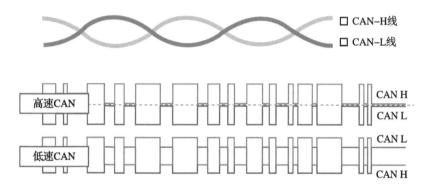

图 3-1-8　高、低速 CAN 在双绞线上传导的信号波形

三、CAN 信号传输技术

在整车 CAN 系统中，各个控制单元之间进行交换的数据称为信息，每个控制单元均可发送和接收信息。信息交换是按照顺序来完成的。

1. 信息的表示方法

（1）信息的"二进制"表达方法

信息包含在控制单元之间传递的各种物理量中，如车速都是以二进制数（一系列的 0 和 1）来表示。CAN 总线传递的每个信息都通过二进制编码来表示。信息越简单，信息结构越短；信息越复杂，信息结构越长。信息结构长度每增加一位（1bit），其表达的信息量便可增加 1 倍，信息结构最大长度为 108 位。

例如，压缩机的状态可表示为表 3-1-1，只有接通和断开两种状态，可以用 1 位信息结构的方式表达。当描述中控锁状态时，中控锁状态可分为开锁、锁车、安全锁和非安全锁共四种状态，用 1 位信息结构的方式就不能全部表达，必须用 2 位信息结构的方式表达。而冷却液温度值范围为 0~127.5℃，则必须用 8 位的信息结构方式表达。

表 3-1-1　信息的二进制表示法

<table>
<tr><td colspan="2">1 bit 信息
例如：压缩机状态</td></tr>
<tr><td>信号值</td><td>信号内容</td></tr>
<tr><td>0</td><td>压缩机断开</td></tr>
<tr><td>1</td><td>压缩机接通</td></tr>
</table>

<table>
<tr><td colspan="2">2 bit 信息
例如：中控锁开关信息状态</td></tr>
<tr><td>信号值</td><td>信号内容</td></tr>
<tr><td>00</td><td>开锁</td></tr>
<tr><td>01</td><td>安全锁</td></tr>
<tr><td>10</td><td>锁车</td></tr>
<tr><td>11</td><td>非安全锁</td></tr>
</table>

使用 8 bit 信息表示温度信号：

2^7	2^6	2^5	2^4	2^3	2^2	2^1	2^0	值	值
128	64	32	16	8	4	2	1	十进制	温度值
0	0	0	0	0	0	0	0	0	0℃
0	0	0	0	0	0	0	1	1	0.5℃
0	0	0	0	0	0	1	0	2	1℃
				...					
1	0	0	0	1	0	1	0	138	69℃
				...				...	...
1	1	1	1	1	1	1	1	255	127.5℃

（2）高速 CAN 波形和数值分析

CAN 总线分为 CAN-H 和 CAN-L 数据线，对搭铁电压分别用 V_{CAN-H} 和 V_{CAN-L} 表示，它们之间的差值称为差分电压 V_{diff}，即 $V_{diff}=V_{CAN-H}-V_{CAN-L}$。

满足条件 $0.9V < V_{diff} < 5.0V$ 时，代表逻辑数字"0"，当前传送的数据位被称为"显性"位；当 $-0.1V < V_{diff} < 0.5V$ 时，代表逻辑数字"1"，当前传送的数据位被称为"隐性"位。电压波形与逻辑电平定义如图 3-1-9 所示。

综上，高速 CAN 在显性状态时，CAN-H 线电压约为 3.5V，CAN-L 线电压约为 1.5V；在隐性状态时，CAN-H、CAN-L 线电压均约为 2.5V，如图 3-1-10 所示。静止状态时，两条导线上都有相同预设值，也称静电平。对于 CAN 总线来说，这个值约为 2.5V。静电平也称为隐性状态。

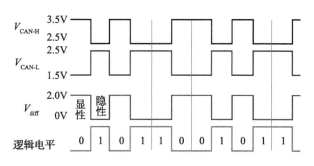

图 3-1-9　电压波形与逻辑电平定义

在显性状态时，CAN-H 线的电压升至约 3.5V

在隐性状态时，这两条线的电压均为约 2.5V（静电平）

在显性状态时，CAN-L 线的电压降至约 1.5V

图 3-1-10　高速 CAN 线上的电压

（3）低速 CAN 波形和数值分析

舒适系统 CAN 总线的速率达到 100kbit/s，为了使低速 CAN 总线抗干扰能力强且电流消耗低，与动力 CAN 总线相比做了一些改动。首先，使用单独的驱动器（功率放大器）使两个 CAN 信号不再有彼此的依赖关系，即任一根 CAN 线断路，CAN 系统也不受影响。

因此，舒适 CAN 总线的 CAN-H 线和 CAN-L 线间没有终端电阻，且彼此作为独立信号工作。在隐性状态（静电平）时，CAN-H 线信号为 0V，在显性状态时不低于 3.6V。对于 CAN-L 信号来说，隐性电平为 5V，显性电平不高于 1.4V。低速 CAN 的电压波形和逻辑"0""1"的关系如图 3-1-11 所示。

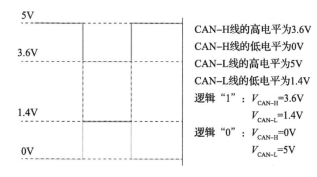

CAN-H 线的高电平为 3.6V
CAN-H 线的低电平为 0V
CAN-L 线的高电平为 5V
CAN-L 线的低电平为 1.4V
逻辑"1"：$V_{CAN-H}=3.6V$
$V_{CAN-L}=1.4V$
逻辑"0"：$V_{CAN-H}=0V$
$V_{CAN-L}=5V$

图 3-1-11　低速 CAN 的电压波形和数字逻辑的关系

舒适系统 CAN 总线中收发器的结构，如图 3-1-12 所示。其工作原理与动力 CAN 总线收发器基本一样，只是在出现故障时可切换到单线工作模式。任意一条 CAN 线发生短路或者 CAN 线之间互短都会被识别出来，在出现故障时会关闭相应的 CAN 驱动器。

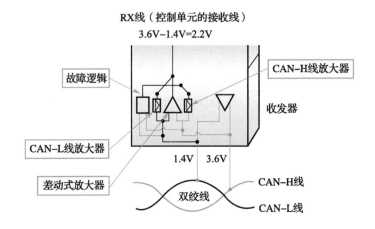

图 3-1-12　舒适系统 CAN 总线中收发器的结构

2. 信息数据（CAN 报文）格式

在总线中传送的报文，每帧由 7 部分组成。CAN 协议支持两种报文格式，其唯一的不同是标识符（ID）长度不同，标准格式为 11 位，扩展格式为 29 位。在标准格式中，报文的起始位称为帧起始（SOF），然后是由 11 位标识符和远程发送请求位 (RTR) 组成的仲裁场。RTR 位标明是数据帧还是请求帧，在请求帧中没有数据字节。如图 3-1-13 所示，CAN 总线所传递的每个完整信息分别由开始域、状态域、控制域、数据域、安全域、检验域和结束域 7 个部分构成。

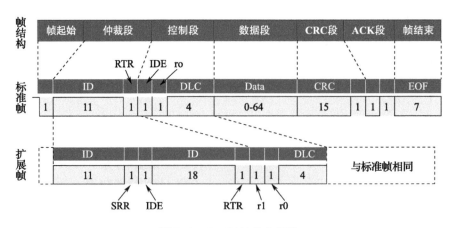

图 3-1-13　CAN 信息结构

控制域包括标识符扩展位（IDE），指出是标准格式还是扩展格式。它还包括一个保留位（ro），为将来扩展使用。它的最后四个位用来指明数据域中数据的长度（DLC）。数据域范围为 0 ~ 8 个字节，其后有一个检测数据错误的循环冗余检查（CRC）。

3. 信息传输的优先权判定

如果多个控制单元同时向总线发送信息，那么数据总线上必然会发生数据冲突。为了避免发生这种情况，CAN 总线通过识别各个控制单元发送信息时的标识符 ID 来判定信息传输的优先级。如图 3-1-14 所示，发动机、ABS、变速器控制单元同时发送数据，为了避免数据碰撞，在上述控制单元的 11 位 ID 标识符中预先定义了数据的优先权，即显性电位 0 越多（从高位到低位），优先级别越高。如 ABS 控制单元（ID-00010×××××××）发送的数据（与安全相关）要比 AG4/5 自动变速器控制单元（ID-01×××××××××）发送的数据（与舒适相关）更重要，因此优先级要高。

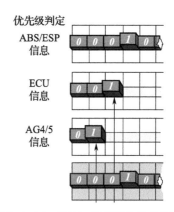

图 3-1-14 CAN- 总线信息传输波形

四、OBD 与 CAN 网络

车载自动诊断系统（OBD）是一种为汽车故障诊断而延伸出来的检测系统，"OBD Ⅱ"即国际通用Ⅱ型车载诊断系统。为使汽车排放和驱动相关故障的诊断标准化，OBD Ⅱ系统在世界范围内得到越来越广泛的实施和应用。OBD Ⅱ系统使得汽车故障诊断简单而统一，维修人员无需专门学习每个厂家的系统。当汽车出现故障时，仪表上的故障 (MIL) 灯或发动机 (Check Engine) 警告灯点亮，同时动力总成控制模块将故障信息存入存储器，通过一定的程序可以将故障码读出。根据故障码的提示，维修人员能迅速准确地确定故障原因和部位。

1. 硬件连接

现在市面上的全部车型都配置一个 OBD Ⅱ 的 16 针诊断接口，如图 3-1-15 所示。OBD Ⅱ定义的针脚有：第 6 针脚为 CAN-H，第 14 针脚为 CAN-L，第 16 针脚为蓄电池电源正极，第 4 针脚和第 5 针脚为蓄电池负极。其他针脚的定义由汽车制造厂定义，由针脚定义可知，专用解码器的功能要比通用解码器强大。

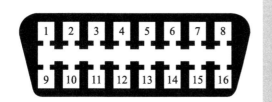

图 3-1-15 OBD 接口各个针脚定义

2.软件协议

(1)故障码报文解析

SAE J2010 规定了一个 5 位标准故障码，第 1 位是字母，后面 4 位是数字。

首位字母表示设置故障码的系统。当前分配的字母有 4 个：P 代表动力系统，B 代表车身，C 代表底盘，U 代表未定义的系统。

第 2 位字符是 0、1、2 或 3，意义如下：0 为 SAE（美国汽车工程师协会）定义的通用故障码；1 为汽车厂家定义的扩展故障码；2 或 3 为随系统字符（P、B、C 或 U）的不同而不同。动力系统故障码 (P) 的 2 或 3 由 SAE 留作将来使用；车身或底盘故障码的 2 为厂家保留，车身或底盘故障码的 3 由 SAE 保留。

第 3 位字符表示出故障的系统：如 1、2 为燃油或空气计量故障，3 为点火故障或发动机缺火，4 为辅助排放控制系统故障等。

最后两位字符表示触发故障码的条件。不同的传感器、执行器和电路分配了不同区段的数字，区段中较小的数字表示通用故障，即通用故障码；较大的数字表示扩展码，提供了更具体的信息，如电压低或高，响应慢，或信号超出范围。

如对雅阁轿车进行故障诊断时，"P0125""P0204"，分别代表发动机有转速信号时发动机 5min 内没达到 10℃和 4 号喷油器输出驱动器不正确地响应控制信号。

(2)故障码报文请求

下面介绍故障码请求指令格式（以标准帧为例）。

发送请求指令：标识符 ID=0x000007DF 的控制单元发送，标准帧、数据帧，数据位 DATA：01 03 00 00 00 00 00 00 所有值是固定的。

接收到响应数据：标识符 ID=0x000007E8 的控制单元接收，标准帧、数据帧，数据位 DATA：06 43 02 03 04 53 64 07。

上面接收数据的第三字节"02"（黄底色）代表故障码个数是 2 个，后面的"03 04"（紫底色）、"53 64"（红底色）代表故障码号。根据表 3-1-2 转换获得故障码为 P0304，为发动机故障。根据表 3-1-3 转换获得故障码为 B1346，进一步查询相关协议获得 B1346 故障码的含义为底盘上的故障，安全气囊插头松动造成接触不良。

表 3-1-2　故障码的十六进制与二进制转换

十六进制	0				3				0				4			
转为二进制	0	0	0	0	0	0	1	1	0	1	0	0	0	1	1	0
DTC	P			0				3				0				4

表 3-1-3　报文中的 DATA 解析为故障码

十六进制	1				3				4				6			
转为二进制	0	1	0	1	0	0	1	1	0	1	0	0	0	1	1	0
DTC	B			1			3				4				6	

（3）通过 CAN 报文读取发动机转速数据流

用解码器通过 OBD 诊断口的第 6 引脚（CAN-H）和第 14 引脚（CAN-L）发送如下报文：ID=0x000007DF 标准帧、数据帧，数据位：02 01 0C 00 00 00 00 00，如图 3-1-16 所示。

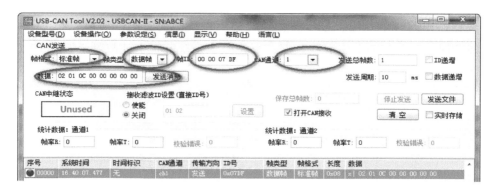

图 3-1-16　通过网络 CAN 报文读取发动机转速数据流 1

接收到响应数据：ID=0x000007E8 标准帧、数据帧、数据位：04 41 0C 0B 18 AA AA AA。

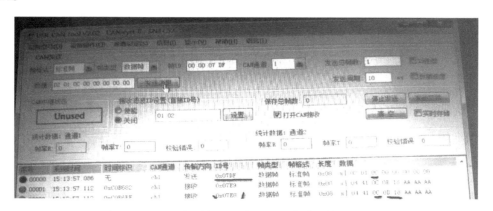

图 3-1-17　通过网络 CAN 报文读取发动机转速数据流 2

收到 ID，只关注 ID=0x000007E8，BYTE2=0C 的数据帧，其他数据不予理会，查询协议 PID 表：

发动机转速	0C	BYTE3,4/4	RPM

表中第三列 "BYTE3,4/4" 表示 BYTE3 与 BYTE4 组成一个 16 位 16 进制数，然后除以 4，即可得到发动机转速（r/min）。由图 3-1-17 可知，BYTE3=0x0B，BYTE4=0x18。

因此，转速 =0x0B18/4=2840/4=710 r/min。

OBD 系统输出的每个参数都对应一个使用 16 进制表示的 PID（Parameter Identification），即参数标识。例如，PID$01 会输出故障码清除之后的监测状态，PID$05 输出发动机冷却液的温度，PID$0C 输出发动机的转速，即可以读取发动机的实时转速或者故障时的转速。

3. OBD-Ⅱ故障码解析

如图 3-1-18（左）所示，故障码 P0AA1 表示混合动力电池正极接触器电路卡在关的位置。报故障码的逻辑是，系统主接触器负责打开和关闭高压电源供应，如果第 1 或第 2 主接触器中的一个卡住，有可能会导致高压系统不能关闭，所以汽车 ECU 一旦发现其中的任何一个接触器发生故障，便会终止整个系统并报上述故障。"Detail Code 3：226""Detail Code 4：224"属于"详情码"。

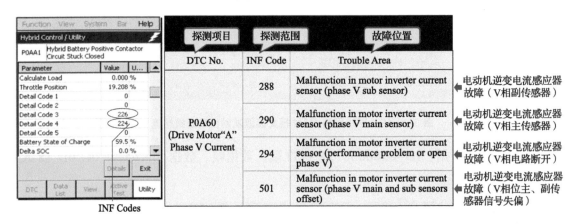

图 3-1-18 凯美瑞故障码 P0AA1（左）和 P0A60（右）的解析

如图 3-1-18（右）所示，故障码 P0A60 表示驱动电机 A 相电路故障，图中右侧蓝色字体是对 INF Codes 的解释。在故障诊断过程中，DTC 和 INF code 可以缩小故障检测范围。

检查冻结帧或历史记录数据。因为历史记录数据可以被用作故障再现试验，因为它记录了在故障被检测到时行驶和操作的状态。目前大多数故障诊断仪的故障码读取系统界面会在故障码后显示故障码出现的优先顺序，提示维修人员排查故障的正确顺序。最后，在分析故障码时，还需要区分与故障不关联的故障码。例如普锐斯混动车不关联的故障如下：

①在日光照射不到的条件下，代码 B1424（日光传感器回路异常）有时会输出。

②高压系统有故障时，再生制动器不起作用，输出故障码 C1259（HV 系统再生故障），与 C1310（HV 系统故障）相互矛盾。

4. OBD-Ⅱ故障码术语解析

1）电路/开路：通常用在固定值，或者检测具体电路高或低是不可行的情况下。它也可以跟电路低和高的故障码同时使用，前提是所有三个电路状况都可以被检测。

2）范围/性能：指电路在正常工作范围之内，对当前运行状况来讲不正确。它可以用来指示卡住或被扭曲的值，显示电路、元件或系统的性能不佳。

3）电路低：指电路电压、频率或其他在控制模块输入端测得的特性，低于正常工作范围。

4）电路高：指电路电压、频率或其他在控制模块输入端测得的特性，高于正常工作范围。

5）传感器的位置：指相对于发动机空气流动，从进气系统到排气系统；或者是相对于发动机燃油流动，从油箱到发动机，按1、2、3等的顺序。

6）左/右和前/后：假设你坐在驾驶员座位来查看。

7）A、B：制造商定义区分组件的代码。

8）间歇/不稳定：指信号暂时不连续，但是故障持续时间不足以被认为是开路或短路，或者信号变化率过高。

5. OBD-Ⅱ故障码的形成机理

1）传感器信号错误，超出正常值范围，如电压太高或太低，多数由传感器自身故障或线路故障造成。

2）控制逻辑错误，即控制单元接收到的信息互相冲突，无法执行，如关联性故障或逻辑错误。这时也会存储故障码，但显示的故障部位不一定准确，需要我们根据相关逻辑进行分析判断。

3）网络通信故障，如接收信号超时、信号错误或者收不到信号等。

综上，通过解读故障码，大多能识别出故障可能发生的原因和部位，但也会出现判断失误，造成误导。实际上故障码仅是一个是或否的界定结论，不可能指出故障的具体原因，想要准确判定故障部位，还需根据故障现象，进一步分析和检查才行。

五、网络模式的转换

1. Autosar 的网络

基于 Autosar（汽车开放系统架构）的网络有三种模式：睡眠模式，网络模式和预睡眠模式。

（1）睡眠模式

当节点没有主动网络唤醒和被动唤醒请求时，ECU 将切换至睡眠模式，ECU 功耗降低至适当水平。OEM 一般通过测量静态电流的方法来检测各个 ECU 是否满足设计要求。在睡眠模式下，节点的网络管理报文和应用报文禁止发送，同时节点在该模式下，如果检测到有效的唤醒源，节点必须唤醒。

（2）预睡眠模式

该模式是进入睡眠模式之前的状态，各个 ECU 要实现总线活动静止下来。进入该模式后，已经下发队列的报文允许发送到网络上，不在下发队列中的报文将被搁置。禁止发送网络管理报文和应用报文，但对总线上的报文进行 ACK 应答（CAN 收发器自动完成）。在预睡眠模式下会设定一个可配置的定时器，一旦超时，网络管理状态会离开预睡眠模式，进入睡眠模式。

（3）网络模式

网络模式分为以下两种状态：

1）重复报文状态。该状态分为快速发送状态和正常发送状态，都是发送固定个数的网络管理报文，发送的次数和时间间隔都是可以配置的。

2）常规操作状态。当节点为主动唤醒网络需要与其他节点继续进行通信时，必须保持在常规操作状态，该状态下网络管理报文和应用报文正常发送。

任务实施

一、绘制比亚迪 E5 网络拓扑图

1）准备好相关工作台面和电路图，开始研究动力网的 CAN 线路。根据电路图可以看出，仪表板线束转接头Ⅲ向下，主要是 DLC、换档机构、组合仪表、车载终端，如图 3-1-19 所示。

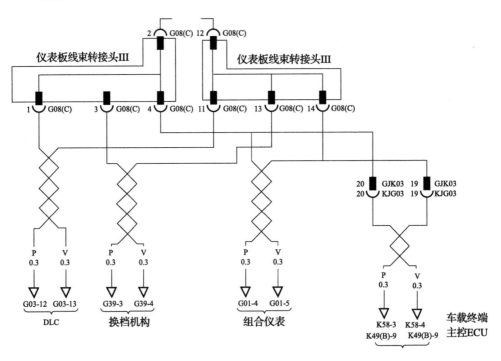

图 3-1-19　仪表板线束转接头Ⅲ的连接（1）

2）在图 3-1-20 中绘制四个模块的与动力网的连接。

图 3-1-20　动力网的 CAN 线连接

3）如图 3-1-21 所示，仪表板线束转接头Ⅲ向上，主要是网关 ECU、P 位控制器、启动 BMS、动力配电箱、VTOG ECU、电池管理器。

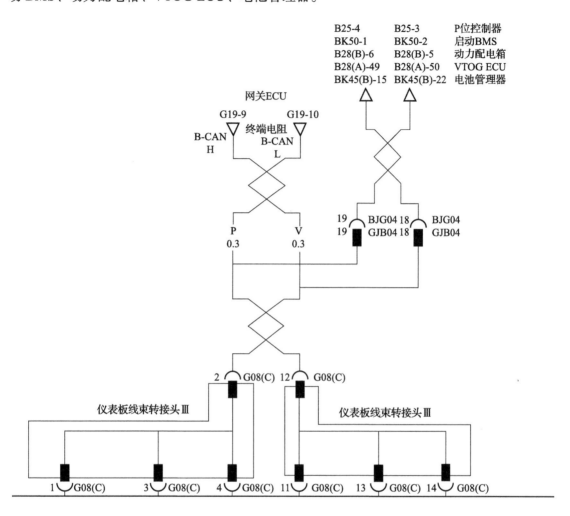

图 3-1-21　仪表板线束转接头Ⅲ的连接（2）

4）在图 3-1-22 中绘制五个模块的与动力网的连接。

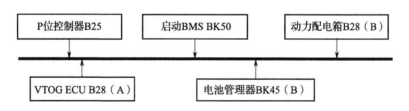

图 3-1-22　比亚迪 E5 五个模块的动力网的连接

5）前往网关 G19，观察网关的 CAN 连接。网关是比亚迪 E5 CAN 的核心，汇聚了整车的舒适网、ESC 网、车身网、动力网，各个网络连接如图 3-1-23 所示。

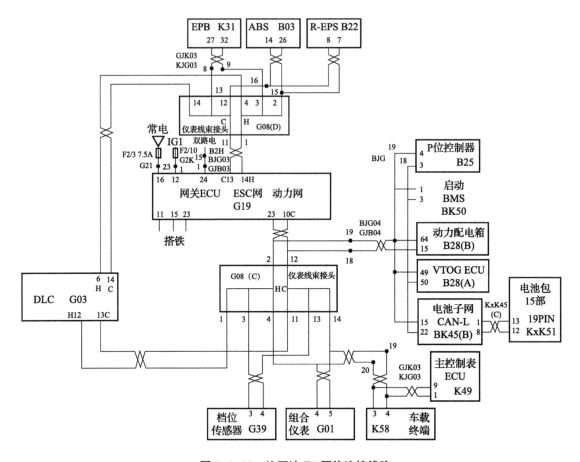

图 3-1-23　比亚迪 E5 网络连接线路

二、辅助电池的 CAN 波形读取

通过示波器读取波形可以及时了解 E5 的辅助电池动力网 CAN 连接。采样线可以直接背插连接 BK50 端子的 1（CAN-H）脚、3（CAN-L）脚以读取波形，这样可在不断开插头的前提下，直接采集 CAN 波形。示波器采用双通道，时间轴（X 轴）刻度选取 20μs、纵坐标（Y 轴）刻度选取 1V，读取 CAN-H、CAN-L 波形。

三、读取车载网络数据流

下面以北汽 EV200 为例，解释具体的车载网络数据流的读取。

1）打开诊断仪工具箱，取出诊断仪连接线和诊断仪器，连接诊断仪上的诊断接头。

2）将诊断仪诊断接头连接到车辆的故障诊断座，如图 3-1-24 所示。

3）起动车辆。

4）开启仪器电源，根据仪器屏幕提示操作。

①选择车型诊断：EV200（图 3-1-25）。

插上后要求常亮
USB连接后常亮

蓝牙连接后常亮
与车辆连接后
传输数据闪亮

图 3-1-24　诊断仪连接线和诊断仪器

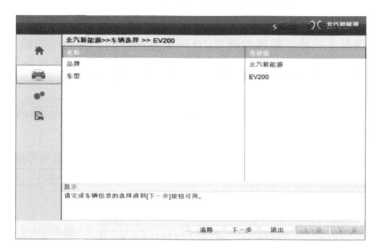

图 3-1-25　北汽新能源诊断仪显示

②选择适合的车型。

③进入电机控制。

5）读取数据流，进行以下操作，观察数据流的变化。

①踩下制动踏板；②踩下加速踏板；③挂入倒车档；④踩下加速踏板；⑤踩下制动踏板后挂空档。

6）与动力电池数据读取方式相同，可以通过诊断仪读取到相关数据（图 3-1-26）。

图 3-1-26　北汽新能源诊断仪显示数据流

从图 3-1-26 中可以查阅驱动电机相关参数，如驱动电机的三个相位 U、V、W 电流值依次为 0.64A、-0.80A、0.48A，驱动电机 1 温度为 46℃等，维修技师可以与维修手册相关的参考值进行对比，以判断驱动电机的工作运行状态。

7）返回诊断仪主菜单，关闭仪器。

知识拓展

一、CAN 报文解析

（1）数据帧

数据帧是使用最多的帧，根据仲裁段 ID 码长度的不同，分为标准帧（CAN 2.0A）和扩展帧（CAN 2.0B），各段的具体名称、位数和排列，如图 3-1-27 所示。

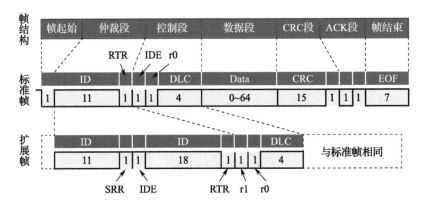

图 3-1-27　数据帧类型及结构

（2）某帧报文解析

下面介绍通过示波器获取的 CAN 波形，并对其报文进行解析。使用 CAN 设备产生的 CAN 信号来发送数据：扩展帧 ID=0x11121181、Data=0x06 0x08，用示波器的探头连接 CAN-H，探头的夹子连接 CAN-L，读取波形如图 3-1-28 所示。

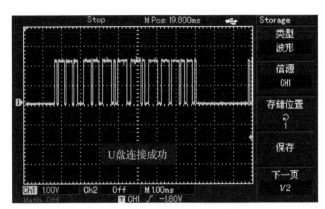

图 3-1-28　读取的 CAN 线波形

1）根据波形最小间隔算出比特率，然后依据比特率和波形读出具体的数据：

10111011101100011110110011111010111110011111010011111001111011110110111011101。

2）CAN 扩展消息格式如图 3-1-29 所示。

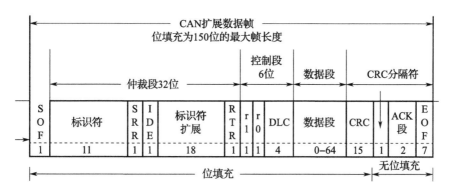

图 3-1-29　CAN 扩展消息格式

3）在 CAN 2.0B 协议中，当连续出现 5 个高电平时，就需要插入一个低电平，所以在解析的过程中需要将这些插入的数据删除，就是图 3-1-30 中用红线删除的那些数据。

```
1011101110110001111011001111101011111001 1111010011111001111101111011011101
S    11位ID     S I     18位扩展ID     R r r  DLC      D1        D2      15位CRC
O            R D                        T 1 0
F            R E                        R
```

图 3-1-30　CAN 码解析

删除这些数据之后，根据图 3-1-29 所示的格式可以将各个字段分割出来，报文解析。

4）ID 地址解析，11 位 ID+18 位扩展 ID。

29 位 ID：0 1110 1110 11 + 01 1110 1110 0111 1110。

　　　　　　0 1110 1110 1101 1110 1110 0111 1110（下面对其取反）

　　　　　　1 0001 0001 0010 0001 0001 1000 0001 =0x11121181（十六进制）

这个和发送的目标地址一致。

5）数据解析。

DLC：1101（实际转回成 0010）转换成十进制为 2，表示这一帧中有两个数据，接下来的 16 个字节便表示这 2 个数据。

D1：11111001（实际转回成 00000110）= 0x06。

D2：11110111（实际转回成 00001000）= 0x08。

这样便解析出了我们需要的数据，这和发送的数据是一致的。

这里需要注意的有两点：

①在 CAN 协议中当连续出现 5 个高电平时就需要插入一个低电平。

②在 CAN 协议中，CAN-H 和 CAN-L 的差值为高电平时定义为显性，逻辑上表示为 0，为低电平时定义为隐形，逻辑上表示为 1。这在解码的过程中需要注意。

二、VIN 解析

VIN（Vehicle Identification Number）即车辆识别号码，就像人的身份证一样，每车一号，用以识别车辆。SAE 标准（美国汽车工程师学会）规定：VIN 由 17 位字符组成。它包含了车辆的生产厂家、年代、车型、车身形式及代码、发动机代码及组装地点等信息。为避免与数字 1、0、9 混淆，英文字母 I、O、Q 不使用，第 10 位生产型年不使用 I、O、Q、U、Z、0。

VIN 中的每个字符都具有特定的含义，而且整个 VIN 分为多个部分。第一位标识原产国/地区。第二位标识车辆的制造商。第三位标识制造商内部的部门或常规车辆类型。第四位标识车重和/或功率。第五位通常标识车辆的底盘类型，如行李车、皮卡、挂车、轿车等。第六位可以是制造商使用的特殊代码，也可以标识车辆的具体型号。第七位用于标识车身类型，如四门、双门、仓背式或敞篷。第八位用于提供关于发动机的信息，如气缸数量和发动机排量。第九位为校验位。第十位是车型年码。第 11 位是工厂代码，表示车辆的组装工厂。最后六位（即 12~17 位）是产品序列号。

以奥迪为例：<u>LFV</u> <u>5</u> <u>A</u> <u>1</u> <u>4B</u> <u>8</u> <u>Y</u> <u>3</u> <u>000001</u>，它所代表的含义如下：

1）前三位代表国家及制造商。L 表示中国、F 表示一汽、V 表示大众汽车有限公司。

2）第四位代表发动机排量。"5"表示 2.8L<V≤3.2L。

3）第五位代表车身类型。"A"表示四门折背式（如 A6L）。

4）第七、第八位代表车型代码：4B。

5）第十位 Y 代表该车生产年份。1 表示 2001 年，2 表示 2002 年，3 表示 2003 年，以此类推，A 表示 2010 年，B 表示 2011 年，C 表示 2012 年，以此类推，2021 年用 M 来表示。

6）第 12~17 位代表生产顺序号码，如：000001。

任务二　整车控制策略

学习目标

1）能够深刻理解新能源汽车核心模块的工作原理。

2）能够深刻理解新能源汽车整车工作模式和控制过程。

3）能够深刻理解电驱精准控制和能量优化辅助。

情境导入

小李遇到一辆 2020 款比亚迪秦 EV 故障车，故障现象是车辆能正常高压上电，但当驾驶员挂 D 位，松开制动踏板后，车辆会向前颤动一下，然后 OK 灯突然消失，并且动力系统故障灯点亮。小李现在已经有一些经验了，他判断为整车控制或者是电驱方面的问题。下面我们跟小李一起去看看吧。

信息获取

一、整车控制技术

新能源汽车要想实现澎湃动力和精准驾控，需要拥有一颗智慧"大脑"——整车控制器（VCU）。它是整车的总控制台，是各个电控子系统的调控中枢，可以称为电动汽车"大脑中的大脑"。它能解读驾驶意图，协调和管理整个电动汽车的运行状态，承担了数据交换、安全管理、驾驶员意图解析、能量流向管理等任务，具有提高车辆动力性、安全性和经济性的作用，它的性能决定了电动汽车的综合性能。

一般来说，新能源汽车的核心ECU有三个：整车控制器、电机控制器和电池控制器。这些控制器之间通过CAN网络实现相互通信，将储存在动力电池中的电能通过MCU供给到电机，驱动电机运转，再通过减速器传递至车轮，驱动电动汽车行驶。如果说电机和电池技术决定了电动汽车的硬件价值，那么电控技术则决定了汽车的软件实力。

1. 整车控制器的结构和功能

整车控制器由硬件和软件组成，硬件分为壳体和硬件电路，软件分为应用软件和底层软件，如图3-2-1所示。壳体主要用于硬件电路的保护以及密封，能满足防水、防尘等清洁度要求，也能满足避免跌落、振动等机械要求。硬件电路包括模拟量输入和输出、开关量调理、继电器驱动、高速CAN总线接口、电源模块、D/A和A/D处理电路、频率信号

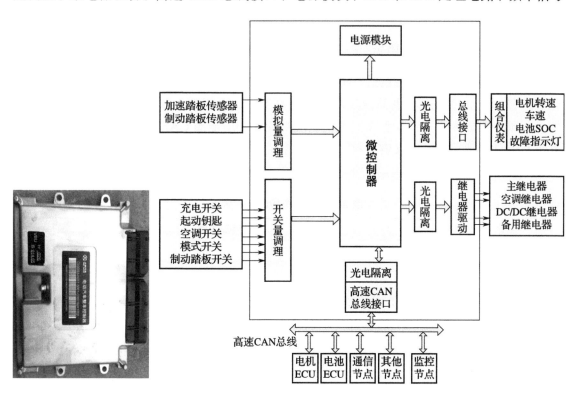

图 3-2-1　整车控制器结构原理

处理电路和通信接口电路等，核心为主控芯片（32 位处理芯片）及其周边的时钟电路、复位电路。其中，电源模块可为 ECU 和各输入和输出模块提供隔离电源，并对蓄电池电压进行监控，与微控制器相连；模拟量输入和输出模块可采集 0~5V 模拟信号，并可输出 0~4.095V 的模拟电压信号；脉冲信号输入和输出模块可采集脉冲信号进行调理并输出 1Hz~10kHz、幅度 0~14V 的 PWM 信号。

整车控制器的软件一般由 C 语言编写，应用软件主要是负责上层控制策略，根据车辆状态和驾驶员意图实时控制能量流向和分配比例。底层软件主要负责单片机初始化设置、CAN 总线信号的实时收发和输入、输出信号的实时处理与诊断。整车控制器的软件控制策略必须依靠硬件来实现，但硬件一旦设计成型后，不易修改。

新能源汽车整车控制方案采用分层控制技术（图 3-2-2）：整车控制器作为第一层，其他各控制器作为第二层。各控制器之间通过 CAN 网络共同实现整车的功能控制。整车控制逻辑包括五个方面：整车状态的获取、驾驶员意图识别和控制模式的判断、整车故障判别及处理、外围驱动模块管理、电动汽车辅助系统控制。

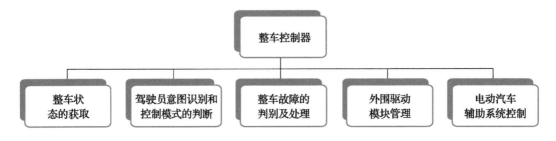

图 3-2-2　整车控制方案采用分层控制策略

整车控制器的主要功能包括：①整车驱动控制，如转矩输出；②能量管理功能，如放电和能量回收；③整车辅助系统控制，如电动空调、暖风等；④整车安全管理和诊断功能，如预警、故障干预；⑤整车网关的管理功能，如新能源 CAN 和车身 CAN 信息交互；⑥整车信息管理功能，如仪表显示、远程监控；⑦高低压安全管理与保护功能等。整车控制策略条目见表 3-2-1。

表 3-2-1　整车控制策略条目

序号	整车控制策略
1	驾驶员意图解析
2	驱动控制
3	制动能量回收控制
4	整车能量优化管理
5	充电过程控制
6	高低压上下电控制：上下电顺序控制、慢充时序、快充时序
7	辅助系统管理
8	车辆状态的实时监测和显示

（续）

序号	整车控制策略
9	故障诊断与处理
10	远程控制
11	整车 CAN 总线网关及网络化管理
12	基于 CCP 的在线匹配标定
13	DC/DC 控制、EPS 控制
14	档位控制功能
15	防溜车控制
16	远程监控

2. 整车的工作模式

根据整车的不同工况，电动汽车可以分为 8 种工作模式，整车控制器在其中都发挥着不可或缺的作用。整车控制器在被低压唤醒后，经过自检模式后就会周期地执行模式判断，其中，充电模式要优先于行驶模式。整车处于行驶模式时，如果检测有充电需求，VCU 需先执行高压下电后，再进行正常的充电流程，即行驶模式随时可以切换到充电模式。相反，充电模式不能切换到行驶模式，也就是说如果点火开关在 ON 档，同时还在充电中，即使拔下充电枪并关闭了充电口，车辆仍然不能上电行驶。

1）自检模式：当系统收到 ON 档信号或 ST 信号后，整车控制器上电进行自检，如果自检通过则等待起动模式，如果自检失败则进入故障模式。

2）起动模式：点火开关处于 ST 档（一键起动车辆需在踩下制动踏板时按起动开关），首先起动自检模式，在自检通过后，VCU 会唤醒动力网上其他的 ECU 工作，随后进行高压上电，当所有设备都正常启动后，整车进入 READY 状态。

3）起步模式：当驾驶员不踩加速踏板起步时，整车控制器会协调电机转矩达到起步目标值，车速逐渐上升，并控制在合理的速度范围内，实现平稳起步。

4）行驶模式：在汽车行驶过程中，整车控制器实时采集驾驶员加速踏板位置以及开度变化率等信息，并根据当前车辆的行驶状态（车速，电池电流、电压、温度等），实时控制电机的转矩和动力电池的输出功率，从而按驾驶员意图控制汽车的运行，实现前进、后退、巡航、加速等不同行驶方式。

5）制动模式：驾驶员踩下制动踏板，汽车处于制动或者减速状态时，整车控制器根据当前车辆行驶状态，计算出所需制动转矩，控制电机转换为发电机模式进行能量回收。

6）停车模式：当驾驶员关闭点火开关，整车控制器控制各个子系统下电，设备都关闭后完成停车。

7）故障模式：当整车控制器监控到汽车发生故障时，会启动自我诊断和主动修复功能，同时限制系统功率输出，使汽车进入限速或者紧急停止状态，并将故障信息显示给驾驶员。

8）充电模式：当插上充电枪时，充电机开始工作，整车控制器会协调电池管理系统启动充电，并持续监测电池管理系统及充电机的状态，将充电信息显示给驾驶员。

二、信息获取

1. 整车状态信息的获取

1）获取方式

①通过车速传感器、档位信号传感器等采用不同的采样周期检测整车的运行状态。

②通过 CAN 总线获得整车功能模块、动力电池系统、电机驱动系统等状态信息。

2）获取内容

①点火钥匙状态：OFF、ACC、ON、START。

②充电监控状态：充电唤醒、连接状态、慢充门板（开关）。

③档位状态：P、R、N、D。

④加速踏板位置：加速踏板开度(0~100%)。

⑤制动踏板状态：踩制动踏板、未制动。

⑥BCM 状态：继电器、电压、电流等。

⑦MCU 状态：工作模式、转速、转矩等。

⑧PTC 信息和 ABS、ICM（点火控制模块）、EAS（电子辅助制动系统）状态。

2. 整车信息的管理

整车控制器对车辆的状态进行实时检测，并且将各个子系统的信息发送给车载信息显示系统或仪表。车载信息显示系统或仪表通常显示的信息有 Ready、档位、车速、SOC、故障灯等。

3. 整车故障的管理

整车控制器连续监视整车电控系统，进行故障诊断，并及时进行相应安全保护处理；对各种故障进行判断、等级分类、报警显示，存储故障码，供维修时查看。在行车过程中，VCU 会根据故障内容做出故障诊断与处理：

①判断整车的各个传感器、执行机构的状态。

②设置相应的错误标志，协调在故障情况下各个模块的计算和执行。

③将故障状态记录、输出、消除。

整车控制器会根据零部件故障、网络故障和 ECU 硬件故障进行综合判断，确定故障等级并进行相应的控制处理，见表 3-2-2。

表 3-2-2　整车故障等级对应的安全保护操作

等级	名称	故障后处理	故障列表
一级	致命故障	紧急断开高压	MCU 直流母线过电压故障、BMS 一级故障
二级	严重故障	零转矩	MCU 相电流过电流，IGBT、旋变等故障；电机节点丢失故障；档位信号故障

（续）

等级	名称	故障后处理	故障列表
三级	一般故障	跛行	加速踏板信号故障
		降功率	MCU 电机超速保护
		限功率 <7kW	跛行故障、SOC < 1%、BMS 单体欠电压、内部通信、硬件等二级故障
		限速 <15km/h	低压欠电压故障、制动故障
四级	轻微故障	只仪表显示（维修提示）能量回收故障，仅停止能量回收	MCU 电机系统温度传感器、直流欠电压故障；VCU 硬件、DC/DC 异常等故障

4. 驾驶员意图解析

VCU 将驾驶员的加速踏板信号和制动信号，根据某种规则转化成电机的需求转矩命令，对驾驶员操作信息及控制命令进行分析处理。因此，驱动电机对驾驶员操作的响应性能完全取决于 VCU 的加速踏板信号解析结果，这直接影响驾驶员的操控效果。

三、电驱控制技术

1. 电机控制器

新能源汽车的"动力指挥官"是电机控制器，其核心为逆变器。它利用 IGBT 将直流电转换为交流电。电机控制器从整车控制器获得整车行驶需求，从动力电池包获得电能，经过自身逆变器的调制，获得驱动电机需要的三相交流电（图 3-2-3），实现在汽车不同工况下，控制电机正反转、功率、转矩和转速，从而达到控制汽车前进、倒退、维持正常运转的目标。驱动控制即转矩控制，其核心是工况判断→需求转矩→转矩限制→转矩输出四部分。

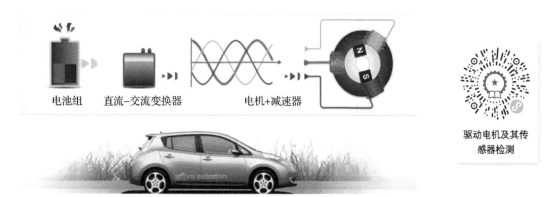

电池组　　直流-交流变换器　　电机+减速器

驱动电机及其传感器检测

图 3-2-3　新能源汽车的电驱控制技术

（1）工况判断

通过整车状态信息（加速/制动踏板位置、当前车速和整车是否有故障等信息）来判断出当前需要的驾驶需求（如起步、加速、减速、匀速行驶、跛行、限车速、紧急断高

压)。工况可分为紧急故障工况、怠速工况、加速工况、能量回收工况、零转矩工况、跛行工况。

（2）转矩需求

根据判断得出整车工况，根据动力电池系统和电机驱动系统状态计算出当前车辆需要的转矩。整车各工况对转矩的需求如下：

紧急故障工况：零转矩后切断高压。

怠速工况：目标车速 7km/h。

加速工况：加速踏板的跟随。

能量回收工况：发电。

零转矩工况：零转矩。

跛行工况：限功率、限车速。

（3）转矩限制

根据整车当前的参数和状态及前一段时间的参数以及状态，计算出当前车辆的转矩能力，根据当前车辆需要的转矩，最终计算出合理的需求转矩。其限制因素如下：

①动力电池的允许充放电功率、温度、SOC。

②驱动电机的驱动转矩、温度。

③电辅助系统工作情况，如放电、发电。

④最大车速和限制，如前进档和倒车档。

图 3-2-4 为北汽新能源汽车的电机控制器总成，其包含上、中、下三层，上、下层为电机控制单元，中层为水道冷却单元。

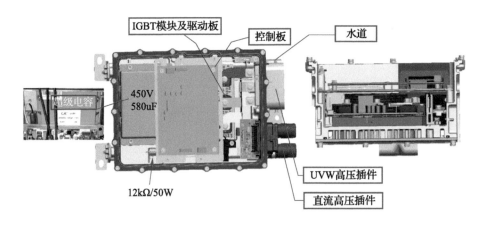

图 3-2-4　北汽新能源汽车电机控制器

电机控制器通常具有以下功能：

①控制电机正向驱动、反向驱动、正转发电、反转发电的功能。

②最高输出电压、电流限制功能，限制交流侧的最高输出电流，限制直流侧的最高输出电压。

③根据目标转矩进行运转，对接收到的目标转矩具有限幅和平滑处理的功能。

④根据不同转速和目标转矩进行最优控制功能。

⑤电压跌落、过热保护，当电机过热、散热器过热、功率器件 IPM 过热、电压跌落时发出保护信号，停止控制器运行。

⑥ CAN 通信，通过 CAN 总线接收控制指令，并接收其他 ECU 传递的信息，及时把电机转速、电流、旋转方向传给相关 ECU。

⑦具有动力电池充电保护应急处理和防止电机飞车的功能。

⑧半坡起步、能量回收等功能。

电驱控制技术还包括主动阻尼控制、电流矢量控制、高转矩响应速度、转矩安全控制等：

①主动阻尼控制：当整车出现抖动时，该功能适时介入，对抖动进行抑制，从而提高驾乘舒适性。

②电流矢量控制：对电机的励磁电流和转矩电流分别进行控制，一是使转矩动态响应高，精度高；二是使低速输出转矩大，低速性能好；三是使车辆控制更精准、更灵活。

③高转矩响应和安全控制：驱动电机的转矩响应速度远高于发动机，从零转矩到最大转矩的响应速度需要小于 100ms，以匹配整车的动力需求，保证整车动力安全。

2. 精准控制

要精准操控汽车必须精准控制汽车车轮的转动，也就是要实现对电机的精准控制，包括旋转的每个角度。电机控制器 (MCU) 的核心是逆变器，关键零部件是 IGBT，它利用 IGBT 将直流电调制转换为交流电，其中交流电的频率和电流大小是整车精准控制汽车车速和转矩的目标参数。当 MCU 接收到整车控制器 (VCU) 的行驶控制指令后，通过旋变传感器检测到电机的位置，经过计算处理后发送逻辑信号控制 IGBT 的开断。经过 IGBT 开关截断后的高压直流电会输出近似于正弦波的高压三相交流电，随后驱动电机旋转，如图 3-2-5 所示，通过控制三相交流电的输出频率和电流大小即可控制驱动电机的转速和转矩。

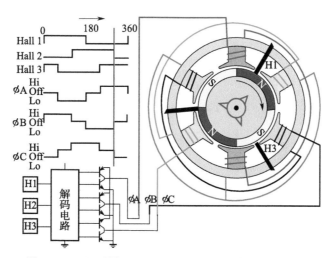

图 3-2-5　通过控制 IGBT 通断控制三相永磁交流电机

为了控制电机能够按照驾驶意图输出合适的电流参数，电机控制器需要知道驱动电机现在的旋转位置（类似于曲轴位置传感器），方能精准控制车轮的旋转角度，尤其低速的时候更加重要。其次，MCU 可通过计算一段时间内旋变传感器的变化次数而得出驱动电机的转速。因此电机控制器必须在获得电机当前的旋转位置、转速和旋转方向后才能进行电机加减速的量化控制，才可防止驱动电机的转动误差造成溜车、倒车、加速不良等问题。因此，没有旋变信号，电机控制器无法精准控制驱动电机，汽车就不能行驶。

电机控制器控制驱动电机需要获得以下信号：

①驾驶意图信号，包括制动开关、制动踏板深度、加速踏板深度、变速杆位置。

②电机状态反馈旋变传感器（车速、位置、方向）、IGBT 状态、IGBT 温度、电机温度。

③输入母线电压，输出 U、V、W 电压、电流，以及驻车开关信号等。

四、比亚迪新能源汽车的控制逻辑

比亚迪纯电动新能源汽车采用了集成式模块化设计，2019 款比亚迪 E5 与 2020 款秦都运用了本项目介绍的整车控制逻辑，但是早期的 E5 车型，没有设计整车控制器（VCU），整车控制逻辑的功能被拆分到车身控制器（BCM）和电机控制器（MCU）中去实现。如图 3-2-6 所示，BCM 的权限很大，与智能钥匙以及电子转向锁（ECL）和 I-keyless 组成防盗系统，在防盗通过后，BCM 将实时监控驾驶员的起动上电信号或者是插枪充电信号，一旦获得上述信号即可判断并通过 CAN 网络发送上电和充电命令给 BMS。另外，BCM 也是全车低压配电的执行者，可以实现拉高激活全车的 ACC、IG1 和双路电继电器并给全车 ECU 配电。

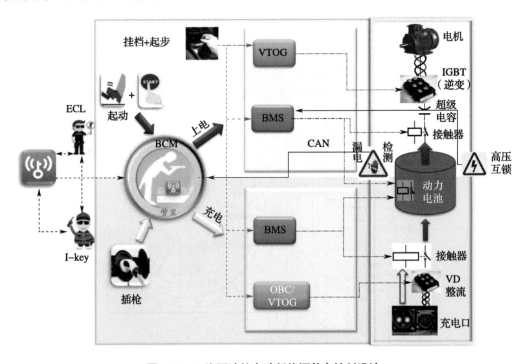

图 3-2-6　比亚迪纯电动新能源整车控制设计

1. BCM 的功能（参考 2020 款比亚迪秦 EV 的 BCM 电路图）

1）BCM 由端口 G2i-23（具体位置参考图 5-3-17）识别制动信号，具有反馈显示 POWER 绿灯功能，由端口 G2r-xx 线反馈回 BCM，也可通过读取 BCM 的数据流查看。

2）BCM 由端口 G2r-26/22 识别按钮按下，具有反馈显示 POWER 橙灯功能，由端口 G2r-yy 线反馈回 BCM，也可通过读取 BCM 的数据流查看。

3）BCM 识别上述两个信号后，开始拉高继电器控制线圈吸合 ACC、IG1 和双路电继电器（通过拉高 G2P-5 供出），其中 IG 电通过 F2-13 熔丝、ACC 电通过 F2-30 熔丝并反馈回 BCM，BCM 从而监控上述继电器的工作和配电状态。

4）BCM 的上电指令经端口 G2r-8、9 号端子发送到起动网，随后经网关送到动力网再送给 BMS。

5）BCM 经端子 G2p-1 给转向锁解锁供电，转向 ECU 由 ACC 供电。

6）BCM 经端子 G2R-17 接收来自 VTOG 的充电枪插入信号，进一步供双路电给 BMS 和 OBC。

2. BMS 的功能

1）BMS 监测管理单体电池的电压和温度以及均衡情况，一旦超标，控制分压接触器及母线主正和负极接触器，禁止动力电池电流输出并点亮故障灯。BMS 通过 CAN 获取来自动力电池包内部 BIC 的采集信息。

3）动力电池剩余电量估计，让驾驶员知道汽车还能开多远。

3）上电流程接合预充和主接触器，充电流程接合预充和充电接触器。

4）报告充电功率或电流（通过四合一电控箱内的霍尔电流传感器）给仪表。

3. 充配电模块（CPD）功能（参考图 4-2-10）

1）充电监测，输出一个 5V 的 CC 信号，监控是否插枪充电，通过 BMS 数据流可查看是否允许充放电，是否有充电连接。

2）监控 B28a-47 端子，监控接收来自车外充电设施发送的 CP 方波信号，确认是否高压充电线连接好，可通过 VTOG 的数据流查看。

3）发送充电连接信号给 BCM 的 G2r17，BCM 收到信号后会闭合双路电，激活 BMS 等模块。另外发送充电感应信号给 BMS 的 Bk45b-18，使得 BMS 执行充电模式合上充电接触器。

4. VCU 的功能

1）根据驾驶员意愿控制高压上电后的电压以驱动电机。

2）接收 CAN 档位信号和加速踏板位置信号以及制动踏板位置信号，控制 IGBT 输出。

5. MCU 的功能

MCU 监测驱动电机旋转位置（旋变传感器）和电机温度，若有异常将导致无法准确控制 IGBT 的输出。

任务实施

旋变传感器的检测和计算

旋变传感器工作原理

旋变传感器安装于电机端盖总成上，如图 3-2-7 所示，它是一种检测磁极位置的传感器，能够保证电机控制器对驱动电机进行高效、精确的控制。旋变传感器的结构由转子和定子组成，定子包括一个励磁线圈和两个检测线圈（正弦和余弦）。转子（不规则形状）以机械方式固定在电机轴上。汽车起动时，电机控制器会在励磁线圈上输出一个以一定频率变化的 5 V 交流电。励磁线圈就会生成一个环绕两个检测线圈和不规则形状转子的磁场。然后，电机控制器监测两个检测线圈的电路，以获得一个返回信号。不规则形状金属转子的位置变化引起检测线圈的磁感应返回信号发生大小和形状的变化。通过如下的算法，电机控制器可计算出驱动电机现在的旋转位置、转速和方向。

图 3-2-7 旋变传感器（旋转变压器）安装位置及结构

1. 旋变传感器位置

旋变励磁线圈的电压信号为

$$U_1(t) = U_{1m}\sin\omega t \tag{3-1}$$

式中，U_{1m} 为励磁电压的幅值；ω 为励磁电压的角频率。励磁线圈的励磁电流产生的交变磁通，在二次侧输出线圈中感生出电动势。当转子转动时，由于励磁线圈和二次侧输出线圈的相对位置发生变化，因而二次侧输出线圈感生的电动势也发生变化。又由于二次侧输出的两相线圈在空间成正交的 90° 电角度，因而两相输出电压为

$$U_{2Fs}(t) = U_{2Fm}\sin(\omega t + \alpha_F)\sin\theta_F$$
$$U_{2Fc}(t) = U_{2Fm}\sin(\omega t + \alpha_F)\cos\theta_F \tag{3-2}$$

式中，U_{2Fs} 为正弦相的输出电压；U_{2Fc} 为余弦相的输出电压；U_{2Fm} 为二次侧输出电压的幅值；α_F 为励磁侧和二次侧输出电压之间的相位角；θ_F 为发送机转子的转角。

可以看出，励磁侧和输出侧的电压是同频率的，但存在着相位差。正弦相和余弦相在时间相位上是同相的，θ_F 可以由式（3-2）中正余弦函数联合计算确定。旋变传感器各线圈电阻的标准值：正弦阻值为 $16\Omega \pm 1\Omega$；余弦阻值为 $16\Omega \pm 1\Omega$；励磁阻值为 $8\Omega \pm 1\Omega$。其电压波形如图 3-2-8 所示。

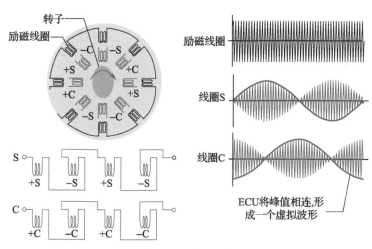

图 3-2-8　电压波形

2. 比亚迪 E5 旋变传感器的检测技巧

1）由于旋变传感器上有三组线圈，每个线圈的电阻是固定的（正弦阻值 16Ω，余弦阻值 16Ω，励磁阻值 8Ω），故检测线圈电阻是否符合标准即可判断线路是否出现断路故障，另外由于线圈上传输的是正弦波信号，所以可用测量波形的方式来判断。

2）检测旋变传感器上三组线圈的电阻，优先在电机控制器 B28（A）的端子上测量，这样即可判断电机到电机控制器的旋变信号线是否断路。若信号线短路，还需要进一步测量发生短路的旋变线圈与搭铁、+B 和相互间的电阻来判断短路位置。

3）检测励磁信号波形优先在电机端子 B30 上测量，没有信号可以回溯到电机控制器；检测正余弦信号波形优先在电机控制器端测量，没有信号可以回溯到电机端测量。测量波形时示波器需要将正弦 +、正弦 – 接在同一探头，测量其他两个信号时类似。

知识拓展

低压电源管理

BCM 是传统汽车和新能源汽车都必备的控制模块。早期 BCM 主要用来控制汽车车身用电器，如整车灯具、刮水器、洗涤器、门锁、电动车窗等功能，后期还具有低压电源管理功能，如电压保护、延时断电、系统休眠等，如图 3-2-9 所示。

在 BCM 参与电源管理的系统中，起动开关的作用不再是简单地直接控制一个档位，而是与 BCM 一同参与电源管理。从图 3-2-10 可以看到，有很多用电设备不再是由开关或熔丝直接提供电源，而是由 BCM 来控制电源的输出向这些用电设备供电。同样，比亚迪新能源汽车也是由 BCM 根据相关信息直接控制 IG1 和 IG3（双路电继电器）工作，进而管控全车电路的输出，详细内容参看 97 页 "1. BCM 的功能"。

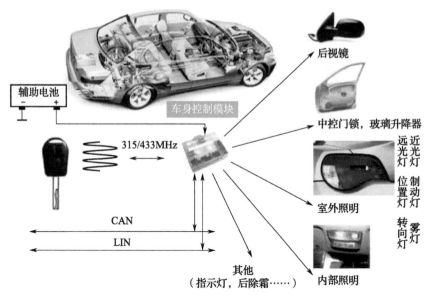

图 3-2-9　BCM 控制功能

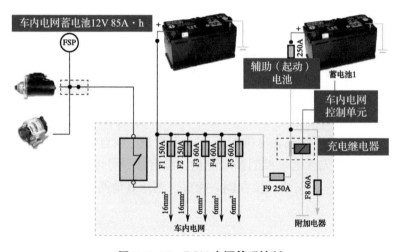

图 3-2-10　BCM 电源管理控制

任务三　高压防护与热管理

学习目标

1）能够规范、快速地进行新能源汽车高压互锁的检测。

2）能够理解新能源汽车漏电检测原理及策略。

3）能够深刻理解新能源汽车热管理的控制流程和策略。

情境导入

　　一车主驾驶比亚迪新能源汽车与其他车辆发生了碰撞，车辆维修结束后车主并不放心，担心其有漏电隐患，于是找到了小李，希望小李判断车辆的安全等级。要判断车辆是否存在漏电，需要了解该车漏电传感器的工作原理，于是小李查阅了相关资料。我们也一起去学习吧。

信息获取

一、高压输出安全管控

新能源汽车的高压来自动力电池包，电池包由多个低压电池模组串联而成，在串联的过程中不但设计了分压接触器，还在动力电池对外输出的母线端子上设置了主正和主负接触器。由于高压输出管控采用多个接触器的冗余设计，而接触器受电池管理系统（BMS）的控制，其默认状态为断开，即没有管理器的 12V 电拉高控制，接触器不会吸合工作，从而有效地降低了因接触器发生粘接而脱离管控的概率。由此可知，动力电池的高压输出完全受控于 BMS，动力电池的高压对外输出并不容易。

在高压电流出动力电池去向高压部件的过程中，首先在线束接口处设计了高压互锁机构（HIGh Voltage Inter-lock，HVIL），目的是在高压线束未插紧或松动时，BMS 因未检测到互锁波形而切断高压输出。之后，高压线束从电源到用电部件的物理连接都最大可能地做好绝缘，保证铜线不外露。为了防止出现高压漏电问题，又设计了漏电传感器来监控高压回路中的漏电状态。高压维修开关（MSD）也集成了 HVIL 接口，如图 3-3-1 所示。

图 3-3-1　高压维修开关（MSD）也集成了 HVIL 接口

另外，新能源汽车在设计时需要考虑碰撞时的安全，不但要考虑发生碰撞后，避免乘员和救护者触电，而且还要在汽车遭受碰撞后，将高压电部件和动力电池模组断开，以切断冒烟、失火的隐患。通过采用碰撞传感器，当碰撞水平超过一定强度值（指加速度值）时，安全气囊模块（SRS）通过专线通知 BMS 控制断开动力电池内的高压电路。

为了保障售后维修安全，还设计了开盖检测保护控制。即在整车高压回路接通状态下，若高压配电箱盖被打开，BMS 会立即断开高压主回路电气连接并激活主动泄放。

综上所述，高压输出安全管控保护有五种：碰撞断高压保护、漏电断高压保护、高压互锁保护、主动泄放保护、被动泄放保护。

二、高压互锁保护技术

新能源汽车的高压系统通常有 300V 以上电压和数十安培的电流在高压部件内运行，这对于维修新能源汽车在安全方面是一个严重考验。为此，设计了高压互锁作为新能源汽车电气物理连接的安全保护机构。高压互锁分为结构互锁和功能互锁，其作用表现在如下三个方面。

1）在车辆上电行车前发挥作用。若检测到电路不完整，则系统无法上电，避免因为虚接等问题造成事故。

2）在碰撞断电中发挥作用。碰撞信号通过触发高压互锁信号，执行系统下电，以保障驾乘人员的安全。

3）在售后维修中发挥作用。在进行高压部件的维修时，需要取下维修开关和高压部件，而维修开关中也集成了 HVIL 接口。这也意味着，取下维修开关或直接插拔高压线束会引起 HVIL 锁止，车辆无法上高压电，从而保障维修人员的安全。

1. 高压互锁的工作原理

高压互锁技术的实现由以下设备完成：具备高压互锁功能的高压插接器（包括壳体高压插件和低压信号导电件）、高压互锁监测器和检测线路。

监测器可以设置在电池管理器上，也可以设置在整车控制器上，监测器负责采集互锁回路的低压信号来识别通断状态并发送给控制器，这样高压回路在真正实现通断以前，控制器就已经掌握了插接器的状态。图 3-3-2 是北汽新能源汽车的高压互锁监测回路，VCU 负责监测互锁信号的通断，发出直流 12V 高电平信号，线路经各高压插接器后到 PTC 处拉低搭铁。另外，互锁信号也可采用 PWM 方波，如比亚迪和吉利新能源汽车。

互锁插接器是一组对插的插接器，插接器上分别固定着一对高压金属插针和一对低压

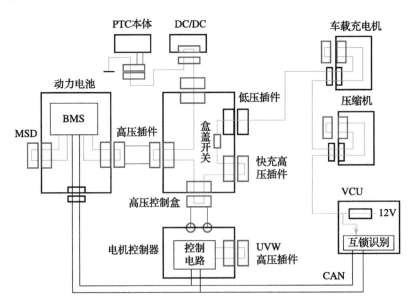

图 3-3-2　北汽新能源汽车高压互锁监测回路

金属插针。在公插接器和母插接器上，高低压导电件被分别固定在壳体上，相对位置固定。要实现低压断开比高压断开更早，就要确保低压回路的插针晚于高压回路插针的对接时间。从图 3-3-3 的左、右对比效果可以看出，当高压插针刚接触时，低压插针还有一段距离再接触；当高压插针已经对接一大半时，低压插针才接触；当高压插针插到位时，低压插针也插到位。

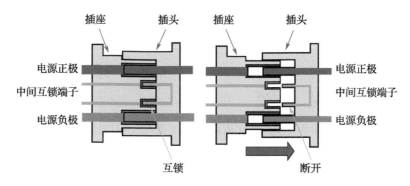

图 3-3-3　高压互锁插接器及其内部结构

2. 高压互锁回路的设计

高压互锁是用低压信号监视高压回路完整性的一种安全设计方法。高压互锁有两个方面需要考虑，一是低压系统要全面检测整个高压系统每个连接处的连接状态，二是实现低压检测回路的信息领先于高压回路断开的动作。在高压断开状态，低压回路被切断；在高压连接状态，低压回路被短接从而形成完整的低压回路并保持必要的提前量。图 3-3-4 所示低压端子回路比橙色的高压端子先接通，后断开。

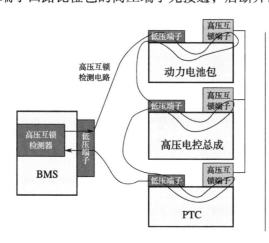

图 3-3-4　高压互锁主要用于监测高压部件

3. 2017 款比亚迪 E5 的高压互锁

图 3-3-5 所示是 2017 款比亚迪 E5 的高压互锁电路，互锁监测设备是电池管理器，由其 BK45（A）/1 发出 PWM 方波后流入 PTC 模块的 B52/1 端子，随后流向高压四合一电控箱上的各个高压插接器，之后再进入动力电池包，最后由 BK45（B）/7 端子流回到 BMS。

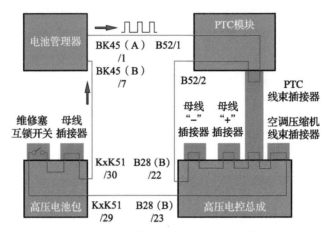

图 3-3-5 2017 款比亚迪 E5 的高压互锁电路

4. 2020 款比亚迪秦 EV 的高压互锁

2020 款比亚迪秦 EV 有两条高压互锁电路，如图 3-3-6 所示。高压互锁电路 1：电池包的 BK51-30 号端子→电池管理器 BK45（B）-4 号端子→电池管理器 BK45（B）-5 号端子→充配电总成 B74-13 号端子→充配电总成 B74-23 号端子→电池包的 BK51-29 号端子。高压互锁电路 2：电池管理器 BK45（B）-11 号端子→充配电总成 B74-15 号端子→充配电总成 B74-14 号端子→电池管理器 BK45（B）-10 号端子。

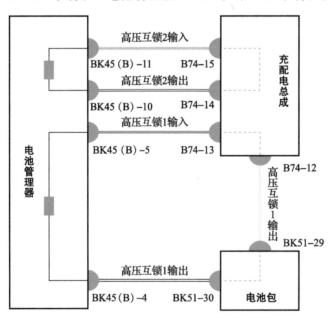

PTC 高压互锁短接测高压

图 3-3-6 比亚迪秦 EV 由 BMS 负责互锁信号的输出与检测

三、漏电保护与泄放

1. 漏电传感器的工作原理

漏电传感器主要用于对动力电池主线与外壳及车身底盘之间的绝缘阻抗进行检测。通过检测与动力电池输出相连接的负极导线与车身底盘之间的绝缘电阻大小，来判断高压部件的漏电程度。

（1）电路原理

如图 3-3-7 所示，漏电传感器检测端连接动力电池负极，另一端连接车身 GND，用于检测动力电池组正负极与车身之间的绝缘电阻值。漏电传感器内部由信号发生器、检波器、比较器等组成检测电路，外接端子是 +15V、-15V、LD1、LD2、GND。通过比较器输出 LD1、LD2 漏电信号，随后通过 CAN 与电池管理系统交互信息。

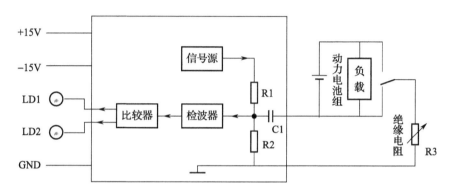

图 3-3-7　漏电传感器的工作原理

（2）漏电电阻计算

按照 GB 18384—2020 中的绝缘电阻计算公式，漏电电阻的计算模型如图 3-3-8 所示。

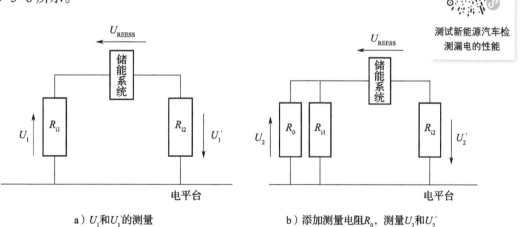

a）U_1 和 U_1' 的测量　　　　　b）添加测量电阻 R_0，测量 U_2 和 U_2'

图 3-3-8　漏电电阻计算模型

1）定义电池绝缘电阻为 R_i，$R_i = R_{i2}$（R_{i1} 和 R_{i2} 两者较小为 R_{i2}），用内阻不小于 10MΩ 的电压表，分别测量电池两端对电平台的电压，较高者定义为 U_1。

2）取内阻 R_0 固定的电压表和 R_{i1} 并联，获取 U_2 和 U_2'。

3）绝缘电阻的计算公式为

$$R_i = R_0 \left(\frac{U_2'}{U_2} - \frac{U_1'}{U_1} \right)$$

假设漏电是缓慢发生的，也就是说漏电电阻逐渐由无穷大变小到 0 的过程中，上述算法计算的漏电电阻数据可判定汽车的漏电状态（表 3-3-1）。因此可提前预测出有漏电事故发生的可能，并尽早采取可靠的应急处理方法。

表 3-3-1   漏电电阻大小对应的漏电级别和应急措施

高压回路正极或负极对车身地等效绝缘电阻值 R	漏电状态		措施
$R > 500\,\Omega/V$	正常		无
$100\,\Omega/V < R \leqslant 500\,\Omega/V$	一般漏电报警		仪表灯亮，报动力系统故障
$R \leqslant 100\,\Omega/V$	严重漏电报警	行车中	仪表灯亮，断开主接触器、分压接触器、电池包内接触器和负极接触器
		停车中	1. 禁止上电 2. 仪表灯亮，报动力系统故障
		充电中	1. 断开交流充电接触器、分压接触器、电池包内接触器和负极接触器 2. 仪表灯亮，报动力系统故障

2. 漏电的原因和对车辆的影响

当电池管理器报漏电故障时，整车上所有的高压控制单元、橙色高压线束、漏电传感器及连接线束等部件均有可能产生高压漏电。BMS 接收到漏电信号后，会采取禁止充、放电等相关保护操作并报警，从而防止动力电池包及高压部件的高压电外泄，对人或物造成伤害和损失。不同漏电等级对车辆的影响见表 3-3-2。

表 3-3-2   不同漏电等级对车辆的影响

序号	名称	电池工作状态	警报	触发条件	措施
1	碰撞保护	充放电状态下	碰撞故障	接收到碰撞信号	立即断开主接触器、分压接触器
2		充放电状态下	正常	$R > 500\,\Omega/V$	
3			一般漏电报警	$100\,\Omega/V < R \leqslant 500\,\Omega/V$	仪表灯亮，报动力系统故障。
4	动力电池漏电	充放电状态下	严重漏电报警	$R \leqslant 100\,\Omega/V$	行车中：仪表灯亮，立即断开主接触器、分压接触器
					停车中：1. 禁止上电 2. 仪表灯亮，报动力系统故障
					充电中：1. 断开交流充电接触器、分压接触器 2. 仪表灯亮，报动力系统故障

比亚迪秦和 E5 车型的漏电传感器安装于高压电控总成内部，漏电传感器具有 CAN 通信功能，其上有一个 2 针的高压插接器和一个 12 针的低压插接器，具体电路连接和端子定义如图 3-3-9 所示。

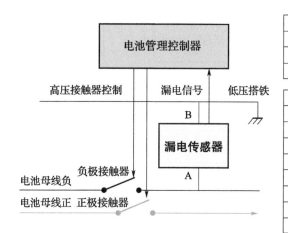

2针高压插接器	
脚位	定义
1	（漏电检测）接电池包负极
2	（自检）接电池包负极

12针低压插接器	
脚位	定义
3	CAN-L
4	严重漏电
5	GND
6	12V DC
9	CAN-H
10	一般漏电
12	GND

图 3-3-9　比亚迪 E5 中的漏电传感器电路连接和端子定义

3. 漏电传感器和漏电开关的区别

漏电传感器和家用漏电开关都是漏电保护装置，却有较大的区别。漏电开关是通过检测剩余电流的方法来判断漏电。由于人体触电后会跟地面形成一个电流回路，导致布设的线路回路有电流通过大地漏掉。可以通过计算布设线路中回路电流的代数和是否为 0 来判断是否发生漏电，并进一步通过漏电触发器触发跳闸来保护人体安全。

漏电传感器却可以在发生漏电前（漏电电阻降低还未到 0Ω 时）就可预判，而漏电开关的触发一定要在发生了漏电之后，并用漏电电流驱动才能跳闸保护。因此，对于新能源汽车的高压系统，必须使用漏电传感器而非漏电开关。

4. 主 / 被动泄放

（1）紧急下电

在正常上电状态下，如果出现绝缘阻值低于阈值、高压互锁出现断开、IGBT 发生过电流等严重故障的情况下，VCU 会进行紧急下高压电流程，其紧急下电时序如图 3-3-10 所示。首先 VCU 请求 DC/DC 脱离工作模式，IPU（电机控制器，吉利新能源车命名）进入故障模式，随后 VCU 请求 BMS 断开高压接触器，并断开 HVIL，之后，VCU 请求 IPU 进入紧急放电模式，IPU 在规定时间内完成余电泄放，若点火开关为关闭状态，则各节点进入睡眠状态。

（2）主被动泄放

主动泄放是在 5s 内把预充电容电压降到低于 60V，迅速释放危险电能，被动泄放则是作为主动泄放失效的二重保护，主动泄放模块与被动泄放模块外观和电路原理如图 3-3-11 所示。测量主动泄放模块上的泄放电阻，约为 7.5Ω。测量被动泄放模块上的电阻，约为 $75k\Omega$。

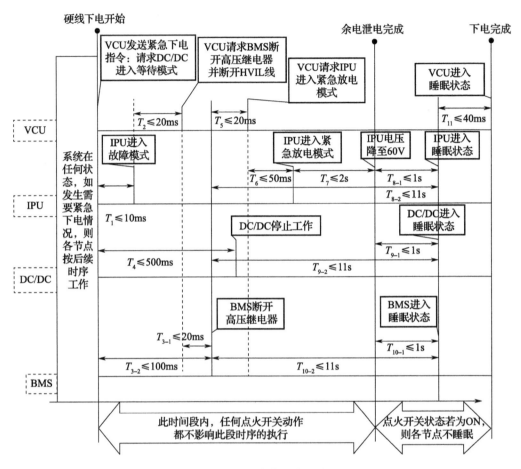

图 3-3-10　紧急下电时序

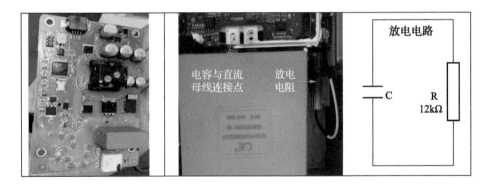

图 3-3-11　主动泄放模块（左）与被动泄放模块（右）外观和电路原理

　　1）主动泄放的触发条件：①车辆发生较大碰撞，高压回路中某处插接器处于拔开状态。②车辆停稳下电后，车辆会进行主动泄放或被动泄放。③高压电控部件存在开盖情况。

2）被动泄放的触发条件：主动泄放触发激活的同时，高压电控部件在 2min 内把预充电容电压降到低于 60V。

四、热管理技术

电动汽车在冬季低温开空调的情况下行驶，整车的续驶能力会下降 40% 以上。因此与传统燃油汽车相比，纯电动汽车的热管理技术显得尤为重要。新能源汽车的热管理系统包括电池热管理系统、汽车空调系统、电机电控冷却系统、减速器冷却系统。

热管理的本质是降温、保温和升温三种策略，目前新能源车型的热管理系统以降温冷却为主。

1. 电池热管理

锂电池工作的最适宜温度在 0~38℃ 之间，过高或过低的温度都将导致电池寿命快速衰减。在常温附近，温度对锂离子电池和铅酸电池放电容量的影响没有显著的差别，但在 0℃ 以下，锂离子电池放电容量下降得比铅酸电池要快。同时，在低温条件下，车辆的起动性能会变差，因而纯电动汽车上的锂离子电池组要有保温措施。这主要与两种电池使用的电解液有关。磷酸铁锂电池使用的是有机电解液，导电性远比铅酸电池使用的 H_2SO_4 电解液差，且在 0℃ 以下时，电导率下降很快。另外，为了避免在贮存时电极发生钝化或腐蚀，电池在贮存时需要具有一定的电量，并对贮存温度有一定限制。单体电池合理的电压、温度和电流工作区域如图 3-3-12 所示。

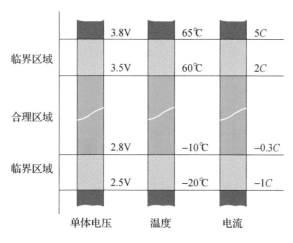

图 3-3-12 单体电池（单体电压、温度、电流）合理的工作区域

（1）充电时

在低温下充电，会导致电极表面固体电解质相界面（SEI）膜增厚，使其电阻增加，所以充电前要检测箱体内部温度。若在低于 0℃ 时充电，需启动加热模式，闭合加热片，进行加热内循环，待所有单体电池温度点高于 5℃，停止加热，启动充电程序。过程中出现加热片温度差高于 20℃，则间歇启动加热，待加热片温度差低于 15℃，则停止加热。

充电时，必须保证动力电池单体电池的温度范围在0~55℃之间，当有温度点高于55℃或低于0℃时，电池管理系统将自动切断充电回路。

（2）放电时

动力电池放电电流大，产热量高，同时电池包又是一个相对封闭的环境，这会导致电池温度的上升。电池温升的另一个原因是电池内阻引发的温升。对于锂离子电池来说，电池内部热量包括反应热、极化热和焦耳热。反应热在充电时为负值，在放电时为正值，焦耳热由电池内阻产生。其次，由于电池密集摆放，中间区域热量必然聚集较多，边缘区域较少，从而导致动力电池内部形成"热点"，最终可能产生热失控而引发爆炸。图3-3-13所示为不同温度引起的电池劣化阶段和诱因。

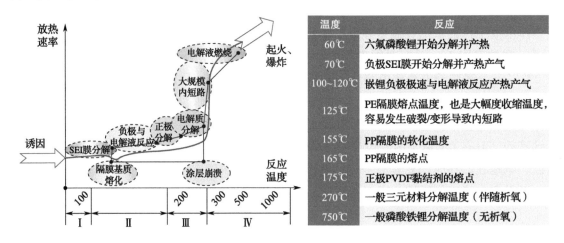

图3-3-13　不同温度引起的电池劣化阶段和诱因

2. 电机热管理

1）电机温度保护。当控制器监测到驱动电机的温度在120℃≤温度<140℃时，降功率运行；当温度≥140℃时，降功率至0，即停机。

2）电机控制器温度保护。当电机控制器监测到IGBT散热基板温度≥85℃时，进行超温保护，即停机。当电机控制器监测到IGBT散热基板温度在85℃≥温度≥75℃时，降功率运行，此时一些车辆会显示限功率的"乌龟灯"，如图3-3-14所示。

图3-3-14　故障导致汽车限功率行驶

3. 水冷系统

新能源汽车的水冷系统通常包括电动水泵控制系统和电子风扇控制系统：①电动水泵控制系统的核心部件由12V电源、熔丝、继电器、VCU、水泵电机组成。②电子风扇控制系统的核心部件由12V电源、熔丝、继电器、VCU、高速风扇电机、低速风扇电机、温度传感器1、温度传感器2组成。新能源汽车冷却系统如图3-3-15所示。

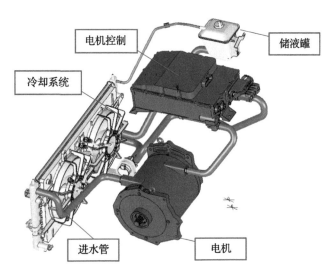

图 3-3-15 新能源汽车冷却系统

4. 水冷系统的软件控制策略

冷却目标是永磁同步电机、电机控制器的 IGBT，水冷系统的控制流程与策略如下：

1）水泵控制：起动车辆时电动水泵即开始工作。

2）电机温度控制：当控制器监测到驱动电机的温度在 45℃≤温度＜50℃时冷却风扇低速起动；温度≥50℃时，冷却风扇高速起动；温度降至 40℃时冷却风扇停止工作。

3）电机控制器温度控制：当控制器监测到 IGBT 散热基板温度≥75℃时，冷却风扇低速起动；当温度≥80℃时，冷却风扇高速起动；当温度降至≤75℃时冷却风扇停止工作。

任务实施

新能源汽车漏电现象的检修

在进行新能源汽车高压漏电诊断时，应先排除漏电传感器线路问题，再确认漏电故障是处于 ON 档时，还是处于 OK 档。如果在 ON 档时漏电，则可初步判断是动力电池包漏电；如果在 OK 档时漏电，则初步可判定是系统高压部件漏电。检测中应充分利用诊断仪的自诊断功能，通过查阅故障码及数据流快速确定漏电位置和部件。

1. 漏电传感器检查

1）清除整车故障码后，对车辆重新上电，在 ON 档状态下，用诊断仪读取电池管理器数据流，显示电池组漏电状态为严重漏电。此时分压接触器状态为断开，高压电源锁定在电池包内部，所以要么是电池包内部漏电，要么是漏电传感器自身出现故障导致误判。

2）在 OFF 档状态下，将漏电传感器低压接插件拔下。

3）上 ON 档，再次读取绝缘值，正常（国家标准为大于或等于 $500\,\Omega/\mathrm{V}$）。

4）判定漏电传感器故障。

2. 在 ON 档状态下的漏电检查

清除故障码后让车辆处于 ON 档状态，读取数据流。如显示四个分压接触器吸合，说明动力电池不漏电；如显示四个分压接触器断开，且 BMS 也报漏电故障码 P1A0000 或 P1A0100，则可初步判断为动力电池包漏电，需进行动力电池包的高压漏电检查。

3. 在 OK 档状态下的漏电检查

若在 ON 档状态下未报漏电故障，OK 档状态时报漏电故障。清除故障码后重新上电，漏电故障码依旧再现，且 BMS 的数据流显示四个分压接触器断开，判定为动力电池包以外的高压部件存在漏电风险，按照以下的高压部件漏电检测流程进行排查。

1）断开电动压缩机高压线束插接器，短接其互锁插接器，上电后用诊断仪读取故障，如果不漏电，则判断为电动压缩机漏电；否则判断电动压缩机正常，再继续检测。

2）断开 PTC 加热器高压线束插接器，短接其互锁插接器，上电后用诊断仪读取故障，如果不漏电，则可判断为 PTC 加热器高压漏电；否则判断 PTC 正常。

3）断开空调配电盒输入端高压线束插接器，短接其互锁插接器，上电后用诊断仪读取故障，如果不漏电，则判断空调配电盒及线束漏电；否则判断空调配电盒及线束正常。

4）断开车载充电器直流侧插接器，短接其互锁插接器，上电后用诊断仪读取故障。如不漏电则为车载充电器故障，如漏电则继续断开直流输入插接器（互锁开关短接）。当处于 OK 档瞬间不再报漏电，则可能电机及电机控制器漏电。为排除电机问题，连接直流输入并同时断开电机控制器三相输出，如处于 OK 档瞬间依旧报漏电，则确定为电机控制器及 DC 总成漏电；如长时间报漏电，再继续断开其他高压控制单元。

5）确定漏电的高压部件后，用绝缘表检测高压部件的绝缘电阻，从而确认具体的漏电部位。绝缘电阻不低于 $20\mathrm{M}\Omega$ 为正常，小于此数值则为漏电。

知识拓展

人工检测计算漏电的方法

1）将 2017 款比亚迪 E5 高压配电箱打开，检测其上电瞬间，高压配电箱正、负极接触器电压，电池包标称电压 U 为 633.6V。检测结果是：动力电池正极对搭铁电压 U_1 为 343.9V，负极对搭铁电压 U_1' 为 311.8V，如图 3-3-16 所示。

图 3-3-16　动力电池正、负极对搭铁电压

2）取 $1\mathrm{M}\Omega$ 的电阻 R_0 万用表实测为 $1.023\mathrm{M}\Omega$，然后将电阻 R_0 与动力电池正极对地电路并联，固定的电压表和 R_i 并联，获取 U_2 和 U_2'。

3）用万用表检测 U_2 和 U_2'，$U_2=71.8\mathrm{V}$ 和 $U_2'=584\mathrm{V}$。

4）利用公式 $R_i=R_0\left(\dfrac{U_2'}{U_2}-\dfrac{U_1'}{U_1}\right)$，计算绝缘电阻值 $R_i=28.995\mathrm{M}\Omega$。

5）单位电压绝缘电阻 $\dfrac{R_i}{U}$，计算结果为 $45762\,\Omega/\mathrm{V}$，大于 $500\,\Omega/\mathrm{V}$，故判定无漏电故障。

任务四 无钥匙进入与防盗

学习目标

1）能够知道新能源汽车智能钥匙解锁的工作原理。

2）能够理解无钥匙进入与防盗系统的控制原理。

3）能够知道新能源汽车防盗故障的排查思路。

情境导入

小李接到服务经理的安排，展厅有一辆比亚迪秦，其智能钥匙无法解锁。最初，小李和师傅以为是钥匙没电了，更换了钥匙电池后，故障依旧。只好用机械钥匙打开车门，发现车辆无法上电，仪表显示未检测到钥匙，使用备用钥匙也是一样的现象。现在汽修工小李需要查阅该车的无钥匙进入与防盗系统的资料，和师傅一起排除这个故障。

信息获取

一、无钥匙进入起动系统的结构组成

随着汽车技术的不断发展，无钥匙进入起动系统已经成为目前汽车的主流配置，并且给我们的日常用车带来了极大的便利。我们在上车前不必从包里找钥匙，起动时亦不用去拧动点火开关，取而代之的是轻松地触摸门把手，优雅地按下起动按钮。另外，还可以在走近汽车时，自动亮迎宾灯。

无钥匙进入起动系统（Passive Entry & Passive Start，PEPS）的工作原理是采用射频识别 (RFID) 和跳码技术，在钥匙与控制器之间通过无线电波来发送加密的跳码数据，进行双向通信验证钥匙和主机的合法性。该系统主要由 PEPS 控制器、起动按钮、门把手传感器、低频天线、备用线圈、智能钥匙等几部分构成，如图 3-4-1 所示。

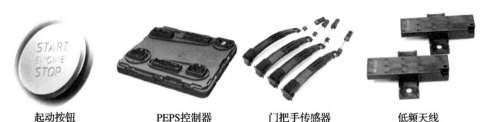

起动按钮　　　　PEPS控制器　　　　门把手传感器　　　　低频天线

图 3-4-1　无钥匙进入系统的主要部件

（1）PEPS 控制器

无钥匙进入起动系统的核心控制单元，其主要功能是采集门把手及起动按钮的输入信号，驱动低频天线寻找智能钥匙，接收智能钥匙发送的高频信号并确定智能钥匙是否合法，根据智能钥匙反馈的信息确定钥匙相对于车的位置（车内/车外有区别）。

（2）启动按钮

无钥匙进入起动系统的输入单元之一，用于感知用户是否有给车辆上电或起动车辆的意图。

（3）门把手传感器

无钥匙进入起动系统的输入单元之一，用于感知用户是否有给车辆解锁或上锁的意图。门把手传感器目前有两种形式，即按钮式和电容式，如图 3-4-2 所示。电容式在人手插入的瞬间即可感应到人手欲拉车门把手。按钮式如比亚迪秦 EV 的车门把手，它把按钮式微动开关和车外探测天线一起装于门把手上。当按下此开关时，Keyless ECU 就驱动低频探测天线寻找电子钥匙或者卡式智能钥匙。如果检测到有合法的钥匙在车外，则中控锁响应当前状态的相反状态（即如果此时中控锁处于锁止状态，则中控锁解锁；如果此时中控锁处于解锁状态，则中控锁闭锁）。如果钥匙在车内，按微动开关不起作用。

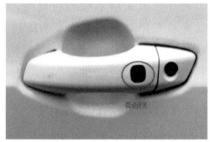

图 3-4-2　电容式门把手传感器（左）和按钮式微动开关门把手（右）

（4）低频天线

当 PEPS 控制器受到触发时，会驱动低频天线发出低频信号，通常为 125kHz。低频天线的耦合方式为电感耦合，即 VCU 的探测天线低频发射端的电流产生磁场，部分磁力线穿过智能钥匙天线线圈，产生感应电压。随后，通过一定方式的解调和解码，即可进行数据传输，完成低频通信。通过检测智能钥匙的感应电动势的幅值便可得出其与低频天线的距离信息。低频信号具有精准定位的特性，定位误差可以精确到 1~2cm，因此，汽车通过低频信号能准确获知钥匙是在车内还是在车外，继而完成智能开锁和一键起动的功能。

如图 3-4-3 所示，2020 款比亚迪秦 EV 的车外探测天线有三个：左前门把手探测天线、右前门把手探测天线、行李舱盖探测天线。在收到 Keyless ECU 钥匙请求信号后，发送低频探测信号，在车外形成一个探测区域。车内探测天线也有三个：车前探测天线、车中探测天线和车后探测天线。在收到 Keyless ECU 钥匙请求信号后，发送低频探测信号，在车内形成探测区域并覆盖整个车内空间。

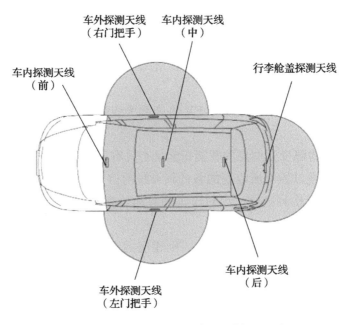

车外探测天线
（右门把手）

车内探测天线
（中）

车内探测天线
（前）

行李舱盖探测天线

车内探测天线
（后）

车外探测天线
（左门把手）

图 3-4-3　2020 款比亚迪秦 EV 的探测天线

（5）备用线圈

无钥匙进入起动系统的备用通信单元，正常情况下其不参与控制运算，只有当智能钥匙的电池电量用光或者智能钥匙的信号受到干扰时（如同频干扰），将智能钥匙贴近备用线圈，通过备用线圈来认证智能钥匙的有效性，从而起动车辆。

（6）智能钥匙

无钥匙进入起动系统的认证终端。智能钥匙的内部装有 3D 天线，可以感知来自 X、Y、Z 三个轴向上的各低频天线所发出的信号强度，并将强度信息与智能钥匙的认证信息一并以射频信号的形式发送给 PEPS 控制器，用以确定智能钥匙的合法性及相对位置。

二、无钥匙进入起动系统的工作原理

常用的无钥匙进入起动系统工作原理如图 3-4-4 所示。在左右前车门把手、后保险杠，车内都安装了低频天线，当车主携带合法钥匙处在有效范围内（大约车辆周围 1.5m 距离内），按压门把手按钮，就会触发相应的模块发送中断信号来唤醒 PEPS 模块，PEPS 驱动低频 LF 天线，发送 PE 认证指令，搜索智能钥匙，智能钥匙被唤醒后，通过高频 RF 响应 PE 认证数据，PEPS 接收并计算智能钥匙发来的 RF 数据信息，认证合法性的同时判定钥匙的位置，若通过认证，即通知 BCM 发送 PE 解锁命令。具体的工作流程如下：

1）用户握住驾驶员侧的门把手（也可以是右前、左后、右后门把手）。

2）PEPS 控制器（图 3-4-4 中的 Keyless ECU）通过门把手传感器或微动开关识别出用户动作。

3）PEPS 控制器交错触发各个低频天线发送低频信号。

4）位于车辆内或车辆附近区域的、与该车辆匹配的智能钥匙收到低频天线的信息，并测量各自的接收强度。

5）智能钥匙发出一个高频（通常为 433MHz）信息，带有各个低频天线接收强度、钥匙标识信号和钥匙防盗锁密码信息。

6）PEPS 控制器通过高频天线（秦 EV 将高频天线集成在 Keyless ECU 内）接收智能钥匙的信息。

7）PEPS 控制器检测发送消息的智能钥匙是否具有正确的防盗密码。

8）PEPS 控制器通过检测所收到的各低频天线的信号接收强度，确定发送消息的智能钥匙是否位于车外有效检测区域；而对于车辆起动（高压上电），要求智能钥匙必须在车内有效检测区域。

9）如果解锁车辆的各项条件均满足，则相应的消息被传送到 CAN 总线上，车辆解锁。起动车辆的工作流程与此同理，不再赘述。

10）在使用过程中，如智能钥匙的电池电量耗尽、空间存在电磁干扰等，造成车辆无法解闭锁、无法起动等问题，需要取出智能钥匙中隐藏的机械钥匙，通过驾驶员侧门的机械锁来解锁或闭锁车辆。当车辆出现无法起动时，需要将智能钥匙贴近车辆的备用起动区域，然后按起动按钮起动车辆。

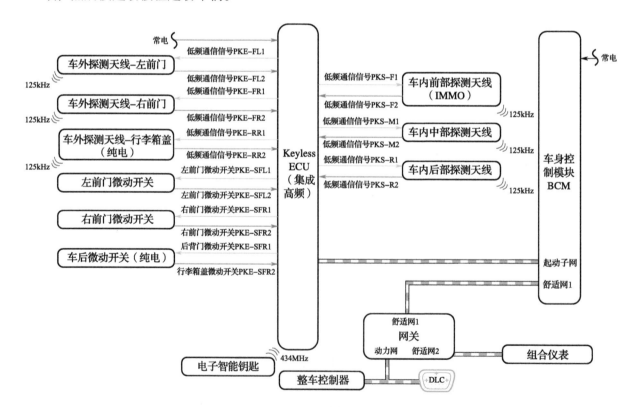

图 3-4-4　比亚迪新能源车无钥匙进入起动系统的工作原理

三、智能钥匙的遥控原理

智能钥匙由机械钥匙、遥控发射器、收发器和异频雷达芯片组成。发射器由发射开关、发射天线（键板）、集成电路组成。键板与信号发送电路（识别代码存储电路和FSK调制电路）组成一体，在电路的相反面装有纽扣电池。发射器利用FSK调制发出高频识别代码信号，汽车的PEPS系统通过高频接收天线进行接收并用增幅处理器进行解调，在与被解调的识别代码比较后，如果是正确的代码，就控制执行相应的遥控解锁操作。

图3-4-5所示是比亚迪E5的智能钥匙。当其收到车辆内部或外部天线发射的低频信号，钥匙会把包含自身ID和车辆ID的高频调制信号用发射器发出。当人工直接按下智能钥匙上的遥控按键，钥匙同样会发送上述调制好的高频控制信号。

无钥匙进入也可以这样理解：当车主携带合法智能钥匙处在有效范围内做出按压门把手按钮或拉车门的动作时，PEPS控制器帮车主瞬间按下了智能钥匙上的遥控解锁按键，车门被解锁。

图3-4-5　比亚迪E5的智能钥匙
1—闭锁开关　2—开锁开关　3—开关
4—机械钥匙　5—指示灯

1. 载波频率

部分汽车遥控钥匙与汽车通信采用幅移键控调制（ASK）方式，当调制的数字信号为"1"时，传输载波；当调制的数字信号为"0"时，不传输载波。其原理图如图3-4-6所示。目前，遥控钥匙发送的射频（高频）频率多为315MHz或433MHz，而以434.4MHz更常用。

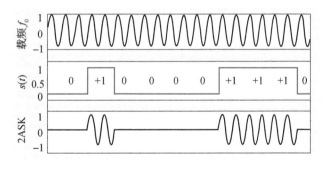

图3-4-6　汽车遥控钥匙的幅移键控调制（ASK）方式

2. 开锁码

按一下开锁键，遥控钥匙将发送四段信号，如图3-4-7所示。其中第一段是唤醒同步数据包，数据"00 00 00 00 00 00 00 00"意思是告诉汽车，准备开始对"暗号"；而第二、三、四段发送的"暗号"数据"15 0D E6 7F AO 99 69 3B"都是完全重复的。

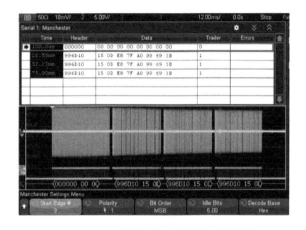

图3-4-7　遥控钥匙一共发送四段信号

3. 滚动码

编码器检测到按键输入，会把系统从休眠状态中唤醒，同步记数加 1，与序列号一起经密匙加密后形成密文数据，并同键值等数据发送出去。由于同步计数值每次发送都不同，即使是同一按键多次按下也不例外。同步计数自动向前滚动，发送的码字不会再发生，因此被称为滚动码。如果测试，就会发现遥控钥匙每次按键，发射的高频信号都不一样。

当按下钥匙按键时，钥匙会同时发送滚动码和按键指令；汽车里有和钥匙保持同步的滚动码，汽车在收到匹配的滚动码时，响应相应的按键指令，反之，就不响应。当我们在远离汽车的地方按几次遥控钥匙，其滚动码就会和车内不同步，为了避免这种问题，汽车允许接受当前码之后一定数量的滚动码。

四、比亚迪新能源车防盗系统的工作原理

比亚迪 E5 的防盗系统主要包括智能钥匙系统、转向轴锁和门锁电机系统，各个部件主要布置如图 3-4-8 所示。按照各个元件工作的特点，可以将比亚迪的防盗分为信号接收元件、信号判别元件及执行元件。早期的比亚迪 E5 将 PEPS 控制器拆分成高频接收器和 Keyless ECU 两个部分，后来的 2020 款秦 EV 又把高频接收器和 Keyless ECU 集成在一起。

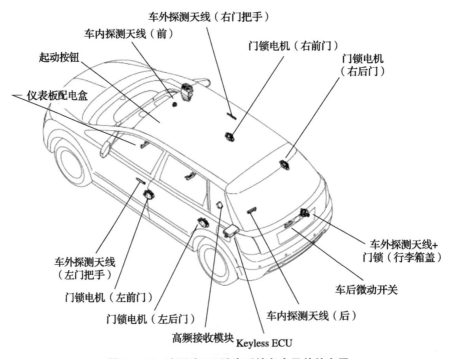

图 3-4-8 比亚迪 E5 防盗系统各个元件的布局

1. 信号元件

按下微动开关，比亚迪 E5 的探测天线立即发出低频信号开始搜索智能钥匙，当有合法钥匙在有效范围内时，智能钥匙会发出一个高频信号，随后车辆位于左侧后部 C 柱的

高频接收模块（外观如图 3-4-9 所示）接收到智能钥匙的高频信号，随后将其调解成钥匙 ID 码和钥匙的控制码并传送给 Keyless ECU。

PEPS 系统是防盗系统的第一道门，Keyless ECU 通过高频接收模块接收来自智能钥匙的信号，来感应来者是否为车主。当判别到钥匙的合法性之后，Keyless-ECU 便控制转向轴锁解锁和一键起动。若是锁车，则各个车门锁机工作，将车门锁死。整个防盗系统各个元件工作关系，如图 3-4-10 所示。

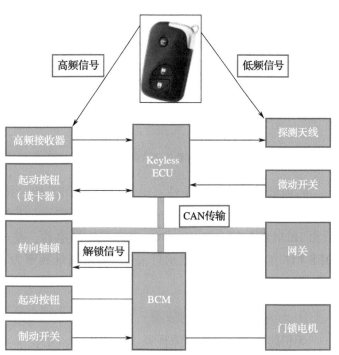

图 3-4-9　高频接收器外观　　　　图 3-4-10　整个防盗系统各个元件工作关系

2. 执行元件

转向轴锁属于车身防盗系统的执行元件（图 3-4-11），同时又是防盗系统的重要角色。它通过电机带动锁舌锁止方向管柱，使方向盘无法转动，从而起到防盗的作用。因为转向轴锁是防盗系统的重要零件，要求在转向轴锁闭锁的情况下，无法解除安装螺栓，并且破坏转向轴锁也无法使转向轴锁解锁。

转向轴锁工作原理：PEPS 控制器及 BCM 发送解锁或者闭锁信号到转向轴锁控制器，其进一步控制电机执行开锁与解锁的动作。转向轴锁控制模块通过霍尔传感器获取信号判断是否解锁或闭锁成功，并将信息返回给 PEPS 和 BMS。转向轴锁（ECL）与其他部件的连接如图 3-4-12 所示。

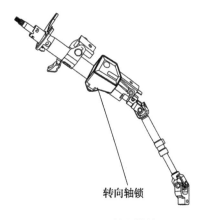

图 3-4-11　转向轴锁

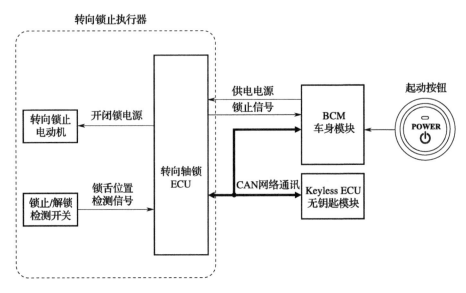

图 3-4-12　转向轴锁（ECL）与其他部件的连接

转向轴防盗解锁的条件：电源档位在 OFF 档，按下起动按钮，如果检测到车内有智能钥匙信号，并且密码匹配成功，转向轴锁解锁。若解锁成功，首先给转向轴锁断电，随后由 BCM 控制闭合 ACC、IG1 和双路电继电器，整车上电。若解锁失败，电源档位仍为 OFF 档，起动按钮绿色指示灯闪烁 15s，闪烁频率为 1Hz，15s 后熄灭，同时报警器会报警一声。

3. 无钥匙进入系统的故障

无钥匙进入系统的故障现象、可疑部位，见表 3-4-1。

表 3-4-1　防盗故障症状

症状	可疑部位
电子智能钥匙的所有遥控功能不工作（持有合法钥匙，且在遥控区域）	电子智能钥匙、高频接收器、I-key ECU、BCM、线束或插接器
遥控功能正常，但操作左前门微动开关无动作（持有合法钥匙，且在探测区域）	左前门把手微动开关、左前门把手探测天线 I-key ECU、线束或插接器
遥控功能正常，但操作右前门微动开关无动作（持有合法钥匙，且在探测区域）	右前门把手微动开关、右前门把手探测天线 I-key ECU、线束或插接器
遥控功能正常，但操作车后微动开关无动作（持有合法钥匙，且在探测区域）	车后微动开关、车后探测天线、I-key ECU 线束或插接器
车内探测天线无法识别钥匙（持有合法钥匙，且在探测区域）	车内探测天线（前、中、后）、I-key ECU 线束或插接器
无电模式下起动不能正常工作	起动按钮、智能钥匙、线束或插接器

4. 高频接收模块的故障诊断

高频接收模块连接 Keyless ECU 模块，如图 3-4-13 所示。高频接收模块出现故障后，设备将无法启动，且仪表板显示"未检测到钥匙"等信息。使用诊断仪进行诊断，会出现故障码："B227A-00：高频接收器模块故障"（故障部位是高频接收器、线束和插接器等）。

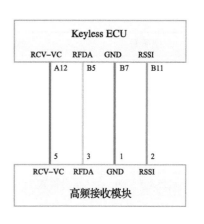

图 3-4-13　高频接收模块

5. 线路节点（线束和插接器）的故障诊断

1）断开高频接收模块 K12 插接器。

2）断开 Keyless ECU G25（A）、G25（B）插接器，端子号如图 3-4-14 所示。

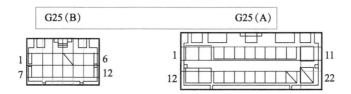

图 3-4-14　Keyless ECU G25（B）、G25（A）两个插接器

3）检查线束端各端子间电阻，检测数值见表 3-4-2。

表 3-4-2　高频接收模块 K12 到 Keyless ECU G25（A）、G25（B）电阻标准数值

端子	线色	正常情况
K12-5—G25（A）-12	G	小于 1Ω
K12-3—G25（B）-5	L	小于 1Ω
K12-1—G25（B）-7	Sb	小于 1Ω
K12-2—G25（B）-11	L/W	小于 1Ω

若是线束检查均为正常，则更换高频接收器模块 K12，不正常修理或更换线束或插接器。

G25（B）、G25（A）两个插接器在前排乘客储物盒后。其中 Keyless ECU G25（B）、G25（A）与高频接收模块 K12 的连接插头是 KJG03。

4）Keyless ECU 插座解析。G25（A）、G25（B）两个插接器信号见表 3-4-3。

表 3-4-3　G25（A）、G25（B）信号

端子号	端子描述	条件	正常值
G25（A）-1	蓄电池正极	对搭铁电压	11~14V
G25（A）-2	起动按钮电源 VCC	与 G16-14 连接	小于 1Ω
G25（A）-3	起动按钮无电模式数据输入	与 G16-9 连接	小于 1Ω

（续）

端子号	端子描述	条件	正常值
G25（A）-4	汽车中部探测天线	与 G33-2 连接	小于 1Ω
G25（A）-5	汽车后部探测天线	与 K25-2 连接	小于 1Ω
G25（A）-6	汽车右前门探测天线	与 U08-2 连接	小于 1Ω
G25（A）-7	起动按钮无电池模式时钟输出	与 G16-10 连接	小于 1Ω
G25（A）-8	启动按钮信号搭铁	对搭铁电阻	小于 1Ω
G25（A）-9	车身搭铁	对搭铁电阻	小于 1Ω
G25（A）-10	车身搭铁	对搭铁电阻	小于 1Ω
G25（A）-11	汽车左前门探测天线	与 T08-2 连接	小于 1Ω
G25（A）-12	钥匙高频接收模块电源	对搭铁电压	5V
G25（A）-13	汽车前部探测天线	与 G32-1 连接	小于 1Ω
G25（A）-14	汽车中部探测天线	与 G33-1 连接	小于 1Ω
G25（A）-15	汽车后部探测天线	与 K25-1 连接	小于 1Ω
G25（A）-16	汽车左前门探测天线	与 T08-2 连接	小于 1Ω
G25（A）-17	汽车右前门探测天线	与 U08-2 连接	小于 1Ω
G25（A）-18	汽车前部探测天线	与 G32-2 连接	小于 1Ω
G25（A）-19	汽车行李舱探测天线	与 K26-1 连接	小于 1Ω
G25（A）-20	汽车行李舱探测天线	与 K26-2 连接	小于 1Ω
G25（B）-1	智能钥匙开关信号	对搭铁电阻	小于 1Ω
G25（B）-2	磁卡探测天线	与 U08-6 连接	小于 1Ω
G25（B）-3	2 号微动开关	与 K30（B）-1 连接	小于 1Ω
G25（B）-5	高频信号线	与 K12-3 连接	小于 1Ω
G25（B）-6	CAN-L 线路	起动开关 ON	大约 2.5V
G25（B）-7	高频接收器搭铁	对搭铁电阻	小于 1Ω
G25（B）-8	磁卡探测天线	与 T08-6 连接	小于 1Ω
G25（B）-9	磁卡探测天线	与 T08-5 连接	小于 1Ω
G25（B）-10	2 号微动开关	与 K30（B）-2 连接	小于 1Ω
G25（B）-11	高频信号检测	与 K12-2 连接	小于 1Ω
G25（B）-12	CAN-H 线路	起动开关 ON	大约 2.5V

任务实施

比亚迪新能源汽车防盗系统故障排除

1）首先按照表 3-4-4 完成相关工作。

表 3-4-4 作业前准备

作业前准备	1. 检查隔离栏，设置安全警示牌、灭火器
	2. 车辆防护
	3. 车辆预检
	4. 安全检查：绝缘手套、鞋性能及耐压等级
	5. 诊断仪器确认：型号、解码器完好、OBD 诊断接头完好

2）确认故障现象，分析故障原因，使用机械钥匙强行打开驾驶员车门。

3）检查辅助电池电压，辅助电池标准电压为 11~14V。如果电压低于 11V，给电池充电或更换。

4）使用诊断仪诊断，若有故障，根据表 3-4-5 所列整车防盗故障码，锁定故障范围后检测。

表 3-4-5 整车防盗故障码（部分）

DTC	故障描述	故障范围
B2270-00	PEPS 控制器故障	Keyless ECU
B2271-00	左前门把手探测天线回路故障	左前门把手探测天线、Keyless ECU、线束或插接器
B2272-00	右前门把手探测天线回路故障	右前门把手探测天线、Keyless ECU、线束或插接器
B2274-00	左前门把手微动开关常闭故障	左前门把手微动开关、Keyless ECU、线束或插接器
B2275-00	右前门把手微动开关常闭故障	右前门把手微动开关、Keyless ECU、线束或插接器
B2276-00	行李舱（后车探测）天线故障	车后探测天线、Keyless ECU、线束或插接器
B2277-00	行李舱（后车探测）微动开关常闭故障	车后微动开关、Keyless ECU、线束或插接器
B227C-00	车内前部探测天线回路故障	车内探测天线（前）、Keyless ECU、线束或插接器
B2278-00	读卡器（起动按钮）故障	起动按钮
B227A-00	高频接收器模块故障	高频接收器
B227B-00	转向轴锁密码不匹配	转向轴锁
B227D-00	车内中部探测天线回路故障	车内探测天线（中）、Keyless ECU、线束或插接器
B227E-00	车内后部探测天线回路故障	车内探测天线（后）、Keyless ECU、线束或插接器
B227F-00	1 号钥匙故障	1 号钥匙
B2280-00	2 号钥匙故障	2 号钥匙

5）若是没有故障码，则通过对防盗系统的理解检查整体防盗系统。

6）检查 G25（B）、G25（A）两个插接器，主要通过 G25（B）、G25（A）两个插接器的信号检查 Keyless ECU。

7）从 Keyless ECU 的 G25（A）、G25（B）插接器后端引线，然后测量插接器各端子间电阻或电压，参见表 3-4-3。

8）飞线检查 K12-5 端子与 G25（A）-12 端子的导通性，发现该线路断开，检查方法如图 3-4-15 所示，涉及 K12 高频接收器模块的其余三根线也断开了。

9）检查整车左后 C 柱，拆下回旋门饰板，找到 K12 高频接收器模块，发现插头确实松脱了，如图 3-4-16 所示。将插头复位、连接，恢复正常。

10）现场 5S 管理，做好复位工作。

图 3-4-15　飞线检查 K12-5 端子与
G25（A）-12 端子的导通性

图 3-4-16　K12 高频接收器模块插头松脱

知识拓展

PEPS 系统排除故障技巧

PEPS 系统一般由 PEPS 控制器（PSE）、智能钥匙（ID）、一键起动开关、车内低频天线（LF）、备用天线、门把手天线（HSU）、电子转向柱锁（ESCL）等组成，工作流程如图 3-4-17 所示。其常见的故障主要有①匹配智能钥匙失败；②电源状态无法从 OFF 切换到 ACC/ON 或者车门不能解锁。

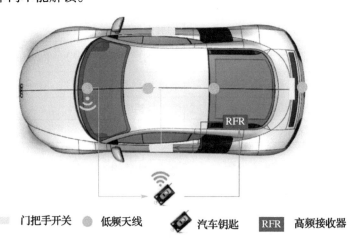

图 3-4-17　PEPS 系统工作流程

1. 匹配智能钥匙失败

故障现象：客户丢失了一把钥匙，到店要求新增加一把钥匙，但是新增加的智能钥匙在匹配时出错。

可能故障原因：①在钥匙匹配时，新智能钥匙与丢失的钥匙同时发送信息，互相造成干扰。②该钥匙在其他车辆匹配成功过。③该钥匙在该车辆已匹配，但是在售后二次匹配时，其 ID 被其他钥匙占用。④ PEPS 或者 ECU 中的 SC/SK 丢失，二者无法通信。⑤备用天线故障，在匹配过程提示"检测不到钥匙"。

2. 电源状态无法从 OFF 切换到 ACC/ON 或者车门不能解锁

故障现象：拉车门，车门未解锁；或者按下起动开关，电源状态无法从 OFF 切换到 ACC/ON。

可能故障原因：①蓄电池亏电，电压难以维持 PEPS 控制器工作。②电器盒中 PEPS 熔丝烧掉，高频接收器模块、Keyless ECU 故障。③智能钥匙电池电量低。④ ESCL 未连接或 ESCL 供电搭铁异常。

（1）无钥匙进入系统的故障区分

按照实际状况，将无钥匙进入系统故障分为以下两种：

1）遥控器无法开启车门，主要涉及高频接收器模块、Keyless ECU 等故障点，这种是"机械"进入系统。

2）汽车无法进入系统，仪表可能黑屏，这种是"电路"进入系统。

（2）无钥匙进入系统故障与制动信号的关系

比亚迪车型制动灯系统与 BCM 紧密相关。BCM 未接收到制动灯信号，就不会认定为是起动信号，也就不会闭合 IG1 继电器，所以会导致仪表黑屏，同时整车无任何反应。

任务一 高压上电控制逻辑

学习目标

1）深入理解新能源汽车的高压上电控制逻辑。

2）能够规范地对新能源汽车无法高压上电故障进行诊断与排除。

情境导入

一辆 2020 款比亚迪秦 EV 新能源汽车按下起动按钮不能高压上电，仪表板显示"请检查制动系统"，同时动力系统故障灯、辅助电池故障灯点亮。现在车间主管要求汽修工小李，依据上述故障现象，对该车动力系统进行故障诊断与排除。汽修工小李能完成这项任务吗？

信息获取

一、高压上电和交流充电中预充的作用与流程

1. 新能源汽车需要超级电容的原因

汽车频繁起步、爬坡和制动会造成其功率需求曲线变化极大，在城市工况下更是如此。一辆高性能的新能源汽车的峰值功率与平均功率之比可达 16:1，这种峰值功率有个特点是持续时间比较短，需求能量并不高。对于新能源汽车而言，这就意味着要经常承受动力性不足和高压母线反复经受尖峰电流冲击的影响，这无疑会大大损害动力电池的寿命。

如果使用功率较大的超级电容，当瞬间功率需求较大时，用超级电容提供尖峰功率，就可以减轻动力电池的压力，从而可以大大增加起步、加速时电源系统的功率输出。在制动回馈时可以高效地回收大功率的制动能量。

超级电容通过极化电解质来储能，其电容值可以轻易达到 1000F，储能的过程并不发生化学反应，可以反复充放电数十万次。超级电容具有比功率高、比能量大、一次储能多的优点，适合作为短时间的功率输出源，可有效解决电动汽车的电机在起动、加速和爬坡时动力不足的问题。图 4-1-1 所示为比亚迪 E5 电机控制器中的超级电容。

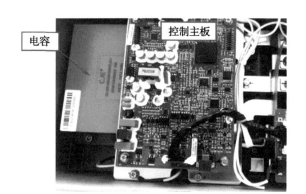

图 4-1-1 比亚迪 E5 电机控制器中的超级电容

2. 高压上电需要预充的原因

驱动电机等大功率负载的前端一般都配置有较大的电容或超级电容，在冷态起动时，超级电容上无电荷或只有很低的残留电压。如图 4-1-2 所示，当无预充电时主接触器 K+、K- 直接与超级电容并联接通，此时动力电池的电压 V_B 有数百伏的高压，而与负载并联的超级电容上的电压 V_C 接近 0，此时负载电阻仅仅是导线和继电器触点的电阻（一般远小于 $20\text{m}\Omega$），相当于瞬间短路。根据欧姆定律，回路电阻按 $20\text{m}\Omega$ 计算，V_B 和 V_C 压差按 300V 计算，瞬间电流 $I=300/0.02=15000\text{A}$，接触器会无法承受如此大的浪涌电流冲击而损坏。

3. 高压上电的预充解决方案

加入预充电过程，K+ 先断开，让阻抗较大的 Kp 和 R 构成的预充电回路先接通，预充电阻 R 可选择 $100\sim500\Omega$（比亚迪 E5 的预充电阻为 100Ω）。这里我们假设 R 为 200Ω，V_B 与 V_C 的压差是 300V，在接通一瞬间，流过预充电回路进入超级电容的最大电流为 $I_p=300/200=1.5\text{A}$。而预充接触器的电流容量为 10A，所以如此设计的预充电回路是安全可靠的。

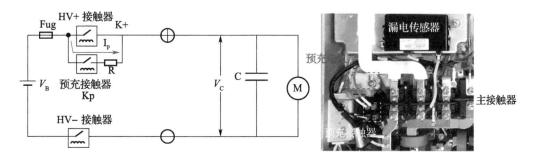

图 4-1-2 预充电路图（左）和比亚迪 E5 的预充接触器与预充电阻（右）

预充接触器与主接触器、交流充电接触器、直流充电接触器的用途不同，它在放电和充电时都需要预先工作以防止巨大的电流瞬间涌到超级电容等容性负载上，而造成接触器或线路烧毁。

二、吉利新能源和特斯拉上、下电的控制逻辑和流程

1. 吉利新能源汽车的上电流程

首先是 VCU 被唤醒（钥匙唤醒、网络唤醒，或者充电 CC 信号硬线唤醒），VCU 启动后立即发送请求闭合 HVIL（高压互锁）回路使能线和闭合 12V 低压主继电器，同时监控 HVIL 回路状态，然后 IPU（电机控制器）、DC/DC、BMS 被唤醒（VCU 发送的网络管理报文或者 IG ON 信号唤醒）并进行自检。对于 BMS 来说还需计算绝缘阻值，以确认绝缘是否正常，无故障后进入待机模式（standby 状态）。

随后 VCU 请求 BMS 上电，BMS 响应并闭合预充继电器，当检测到母线电压达到阈值后，判断预充电成功，然后闭合主继电器，并断开预充继电器，同时也会请求 IPU、DC/DC 进入工作模式，此时高压上电完成，具体上电的时序如图 4-1-3 所示。

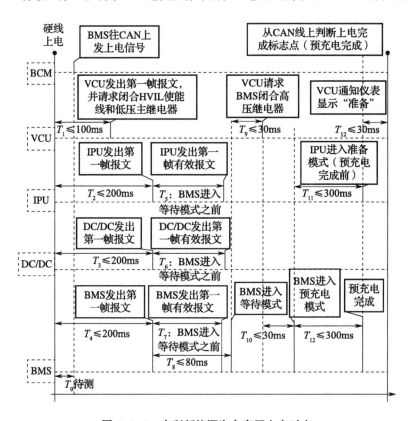

图 4-1-3　吉利新能源汽车高压上电时序

2. 吉利新能源汽车的下电流程

在正常下电流程中，当检测到钥匙信号、硬线信号关闭或网络唤醒信号停发，VCU 会请求 IPU（电机控制器）离开工作模式，并且功率器件迅速降低功率，随后 VCU 请求 DC/DC 离开工作模式，然后 VCU 再请求 BMS 断开高压主继电器，BMS 完成响应后，VCU 断开 HVIL 回路和低压继电器，各节点进入下电休眠流程，下电过程的时序如图 4-1-4 所示。

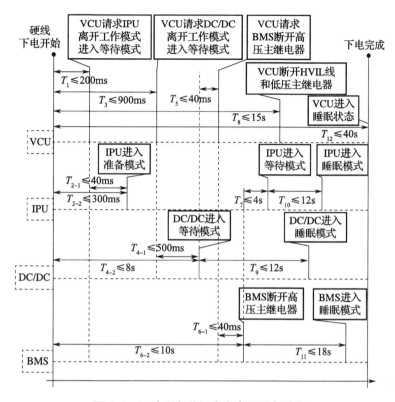

图 4-1-4 吉利新能源汽车高压下电时序

3. 特斯拉的上电流程

特斯拉的高压系统没有预充回路，那么它是怎么上高压的呢？

特斯拉把预充回路的功能集成到 DC/DC 中。在高压上电过程中，VCU 首先会控制 DC/DC 进行升压，将低压端连接的 12V 辅助电池的电转换为动力电池所需的高压电，通过辅助电池的电量给车内各高压部件的内部电容进行充电，在充电电压达到动力电池的高压时就完成了预充过程，之后会闭合高压线路中的主接触器，完成高压上电，具体步骤如下：

1）闭合主负接触器。

2）DC/DC 将 12V 电压进行升压供给高压主回路，当车内各高压负载的电容充电结束即完成预充。

3）闭合主接触器，完成高压上电。

4）上电完成后，DC/DC 再反向工作，将动力电池的高压变为低压，重新给辅助电池充电。这种设计对 12V 低压电池有较高的要求，需要其支持瞬间的高功率输出。

三、比亚迪 E5 的控制逻辑与上电故障的排除技巧

1. 比亚迪 E5 的控制逻辑和步骤

图 4-1-5 是 2017 款比亚迪 E5 的上电电路，按照图中时序高压上电的流程和具体步骤如下：

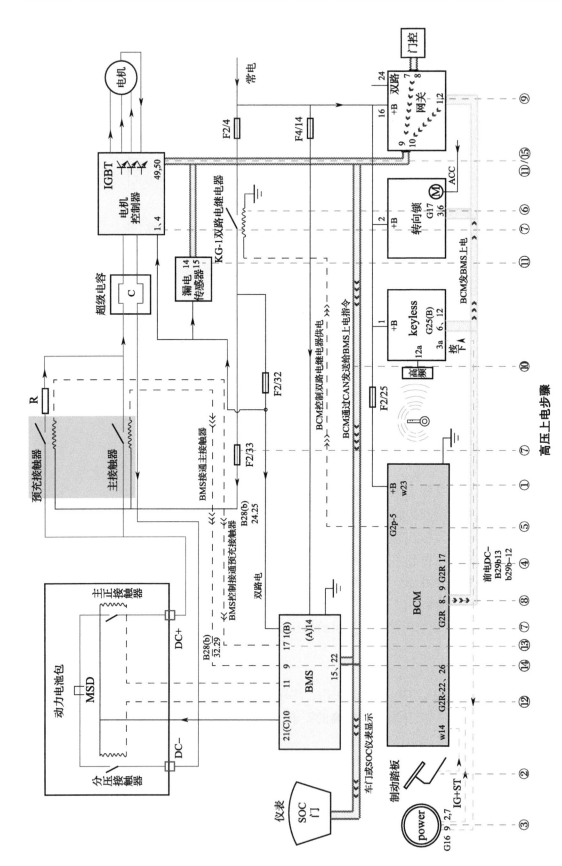

图 4-1-5　2017 款比亚迪 E5 高压上电流程步骤图

1）Keyless ECU 会交错触发各个车内低频天线发送低频信号寻找车内的智能钥匙，当有智能钥匙在车内时，该合法钥匙就会接收低频信号并响应发出一个带有钥匙防盗锁密码信息的高频信号，高频信号通过车辆的高频模块（秦 EV 将高频天线集成在 Keyless ECU 内）接收并解调信息后发送给 Keyless ECU，并核验该智能钥匙是否合法。若认证合法，Keyless ECU 会通过启动 CAN 子网通知方向盘解锁，通知 BCM 执行下一步操作。

2）当有上电信号（POWER 键和制动开关信号）被 BCM 接收到，BCM 将初始化并自检，如果没有节点报 2 级以上故障，BCM 检测高压互锁回路连通，Keyless ECU 进行钥匙防盗检测，正常后，接通 IG1 唤醒仪表，接通 IG3 双路电唤醒动力网上的 BMS 和 VTOG 等控制器。

3）BMS 唤醒并初始化自检，检测 BMS 的软硬件状态、初始化 I/O 口状态，采集单体电池的电压、温度有无超标，均衡是否超标，电池内部绝缘状态，检查 BMS 内存里面的故障记录信息等。若初始化自检没有错误，BMS 的内存里面没有 2 级以上的故障信息，且 BMS 初始化时间没有超过设定的阈值，则初始化成功，BMS 进入等待状态。

4）VTOG 同样像 BMS 一样进行初始化自检，检测有无充电枪连接信号，电机防盗匹配是否成功，电机旋变和温度等传感器是否正常，内存里面没有 2 级以上的故障信息，且初始化时间没有超过设定的阈值，则初始化成功，进入等待状态。

5）BCM 与 BMS、VTOG、漏电传感器进行联网检测正常后，发送上电请求给 BMS。

6）一旦接收到 BCM 的上电请求，BMS 首先闭合电池包内的母线主正、负接触器和各个分压接触器。

7）BMS 在闭合上述电池包内接触器正常的情况下，然后闭合预充接触器，电池进入预充电状态，电池包的高压电经过预充接触器串联的限流电阻后加载到 VTOG 母线上，预充接触器电气侧总电压开始上升，在设定的时间内，预充接触器高压侧的电压超过动力电池组总电压的 90%，接触器触点状态检测正确（查看数据流 VTOG 的供电高压和接触器的闭合状态判断），烧结检测和高压回路绝缘检测正常，则判定预充电成功（接触器的闭合过程可查看数据流冻结帧）。

8）VTOG 发送预充成功，BMS 闭合主正接触器，之后断开预充接触器，电池状态跳转到工作状态；否则判定预充电过程失败，主正接触器不能闭合，预充接触器打开，电池状态进入预充电失败状态，发送相应的故障等级给 BCM，打开电池包内的母线主正 / 负接触器。

9）VTOG 的泄放模块可检测超级电容输入母线电压来判断是否预充完成，BMS 通过 CAN 通知仪表上电完成，OK 灯点亮。

2. 比亚迪 E5 的上电故障排除技巧

1）开车门，查看仪表是否有显示？

2）踩制动踏板，查看 POWER 按键是否有绿色指示灯变化？

3）踩制动踏板 + 按下 POWER，查看仪表是否有显示？

4）踩制动踏板 + 按下 POWER，查看按钮 LED 的颜色？

5）仪表点亮，查看 SOC 是否有显示？

6）若上述过程仪表都未点亮，需检测仪表电路和仪表的激活信号［CAN 网络激活或 IG1 的 12V 电激活（由 BCM 输出 12V<——BCM 工作 +BCM 接收 POWER/ 制动信号）］。

7）若操作上述第 1 步仪表有反应，可判断网络无短路（互短、对搭铁，对 +B）故障。

8）若操作上述第 2 步和第 3 步，仪表由无显示到有显示和无 SOC，可判定仪表 IG1 信号正常（BCM 工作 +BCM 接收 POWER/ 动信号都正常），已经送出吸合双路电继电器的控制信号到 G2p-5（拉高）和吸合 IG1 继电器的控制信号（拉高）上述现象多为网络故障，先测量诊断座，后接解码器来缩小范围。

9）测量诊断座可初步判断网络故障（在项目五的任务四中详述）。首先需判断网关、Keyless ECU 和 BMS 的网络是否存在问题。为此，可用解码器扫描上述模块或读取相关模块的 IG1 状态数据流，增加条件来判断。也可进一步检测相关模块的供电电源继续增加条件来判断。

10）通过解码器观察是否扫描到核心 ECU 或传感器，继续缩小故障范围。

11）若上述 4 步操作 SOC 正常显示，可判断 BMS 正常工作，BMS 供电、供电线路中的熔丝 F2/32+KG-1 双路电继电器工作正常，进一步可推理正常情况下 F2/33 高压接触器供电，以及其他动力网上的 ECU 都能正常供电，都应该被解码器扫描到，如果未扫描到可判断是双路电后的供电电路或者是网络断路。

12）仪表和 SOC 正常，可通过故障码或异常数据流定位故障，谨防虚接（串联电阻），开路电压法不能判定供电是否正常。

13）通过数据流冻结帧（图 4-1-6）查看动力电池包里的接触器是否闭合过？如果没

诊断记录回放 未上电状态		诊断记录回放 预充状态		诊断记录回放 OK 电状态	
数据流名称	值	数据流名称	值	数据流名称	值
SOC	96	SOC	96	SOC	96
电池组当前总电压	459	电池组当前总电压	459	电池组当前总电压	459
电池组当前总电流	0.10	电池组当前总电流	0.50	电池组当前总电流	0.10
放电是否允许	不允许	放电是否允许	不允许	放电是否允许	允许
预充状态	未预充	预充状态	正在预充	预充状态	预充完成
主接触器状态	断开	主接触器状态	断开	主接触器状态	吸合
负极接触器状态	断开	负极接触器状态	吸合	负极接触器状态	吸合
预充接触器状态	断开	预充接触器状态	吸合	预充接触器状态	断开
正极接触器状态	断开	正极接触器状态	断开	正极接触器状态	吸合

图 4-1-6 比亚迪 E5 预充接触器和主接触器闭合过程冻结帧

有闭合过，可以确定是动力电池故障。如果闭合了，查看预充接触器有无闭合过？随后查看预充是否完成？之后再进一步查看主接触器有无闭合过？按照上电控制逻辑和时序来判断是哪一个时段以及哪一个接触器发生了故障？再判断到底是接触器的供电还是控制线以及其本身故障。

14）预存失败故障涉及高压电路，需要再次验证故障码的可信度。可能的故障原因有外置高压加热设备、预充接触器、预充电阻、电池包内接触器、电机控制器等。

四、比亚迪秦 EV 的控制逻辑与上电故障的排除技巧

1. 比亚迪秦 EV 的控制逻辑和高压上电步骤

图 4-1-7 是 2020 款比亚迪秦 EV 的高压上电电路图，其控制逻辑与比亚迪 E5 基本相似，下面通过电路分析高压上电流程中的关键步骤进行故障排除思路的梳理。通过判断高压上电的流程进度定位故障位置。

1）通过整车数据流 IG 和 ACC 判断目前低压配电的执行状态和防盗的执行状态。

2）通过解码器扫描动力网模块来判断关键的 BMS、VTOG、漏电传感器是否处于工作状态。

3）通过查看 BMS 里数据流获知是否"预充完成"来判断预充接触器和主接触器的工作状态和闭合先后顺序及故障发生的时序。

4）通过 BMS 里的数据流"充电 / 放电是否允许"来判断动力电池内部是否有问题而不允许充放电。

秦 EV 的高压上电有三个阶段：

1）防盗阶段（BCM ⟷ Keyless 的启动子网⟷钥匙通信正常）。

2）上电所需的核心 ECU（BMS+VCU+MCU+CPD）正常工作，上电 CAN 信息沟通时的各个 ECU 通信正常。

3）高压输出安全管控，接触器吸合阶段（互锁两条信号线路连接正常，三个接触器都正常吸合，MCU 监测吸合后高压电是否到达其供电侧，高压熔断器和接触器正常工作）。

2. 比亚迪秦 EV 故障排除检测要领（图 4-1-8）

1）检查开门时 SOC 在仪表上的显示以及仪表故障指示灯的显示情况。

2）查看 IG1/IG3 的工作状态（可以触摸或听声音做出初步判断）。

3）检测 DLC 的 CAN 网络的电压和电阻判断是否存在短路（电压法）或断路（终端电阻法）故障。

4）通过解码器扫描检查动力网的核心模块是否齐备，否则检查各模块的电源和网络的导通性；用各模块都使用的共用 CAN 终端电阻（网关电阻）来判断 CAN-H 和 CAN-L 的通断。

5）检查高压上电时的三个接触器（BMS →电池包对应电源、搭铁、控制线）。

6）检查 BMS 到电池采集器的电源和网络。

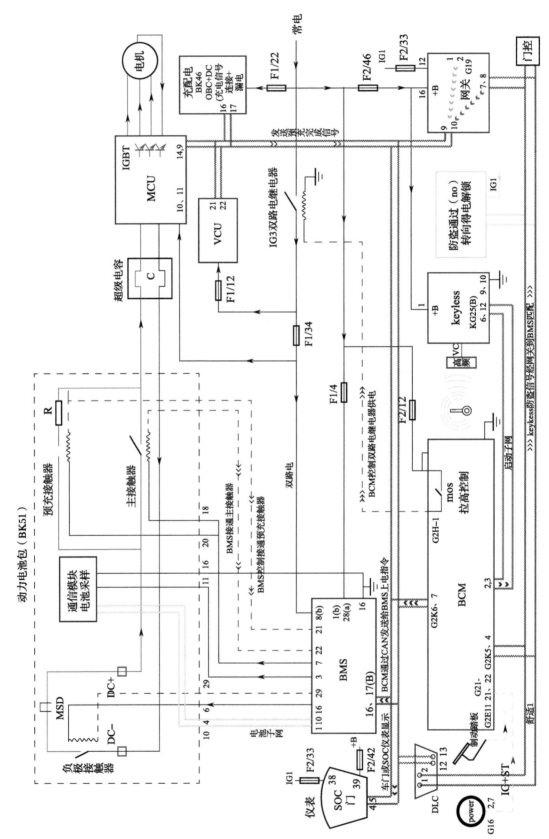

图 4-1-7 2020 款比亚迪秦 EV 的高压上电

| 1. 按开关
背光灯
不亮 | 查开关+制动信号
查BCM电源，BCM
工作状态（制动+起
动开关数据流） | 2. 按开关
仪表不亮
（IGL、
CAN醒） | 查IG1、查启动
网模块、查
Keyless天线、
防盗、仪表、
BCM状态数据流 | 3. BCM→CAN→
BMS齐动力网模
块（电源+
CAN）、互锁 | 查IG3、查BMS+
充配+VCU+MCU
网络通信、BCM
发送上电模式指令
（充配电发送充电）
给BMS | 4. 预充、
主、负极
接触器 | 查数据流、查预充完成、
查各接触器状态、
查各接触器电源、搭铁、
控制 |

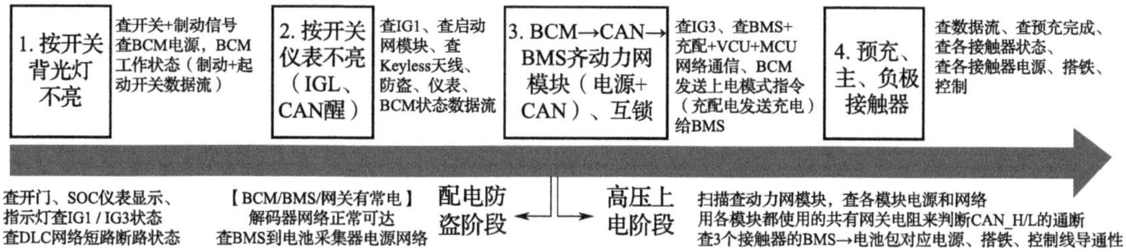

图中箭头下方文字：

查开门、SOC仪表显示、指示灯查IG1 / IG3状态、查DLC网络短路断路状态

【BCM/BMS/网关有常电】解码器网络正常可达查BMS到电池采集器电源网络

配电防盗阶段

高压上电阶段

扫描查动力网模块，查各模块电源和网络各模块都使用的共有网关电阻来判断CAN_H/L的通断查3个接触器的BMS→电池包对应电源、搭铁、控制线导通性

图 4-1-8　比亚迪秦不能高压上电故障排除思路

3. 比亚迪秦 EV 的上电故障排除技巧（图 4-1-7）

1）保证 BCM 工作，查看背光灯问题，进入 BCM，读取数据流看起动开关和制动开关压下时的数据流变化以及 IG1 工作状态的数据流。若按开关背光灯不亮，可查起动开关和制动信号是否到达，检查 BCM 的电源以及通过相关数据流查看 BCM 的工作状态。通常，BCM 在收到制动 + POWER 按钮按下的拉低信号时，首先会触发防盗检查阶段，检查钥匙是否合法，防盗流程通过后才会吸合 IG1 和 IG3 继电器，并且发送上电指令给 BMS，BMS 进而执行放电模式的程序。另外，BCM 会监控 IG1 继电器，通过其下游是否获得 +B 电压来判断其工作状态，从而反映到解码器上的数据流。

2）如果进不去解码器，看解码器插头指示灯和 DLC-16 号端子的电压。其次查看其通信的核心诊断线 DLC-16/14 号以及网关的工作情况。正常情况下，要求 BCM、Keyless、网关有常电，解码器的网线正常才可通信读码。另外，还需要防止网络发生短路而瘫痪全网。DLC-1/2 号舒适网因内含 BCM 起动子网到 BMS 的防盗匹配信息，因此同时断路会影响解码器进入 BCM（但因为舒适网工作具有单线模式，因此，单一网线的对搭铁、对 +B、互短都不影响其工作），可通过测量 DLC-1/2 号端子的电压、终端电阻来判断。

3）如果踩制动踏板并按起动开关仪表不亮，首先检查仪表常电，仪表有常电可由开车门通过 CAN 网络激活，也可由按点火开关后 IG1 电激活。如果都不亮，可能是仪表本身及其供电故障。开门网络唤醒激活仪表的逻辑是车门开关→舒适网→网关→动力网→仪表 CAN 网络信息的送达，如动力网短路故障就会导致网络不能唤醒仪表。另外，舒适网含 BCM 中的起动网信息，进而会影响防盗，从而导致 IG1 继电器未达到吸合的要求，与此同时，CAN 网络信号也未送达而致仪表不点亮。另外，也有可能同时出现网络故障和仪表供电故障导致的仪表不点亮。例如设置了 IG1 继电器和动力网断路就会出现上述踩制动踏板并按起动开关仪表没反应的现象。

4）如果仪表报无钥匙故障，此时 BCM 虽然工作，但是不激活 IG1 和 IG3，这是因为防盗还没过去，需要检查起动网的模块是否齐备，检查 Keyless、天线、防盗、BCM 的状态。防盗过去与否可用钥匙遥控器试车门来判断。另外，也可以用解码器进入无钥匙模块，检测无钥匙模块的电源、起动子网的电压和线路两端的导通性。

5）保证 BMS 工作正常，仪表不点亮电池指示灯。仪表可显示 SOC 信息（由此可判断动力网未有短路故障），解码器未读到有 BMS 故障码，如果解码器进不去 BMS 可查其常电供电和网络（BMS 带终端电阻）。

6）保证 BCM 工作，查看 IG1 和 IG3 继电器是否有吸合声（判断 IG3 或 IG1 是否处于 BCM 控制工作，必须查看其继电器座的拉高或拉低信号）以及仪表是否点亮。否则查看 POWER 开关信号到达情况（制动信号是否可靠，POWER 是否对 BCM 拉低，防盗是否通过）。引起 IG3 控制端拉高信号没有的原因：① BCM 工作，但未收到 ON 档信号(POWER 的拉低信号和制动信号，通过 BCM 数据流看)。② BCM 工作，但防盗未通过，检查高低频天线、BCM 到 Keyless 起动子网的网络。③ Keyless 供电致其不能工作（按遥控锁车可快速判断 Keyless 供电好坏）。④ Keyless ECU 本身故障。

7）保证 IG1 和 IG3 工作后，动力网上的 VCU、BMS、MCU 即可得电工作。在 VCU、MCU、充配电和 BMS 四个模块正常工作的情况下，上电互锁环路和充电互锁正常导通（由于互锁环路是方波信号，因此其信号被短路或断路都将不能被识别），且 CAN 网络可相互通信（每个模块可解码器进入即认为模块工作且通信正常，否则查看对应模块的供电和网络），随后进入下一个流程。

8）BCM 发送上电模式指令（充配电发送充电）给 BMS，CAN 信号传递由 BCM→CAN→BMS。预充、主、负极三个接触器的供电和控制线路正常（测量 BMS 到电池包上述对应线路的导通性即可），即可依次被吸合，MCU 检测到输入侧高压电 420V 过来（DC/DC 高压侧有显示），即会发送 OK 信号到动力 CAN，BMS 回应，同时 BMS 通过 CAN 通知仪表点亮 OK 灯，即上电完成。上电完成后若检测到电机旋变传感器有故障会出现先上电后下电的故障现象。

9）接触器是高低压电路间的连接桥梁，可采取人工控制吸合预充接触器和电池包内接触器的方法强制使高压对外输出，进而通过观察 DC/DC 的高压侧电压变化的数据流来判断上述接触器的好坏，进而也可获得判断主接触器好坏的一个推理性依据。

10）解码器报的故障码和数据流有时候会报假，从而误导故障排除思路。因此，我们要知道哪些是确定性的控制逻辑。例如，判断高压是否工作更应该通过读取 DC/DC 的高压侧数据流（高压电压表）电压的变化来判断，确定高压是否流出了高压电池包，进一步来判断当前所处的工作阶段：①条件不符合吸合接触器的上电阶段。②已就绪，处于吸合接触器阶段。③接触器吸合正常，但又发生安全管控导致先下电阶段。另外，检测导线的导通性尽量用测量电阻法，少用电压法。

任务实施

2017 款比亚迪 E5 的故障排除

1. 故障现象

（1）仪表显示（故障指示灯）

1）开门时仪表显示（正常），如图 4-1-9 所示。

2）按 POWER 键仪表显示（正常）。

强制电池包输出高压电的方法和操作

3）仪表提示文字：请检查动力系统。

4）故障指示灯：无。

图 4-1-9 仪表显示开门和 SOC 信息

（2）POWER 键指示灯与 SOC 电量

1）踩制动踏板时为绿灯（正常）。

2）按 POWER 键后为橙灯（异常）。

3）SOC 电量有显示（0%），如图 4-1-9 所示，但数值异常需校准。

（3）接解码器

1）扫描动力网模块，缺少 BMS、VTOG、漏电传感器模块。

2）故障码：U011187—与高压电池管理器失去通信。

3）相关数据流：进入 BCM 模块，ACC 电状态（正常），IG1 电状态（正常）。

2. 分析操作缩小故障范围

1）由于不能上 OK 电，没有扫描到动力网模块。

2）扫描到起动网各模块，并未提示未检测到钥匙 说明起动网各模块正常。

3）故障码提示：与高压电池管理器失去通信。

3. 定位欲检测的逻辑模块的电路

4. 操作检测

打开门，仪表显示说明起动网没有网络问题，因为解码器没有扫描到动力网的各模块，所以从网络问题开始排除。检查 DLC 的 12 号和 13 号端子之间的电阻是否为 60Ω，检测正常。再检测 B28（b）14 号与 15 号端子的电阻是否为 60Ω，检测正常。继续检测 BK45（b）15 号与 22 号端子的电阻是否为 120Ω，检测正常。说明通到 BMS 的网络没有问题。进行 VTOG 的网络检测，B28（A）49 号和 50 号端子电阻是否为 60Ω，检测正常，证明网络是没有问题的。

往电池的供电方向继续排除。因为故障码显示与高压电池失联，先排除是否有常电和双路电，检测常电熔丝和以下的电路，没有问题，检测双路电的熔丝和以下的电路，确认控制双路电 BK45（b）1 号端子断路，如图 4-1-10（左）所示。

插枪发现不能充电，扫描故障码，发现充电口温度异常，找到交流充电的电路图，检查 CC 与 CP 的导通情况，发现 CC 与 B53（b）2 号端子不通，如图 4-1-10（右）所示。

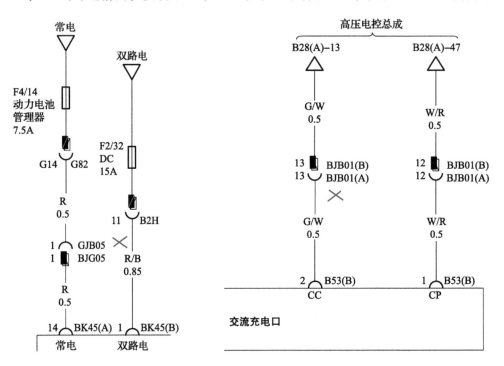

图 4-1-10　故障点 1（左）和故障点 2（右）的电路图

知识拓展

北汽新能源汽车的控制逻辑

（1）低压配电

当点火钥匙在 ON 档时，VCU、BMS、MCU 等整车所有零部件低压供电激活。

（2）高压上电

点火钥匙在 ON 档，BMS、MCU 当前状态正常，且不满足整车充电条件，开始执行高压上电，上电控制逻辑时序如图 4-1-11 所示。

1）BMS、MCU 初始化完成，VCU 检查 BMS 反馈电池继电器状态。

2）BMS 正极继电器处于断开状态，VCU 执行闭合高压主继电器。

3）VCU 执行闭合其他高压系统继电器（空调系统高压接触器）。

4）VCU 发送 BMS 上电指令，进行预充电操作。

5）电池反馈预充电完成状态，高压连接指示灯熄灭。

6）检查档位在 N 位，且上电过程中驾驶员对点火开关有 START 的操作。

7）仪表显示 READY 灯点亮，水泵、DC/DC 开始工作。

图 4-1-11 北汽新能源汽车高压上电控制逻辑时序图

（3）高压下电

VCU 请求各高压负载 ECU 退出工作模式，进入非耗电、非发电模式，应保证对高压负载 ECU 的请求不会导致高压接触器带载断开；各高压负载 ECU 自身应退出工作模式，进入非耗电、非发电模式。

1）正常下电条件：点火开关在 IG OFF。

2）故障下电条件：比如碰撞状态、HVIL 断路、动力电池故障等。

任务二　交直流充电控制逻辑

学习目标

1）能够规范地进行新能源汽车交直流充电操作。

2）能够准确地对 CC 信号、CP 信号进行检测。

3）能够对新能源汽车交直流充电故障进行诊断与排除。

情境导入

新能源汽车是汽车发展史上的重要转折点，使得售后服务工作人员不仅要熟悉车辆，也要熟悉用于新能源汽车充电的基础设备、设施，这也对新能源汽车维修工提出了更高的要求。这天小李就遇到了一辆无法交流充电的车辆，我们去看看怎么回事？

信息获取

一、新能源汽车的交直流充电技术

1. 直流充电

如图 4-2-1 所示，新能源汽车充电分直流充电和交流充电，由于交流充电时间较长，需要长时间占用一个停车位进行充电，当车辆有紧急电能补充需求时难以满足需求。直流

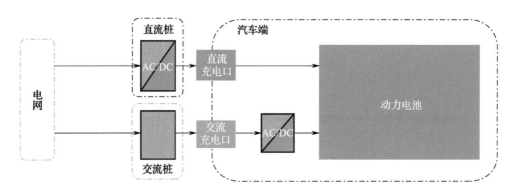

图 4-2-1　新能源汽车充电

桩（也称非车载充电机）俗称"快充"，它是固定安装在电动汽车外，与市电网连接，可以为电动汽车动力电池提供直流电源的供电装置，其输出为可调直流电。

由于直流充电桩采用三相四线制的市电供电，能提供足够的功率，输出的电压和电流调整范围大，可以实现快充的要求，功率以 40kW 和 60kW 居多，还有更高。一般高速公路旁的都是直流快充桩。直流桩功率大、充电速度快，充满一般需要 1~2h。需要注意的是，直流充电至 80% 时，为了保护电池，充电桩一般会自动降低充电电流，进入涓流慢充阶段。这也是厂家在宣传中一般只会声明充至 80% 所需时间的原因。直流桩的枪头是 9 线插头，如图 4-2-2 所示。

图 4-2-2 交流（左）和直流（右）充电枪

CC—交流充电的插枪信号　CP—充电电气连接确认信号　L—相线　N—零线

DC+、DC-—直流充电正负极　A+、A-—低压辅助电源正负极　CC1—非车载充电机检测点

CC2—电动汽车的检测点　S+、S-—CAN-H、CAN-L　PE—搭铁线

2. 交流充电

交流充电时间一般在 8h 左右，这种方式的充电电流和功率都较低，对电池寿命和电网冲击都较小，还可充分利用电力低谷时段充电以降低成本。交流充电的工作原理如图 4-2-3 所示，插枪在交流充电口后唤醒系统，车载充电机获得市电网的电能，随后电气连接确认正常后，BMS 执行充电模式并控制吸合交流接触器，车载充电机将 220V 交流电

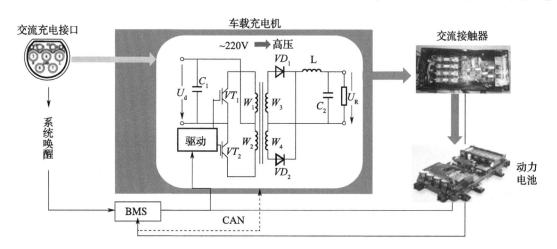

图 4-2-3 交流充电和车载充电机（OBC）

转换为动力电池所需高压直流电为动力电池充电，通过与 BMS 交互充电电流和动力电池 SOC 等信息进行充电控制。

电动汽车交流充电分为两种：一种是便携式充电，利用便携式充电器或者小型交流充电桩与市交流电网连接。便携式充电器或小型交流充电桩只起了控制电气物理连接的作用，而没有实质的充电功能，需连接汽车上自带的车载充电机（OBC）进行交直流转换后为电动汽车充电。而车载充电机因车辆空间和安全因素的影响，功率一般不会很大，在 3.3kW 以下。另一种是大型交流充电桩充电，用功率大于 3.3kW 的单相或三相交流电，控制与市电网的电气物理连接，利用汽车自带的双向逆变充放电电机控制器（VTOG）进行充电。通过 VTOG 内部电路先升压后再用大功率晶体管整流获得高压直流电进行充电。

比亚迪汽车规划的交流充电设置形态见表 4-2-1。

表 4-2-1 交流慢充设备

设备形态	场景	额定电压	额定功率	供电设备要求
1. 交流充电连接装置	家用	220V/ 交流	8A/1.6kW	家用 10A 插座
2. 壁挂式充电盒	家用	220V/ 交流	16A/3.3kW	16A 空调插座
3. 壁挂式充电盒	家用 / 商用	220V/ 交流	32A/7kW	专用供电线路
4. 壁挂式充电盒	商用	380V/ 交流	63A/42kW	专用供电线路

二、交流充电过程中的 CC 信号

根据 GB/T 18487.1—2015《电动汽车传导充电系统 第 1 部分：通用要求》，充电模式 3 连接方式 B 的控制导引电路原理如图 4-2-4 所示，在交流充电控制中，CC 信号具有以下五个作用。

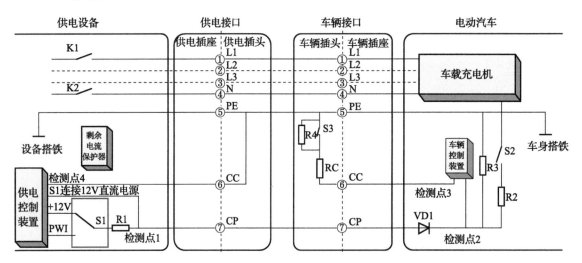

图 4-2-4 充电模式 3 连接方式 B 的控制导引电路原理

（1）确认车辆插头和车辆插座的连接是否正常

充电枪与车辆充电口连接后，充电枪口的 S3 开关闭合（图 4-2-5 上 S3 闭合以后电阻 R4 被短路），CC 信号通过图 4-2-4 的 RC 电阻连接到搭铁，从而把检测点 3 的电平拉低。未连接时，检测点 3 电平为 5V，以此来确认车辆插头和车辆插座的连接是否正常。

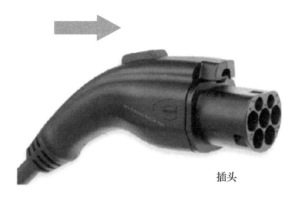

插头

带电测比亚迪秦 EV 和 E5 汽车的 CC 电压信号

图 4-2-5　充电枪开关 S3

（2）激活双路电（比亚迪纯电动车）

插枪会引起机械开关 S1 变化，充电枪上 CC 的拉低信号通过充电口传送给 VTOG（检测点 3，充电信号监测装置），VTOG 内部线路（充电感应线）进一步连接传给 BCM，BCM 识别到 CC 信号立即闭合双路电继电器，并唤醒 BMS、DC/DC、VTOG 和仪表模块，保障充电过程顺利进行。

（3）点亮充电指示灯

VTOG 是管理充电的控制器，会发送请求充电指令给 BCM 和 BMS 以及在仪表显示充电指示灯。

（4）确认充电桩的最大输出电流和最大输出功率

VTOG 会根据 RC 电阻的大小（检测点 1 的压降变化），来确定充电的最大输出电流和功率，充电功率和 CC-PE 的电阻值见表 4-2-2。

表 4-2-2　充电功率和 CC-PE 的电阻值

充放电枪 CC 与 PE 值	
8A（1.7kW 家用充电盒）	1.5kΩ
16A（3.3kW 家用充电盒或充电桩）	680Ω
32A（7kW 充电桩）	220Ω
63A（40kW 充电盒）	100Ω
VTOL（车辆对排插放电）	2kΩ
VTOV（车辆对车辆）	100Ω

（5）触发开关 S1 的连接

充电控制装置会利用 CC 信号，通过检测点 4 识别 CC 信号后接通 S1 开关，把 CP 信号由 12V 转成 9V 的 PWM 波形。

三、交流充电过程中的 CP 信号

CP 信号叫充电连接确认信号，也叫充电环路互锁信号，其作用是检测整个充电高压回路的完整性。为了保证充电前每个高压连接完好，供电装置首先会发出一个 12V 的高电平通过缆线控制盒、充电机、低压线束进入 VTOG，VTOG 通过 CP 检测整个高压回路是否插接良好，从而进入下一个流程，请求 BMS 充电，由 BMS 执行充电模式，进一步控制闭合交流充电接触器等。供电设备通过测量检测点 1 的电压值判断车辆是否准备就绪，可否进行充电。一个完整的充电过程存在三种工作状态。

状态 1：充电接口未完全连接。此时测量到检测点 1 的标称电压为 12V，如图 4-2-6 所示。

状态 2：充电接口已完全连接，但车辆未准备就绪（S2 开关未闭合），供电设备只能检测到 R3，此时测量到检测点 1 的标称电压约为 9V。

在环路互锁连接正常的情况下，当车辆充电口与充电枪连接后，充电枪控制装置检测到 CC 电阻变化后，会闭合开关 S1，将 CP 电平由 12V 变为 9V 的 PWM 信号与供电设备可提供的最大连续电流值具有相关性，如图 4-2-6 所示。

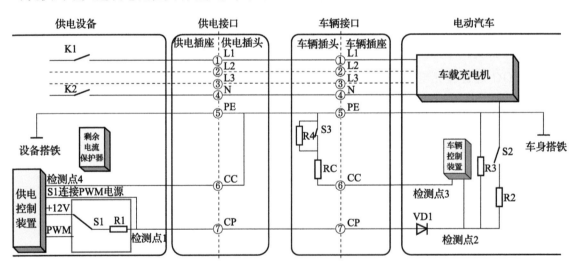

图 4-2-6　充电物理连接控制引导电路（CP 为 PWM 波）

状态 3：供电设备正常工作，车载充电机自检无故障。VTOG 通过检测点 2 检测到 PWM 波后，随后闭合 S2 开关，电阻 R3 变为无效状态（R3 电阻比 R2 电阻小，S2 连接 R3 短路），9V 的 PWM 方波由于串入电阻后被拉低 6V 的 PWM 方波，供电设备将控制接触器 K1 和 K2 闭合，整个交流供电回路被接通，E5 通过判断 CC 和 CP 信号完成充电唤醒和电气的连接，工作时序如图 4-2-7 所示。

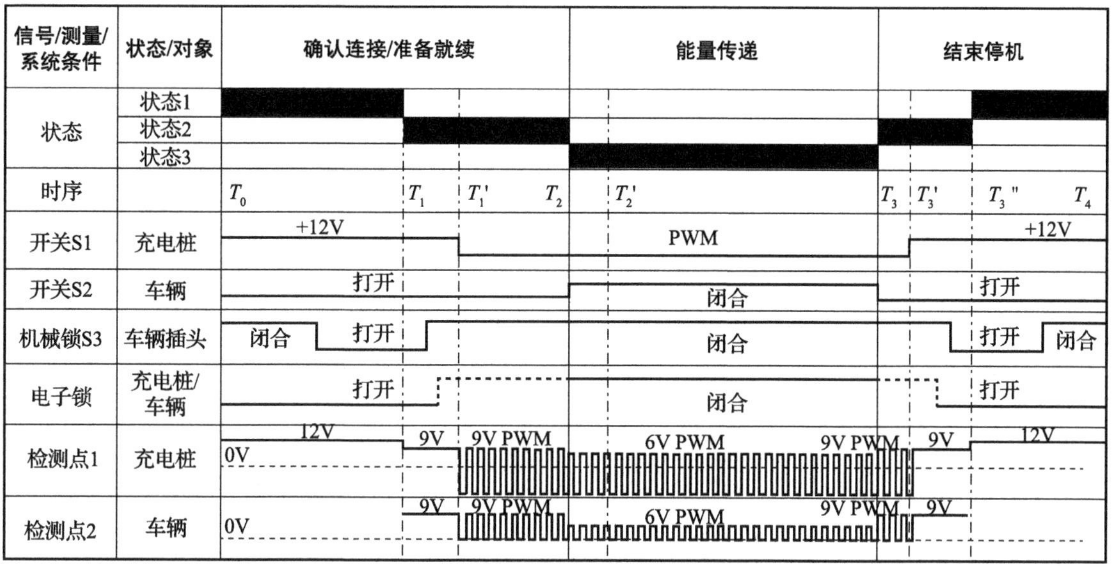

信号/测量/系统条件	状态/对象	确认连接/准备就续		能量传递	结束停机	
状态	状态1	■■■■			■■	■■■■
	状态2		■■■■■		■■	
	状态3			■■■■■■■■■		
时序		T_0	T_1　T_1'　T_2	T_2'	T_3　T_3'	T_3''　T_4
开关S1	充电桩	+12V		PWM		+12V
开关S2	车辆		打开	闭合	打开	
机械锁S3	车辆插头	闭合　打开		闭合	打开	闭合
电子锁	充电桩/车辆	打开		闭合	打开	
检测点1	充电桩	0V　12V	9V　9V PWM	6V PWM	9V PWM　9V	12V
检测点2	车辆	0V	9V　9V PWM	6V PWM	9V PWM　9V	

图 4-2-7 交流充电各检测点和信号工作时序

四、比亚迪 E5 的交流充电控制逻辑

比亚迪交流充电的途径一个是 OBC，另一个是 VTOG。图 4-2-8 是 2017 款比亚迪 E5 新能源汽车的交流充电步骤图，按照图中时序，可以判断当前充电流程走到的位置来缩小故障范围。

1. 使用 OBC 交流充电的高压配电

3.3kW 内的交流充电，由 OBC 转化形成的高压直流电经过其内部控制开关 K 后输出到高压电网，随后该电流输入动力电池内部，经分压接触器和维修开关（MSD）后送往各个单体电池。OBC 要输出直流电需要市电供给电能，把输送进来的交流电经过升压、整流等处理后变成高压直流电。市电 L（A 相）和 N 线通过 VTOG 经内部线接入到 OBC 上。

上述交流充电的高压配电受控于以下几个开关和接触器：首先需要输出辅助低压电源 +B 到双路电上以激活 BMS 和仪表。其次，外部供电设备需要检测到插枪口与整车连接完成后闭合 K1、K2 来接通 L/N 市电，将市电送至 OBC 的交流侧。随后，OBC 转化出的高压直流电经过其内部开关 K 后输出到整车高压电网上流到动力电池方向。激活后的 BMS 收到 CC 信号，执行充电模式，并闭合动力电池内部的母线接触器、分压接触器等。比亚迪 E6 的充电系统是将 CC、CP 直接接入 OBC，由 OBC 和充电桩先进行引导充电，OBC 会先输出 12V 的电激活 BMS 后开始交流通信并充电。然后 OBC 和 BMS 进行充电握手。OBC 常电，受 CC 拉低信号激活后，吸合动力电池的主负接触器。

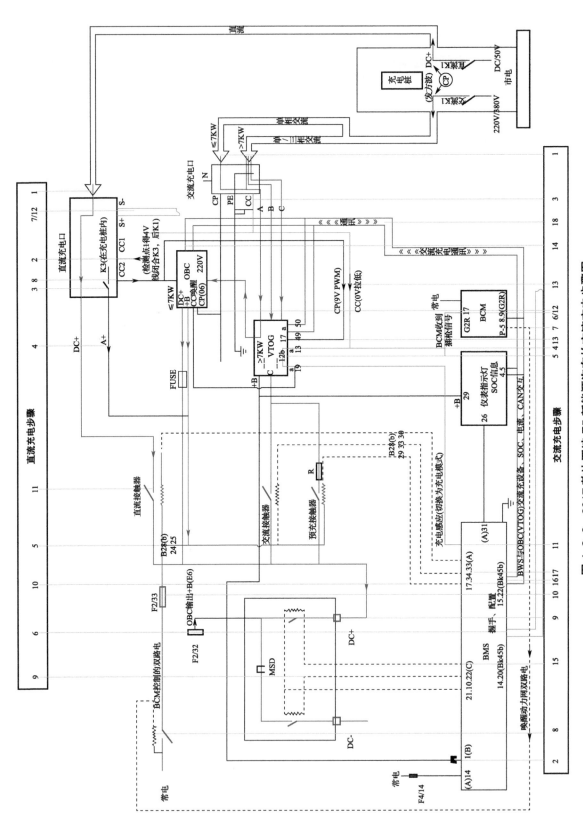

图4-2-8 2017款比亚迪E5新能源汽车的交流充电步骤图

2. 使用 VTOG 交流充电的高压配电

大于 3.3kW 的交流电或者三相交流充电，由 VTOG 转化形成的高压直流电经过主接触器后输出到高压电网，随后该电流输入动力电池内部，经分压接触器和维修开关（MSD）后送往各个单体电池。VTOG 要输出直流电同样需要市电供给能量，他可把输送进来的三相交流电或大电流的单相交流电经过升压、整流等处理后变成高压直流电。市电 L（A 相）和 N 线接入到 VTOG，或者 A、B、C 三相交流电接入到 VTOG。

上述交流充电的高压配电受控于以下几个开关和接触器：首先，CC 信号需要通过 BCM 唤醒双路电，双路电又去唤醒 BMS 和 VTOG。其次，外部供电设备需要检测到插枪口与整车连接完成后闭合 K1、K2 来接通 L/N 市电，将市电送至 VTOG 的交流侧。随后，VTOG 转化出的高压直流电输出到整车高压电网上，高压电需要经过交流接触器后才能到达动力电池，但接合交流接触器前需要进行预充处理（因为 VTOG 内部有超级电容）。激活后的 BMS 在收到 CC 信号后，执行充电模式，并闭合动力电池内部的母线接触器、分压接触器后先控制预充接触器吸合，预充完成后控制交流接触器吸合。至此，VTOG 转化出的高压直流电可以输送到动力电池内部。

3. 比亚迪 E5 具体的交流充电流程（图 4-2-9）

1）未插枪时，CC 为 5V，由 VTOG 的常电提供。

2）插枪时，由于枪上的 S3 开关动作导致 CC 被拉低到 0。

3）CC 拉低信号经 VTOG 的 B28a-10 后被 BCM 接收，BCM 执行接通双路电。

4）BMS、OBC 以及 VTOG 都被双路电唤醒。

5）OBC 发送充电感应信号，通知 BMS 执行的是充电模式，闭合充电接触器。

6）VTOG 接收到 CP 信号即认为外部高压线路连接完好，发送 CAN 信号通知 BMS 充电。

7）BMS 接合动力电池内部的接触器以及预充接触器，随后闭合交流充电接触器，完成充电高压线路的完全连接。

8）BMS 和 OBC 握手、配置各项充电参数，并不断检测充电电流，同时对 SOC 和充电电流进行仪表反馈。

4. 交流充电的流程进度判断

1）通过防盗整车数据流 IG 和 ACC 判断（低压配电状态）。

2）动力网扫描模块判断（关键 ECU：BMS、VTOG、漏电的工作状态）。

3）BMS 里的预充完成判断（接触器工作状态）。

4）BMS 里的数据流充电 / 放电是否允许，判断是否电池内部问题。

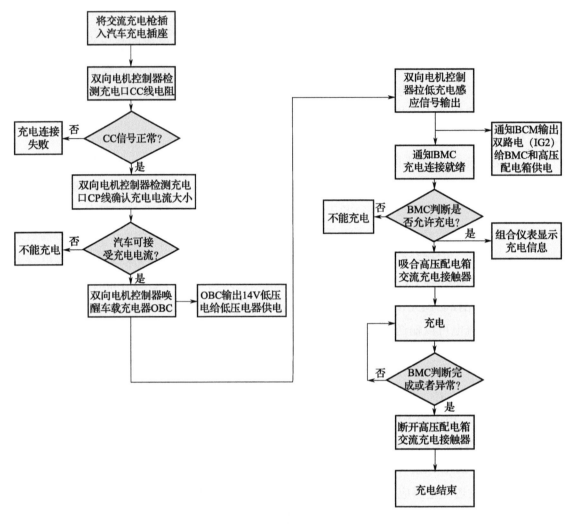

图 4-2-9　比亚迪新能源汽车的交流充电流程

五、比亚迪秦 EV 的交流充电控制逻辑

新款的秦 EV 由于采用 DC/DC、OBC 和 PDU 的三合一充配电总成，在充电接口上区别于比亚迪 E5，但在充电原理和充电控制上完全相似。图 4-2-10 是 2020 款秦 EV 的交直流充电原理。其充电控制的流程如下：

1）充配电模块输出一个 12V 的 CC 信号到充电口，监控是否插枪被 PE 端子拉低。同时充配电模块接收来自充电枪前端充电器发送来的 CP 互锁信号判断外接充电线是否可靠连接。

2）上述都满足，充配电模块发送充电感应信号给 BMS 发送充电指示灯信号给仪表点亮。

3）BMS 与 OBC 网络通信，BMS 吸合预充和主接触器，OBC 检测动力电池高压电是否到达？霍尔电流传感器监测充电电流，仪表显示充电电流和功率以及需要时长等信息。

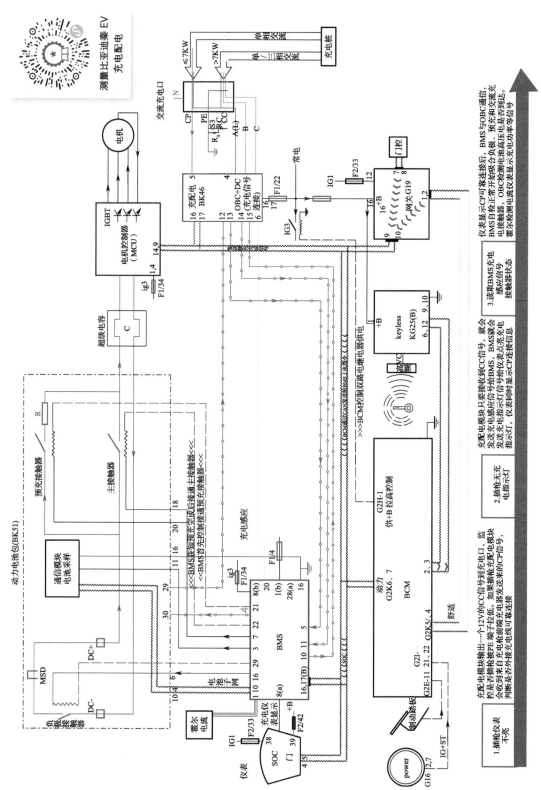

测量比亚迪秦 EV 充电配电

图 4-2-10 2020 款秦 EV 的交直流充电原理

1. 插枪仪表不亮

充配电模块输出一个 12V 的 CC 信号到充电口，监控比否插枪被 PE 端子拉低。如果插枪前端充配电模块会收到来自充电指示灯信号发送的 CP 信号，判断是否外接充电线可靠连接

2. 插枪充电指示灯

充配电模块只要接收到 CC 信号，就会发送充电感应信号给 BMS，BMS 就会发送充电指示灯信号给仪表，仪表点亮充电指示灯

3. 读取 BMS 充电感应信号 接触器状态

仪表显示 CP 可靠连接后，BMS 与 OBC 通信，BMS 自检正常开始给负极，预充和交流电，充电接触器，OBC 检测电池高压电是否到达，霍尔检测电流仪表显示充电功率等信号

六、新能源汽车的直流充电控制

1. 直流充电控制流程

如图 4-2-11 所示，直流充电流程包括六个阶段。在每个阶段，直流充电桩与电动汽车 BMS 都需要完成相应的任务，才会进入下一个阶段。若在某个阶段发生通信异常或者电路异常情况，充电桩或电动汽车会直接进入异常处理机制，发出异常报警。

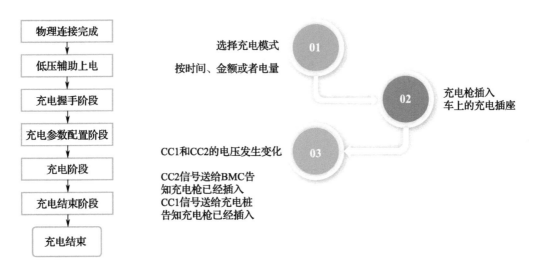

图 4-2-11　直流充电阶段

直流充电控制导引电路由三部分组成：非车载充电机、车辆接口、电动汽车，如图 4-2-12 所示。在非车载充电机内部可通过接触器 K1、K2 来控制直流供电回路的通断。电动汽车的直流充电回路可通过控制接触器 K5、K6 来控制回路的通断。在车辆接口处有个常闭开关 S，此开关在充电桩插头上。在将插头插入电动汽车的插座上时，开关 S 处于被按下的状态。当插头完全连接进入插座时，可松开开关 S。在非车载充电桩与电动汽车

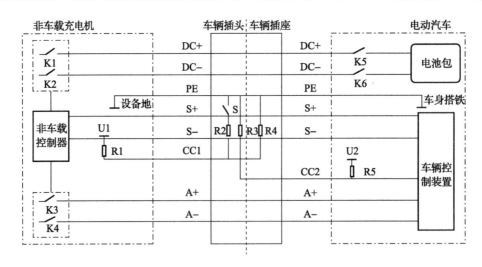

图 4-2-12　直流充电物理连接控制引导

充电的整个过程中，非车载充电桩的控制器应该能够监控和控制接触器 K1、K2 和接触器 K3、K4 的状态。同时电动汽车的控制器也需要监控和控制 K5、K6 的状态。检测点 CC1 和检测点 CC2 的状态需要被各自的控制器监控，其中不同的电压状态代表不同的运行情况。非车载控制器和电动汽车的控制器，由于所有监控的状态不同，可通过不同的处理机制去响应，以保证整个充电过程的安全。

特别指出，图 4-2-12 电路中电阻 R1、R2、R3、R4、R5 标称值为 1000Ω。U1、U2 上拉电压的标称值为 12V。

（1）物理连接阶段

结合充电安全保护系统基本方案，检测点 CC1 会有四个状态，分别对应四个电压值。

1）状态 0：当充电机的插头没有插入电动汽车的插座时，开关 S 常闭，电源 U1、电阻 R1、电阻 R2 形成回路，检测点 CC1 的电压值为 6V。

2）状态 1：当充电机的插头未插入电动汽车的插座且开关 S 按下准备插入时，开关 S 为断开状态，电阻 R1 与 R2、R4 断开，检测点 CC1 的电压值会从 6V 转变到 12V。

3）状态 2：当充电机的插头插入电动汽车的插座且开关 S 仍处于按下状态时，电路中开关 S 断开，电源 U1、电阻 R1、电阻 R4 形成闭合回路，检测点 CC1 的电压值从 12V 转变到 6V。

4）状态 3：当充电机的插头与电动汽车的插座完全连接且开关 S 被松开时，电路中开关 S 为闭合，此时 R2 与 R4 并联，同时与 R1 串联形成闭合回路，检测点 CC1 的电压值从 6V 转变到 4V。

对检测点 CC2 的所在回路进行分析时，由充电安全保护系统基本方案原理图可知，电源 U2、电阻 R5、电阻 R3 组合成回路。当充电机的插头与电动汽车的插座未连接时，电阻 R5 与电阻 R3 断开，此时检测点 CC2 的电压值为 12V；当充电机的插头与电动汽车的插座完全连接时，电阻 R5 与电阻 R3 之间的电路连接，U2、电阻 R5、电阻 R3 组合成回路导通，此时检测点 CC2 的电压值从 12V 转变到 6V。

由上述可知，充电机的充电插头与电动汽车的充电插座连接的过程可分为四个状态转变过程：状态 0→状态 1→状态 2→状态 3。与之对应的检测点 CC1 的电压值变化过程为 6V→12V→6V→4V，而检测点 CC2 对应电压状态分别为 12V→6V。因此，非车载直流充电桩若要判断充电机的充电插头与电动汽车的充电插座是否完全连接，可通过判断检测点 CC1 的电压是否为 4V，电动汽车控制装置可通过测量检测点 CC2 的电压是否为 6V，从而判断非车载直流充电机的充电插头与电动汽车的充电插座是否完全连接。

（2）低压辅助上电

在非车载直流充电桩的充电插头与电动汽车的充电插座完全连接后，充电接口的电子锁处于锁死状态，即非车载直流充电桩的充电插头处于不可拔状态。非车载直流充电桩主控制器会闭合接触器 K3 和 K4，控制低压辅助供电回路导通。

（3）充电握手阶段

低压辅助电路导通后，充电过程处于充电握手阶段，非车载直流充电机通过 S+/S- 信号线向电动汽车 BMS 进行 CAN 通信，发送充电握手报文 CHM。电动汽车接收到 CHM报文后，返回车辆握手报文 BHM 给充电桩，这个过程为握手启动阶段。非车载直流充电机收到 BHM 报文后，闭合 K1/K2，进行绝缘检测，非车载直流充电机会输出 BHM 报文中最高允许充电总电压和供电设备额定电压中较小的电压值。接着会对电压进行泄放，将输出电压切换到泄放回路中。非车载充电机完成自检后，非车载充电机主控制器会断开接触器 K1 和 K2。充电工作接下来会进入握手辨识阶段，也就是充电机发送充电机辨识报文CRM，车辆 BMS 发送车辆辨识报文 BRM。

2. 比亚迪新能源汽车的直流充电控制流程

直流充电高压配电如图 4-2-13 所示。直流充电桩的直流电 DC+、DC-，经过直流接触器 K5、K6 后流入动力电池内部，经分压接触器和维修开关（MSD）后送往各个单体电池。直流充电送给动力电池的电能来自充电桩，为直流电；充电桩要输出直流电需要市电供给电能，把输送进来的电经过升压、整流等处理变成直流电。

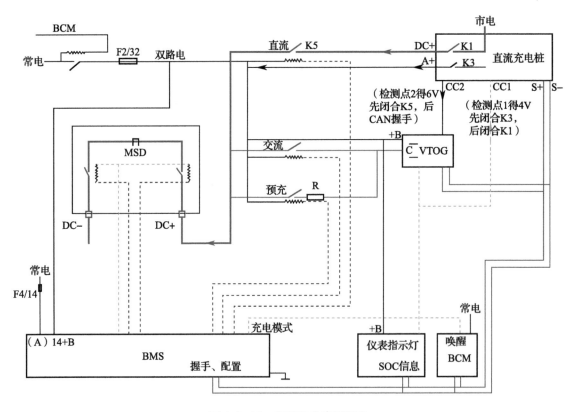

图 4-2-13　直流充电高压配电

上述直流充电高压配电受控于以下几个开关和接触器：首先，需要直流充电桩内的K3、K4 闭合后输送 A+、A- 上 12V 的辅助电源给双路电，使得 BMS、VTOG 激活。其

次，充电桩自身需要闭合高压输出开关 K1、K2，才能输出高压直流充电电流。随后要求 BMS 激活收到 CC1 信号后，执行充电模式，闭合直流充电接触器 K5、K6 和动力电池内部的母线接触器、分压接触器等，充电桩的高压直流电流才能输送到动力电池内。

任务实施

一、测量充电口的电阻与信号波形

1. 测量充电口的电阻

1）识别交流充电口端子的定义。

2）用万用表测量充电枪上 CC 与 PE 间的电阻。

3）压下充电枪头上的开关，CC 与 PE 间的电阻会有明显变化，这是图 4-2-14 中的 S3 开闭造成的。

测便携式充电枪上 CC-PE 的电阻

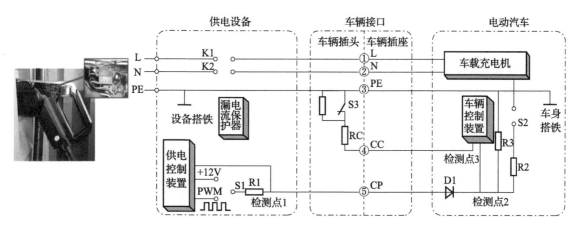

图 4-2-14　测量充电口的电阻

2. 测量充电口 CC 与 CP 信号的波形

1）将起动开关置于 OFF 档，全车下电处理。

2）拉开充电口拉锁，找到交流充电口，确认好 CC 和 PE 端子，连接好测试线。

3）插上充电枪，以激活充电系统，开始测量。

4）用万用表测量交流充电口 CC 与 PE 端子之间的电压，正常电压为 5V。

5）用示波器测量 CC 与 PE 端子之间的电压波形，如图 4-2-15 所示。

6）用示波器测量充电过程中 CP 信号的电压波形。

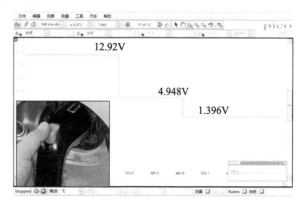

图 4-2-15　测量充电口 CC 与 CP 信号的波形

二、电流霍尔传感器致充电无显示故障排除

故障现象：交流充电时，仪表上显示充电电流为 0，仪表上的 SOC 值一直保持不变。

故障诊断：如图 4-2-16 所示，当霍尔电流传感器正、负极电源端子断开，也就是断开 BK45（A）插座的 27、29 线，会导致霍尔电流传感器无法工作，导致无法读取到高压动力电池包的正极充放电流。

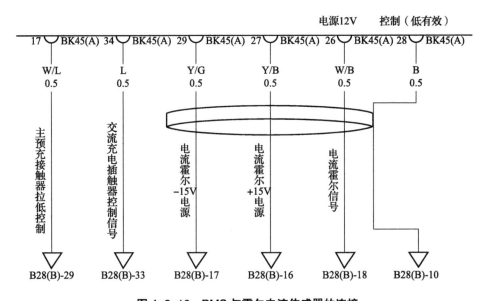

图 4-2-16 BMS 与霍尔电流传感器的连接

1）用诊断仪读取 BMS 数据，发现充电时电池总电流数据一直为 0。

2）读取 BMS 数据流，交流充电继电器可以吸合，确认可以正常充电，排除 BMS 本身故障。

3）查看电路图，充电时通往动力电池包的正极充电电流由高压电控盒内部的霍尔电流传感器检测，对霍尔信号传感器进行排查。

4）结合电路图，测量 BMS 霍尔驱动电压，电压无异常（15V）。

5）充电时从 BMS 背端插接器测量霍尔信号电压，无电压。

6）测量 BMS 霍尔信号线到高压电控盒之间的阻值，为无穷大，表明线路断路。

7）拔出断路针脚，顺线向后找到断路位置，恢复后重新充电，车辆恢复正常。

知识拓展

北汽新能源汽车的交流充电控制

1. 充电识别

北汽 EV200 充电系统插枪后 CC 唤醒 VCU，VCU 通过 CAN 唤醒 OBC，VCU 检测 CC 和 CP 的状态正常后闭合 S2，此时充电桩输出交流 220V，VCU 给出 OBC 功率控制高

电平，OBC 根据 VCU 给出的电压、电流请求正常充电。

2. 充电过程

充电过程中，VCU 不直接参与充电控制，BMS 实时监控充电过程，对异常情况进行紧急充电停止，以及部分信息的仪表显示、监控平台信息上传。充电过程和系统控制策略见表 4-2-3，主要步骤如下：

1）车辆插枪时，先有充电唤醒信号给 VCU、BMS、仪表等，仪表充电连接指示灯闪烁。

2）VCU 检测到充电门板信号，判断进入充电模式，仪表充电连接指示灯点亮。

3）进入充电模式后，VCU 设置允许充电指令。

4）BMS 与充电机 / 充电桩建立充电连接，开始充电。

表 4-2-3　充电系统控制策略

车载充电机	PE 端 CP 端	VCU	使能控制	DC/DC	动力电池及 BMS	仪表及数据采集终端
220V 上电（●POWER）		待机				
220V 上电（●POWER）		待机	0V	待机	待机	待机
12V 低压供电并等待指令						
12V 低压供电并等待指令						
12V 低压供电并等待指令					唤醒	
接收指令并执行加热流程（●RUN）	PE 接地良好　CP 充电确认良好	唤醒	12V	工作（320V 到 14V）　充电时如 DC/DC 不工作，相应控制单元则由低压蓄电池供电（4A 左右）	BMS 检测电池状态并发送加热指令	唤醒
接收指令并停止工作					BMS 监控电池温度并发送停止指令	
接收指令并执行充电流程					BMS 待充电机反馈后发送充电指令	
温度升高，三个风扇工作（由车载充电机内部小电路板 12V 供电）						
接收指令并停止工作		唤醒	12V	工作（320V 到 14V）	BMS 监控电池状态并发送完成指令	
完成后 1min 控制充电桩结算					待机	待机

3. 充电握手

握手主要完成电池管理系统对充电设备的识别，此阶段主要是确定所接入的充电设备是车载充电机还是非车载充电机，以便选择相应的通信协议，并为充电高压主回路的接通做好铺垫，如图 4-2-17 所示。当电池管理系统接收到的应答设备为车载充电机，且充电机不是初次使用，通信过程直接进入下一阶段（参数配置阶段），而不再进行信息互换，有助于充电过程的快速建立。

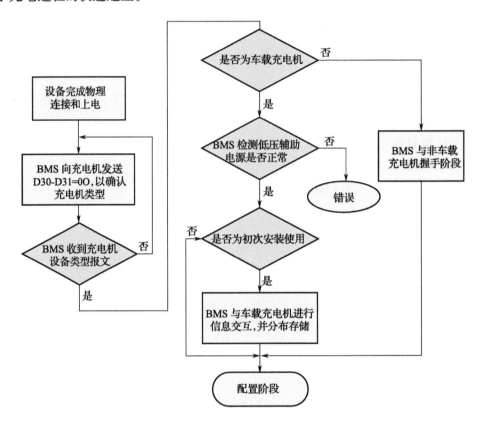

图 4-2-17　充电握手流程图

任务三　空调制冷与加热控制逻辑

学习目标

1）掌握新能源汽车空调的结构和原理。

2）能够对新能源汽车暖风系统无法制热的故障进行诊断与排除。

3）能够对新能源汽车空调系统无法制冷的故障进行诊断与排除。

情境导入

一辆比亚迪秦 EV 纯电动汽车，车主反映，在冬天开暖风空调出来的风还是凉风，多次测试都不行。随后车主测试开冷风空调，能听到压缩机工作的声音，冷风空调工作正常。现在车间主管要求汽修工小李，依据上述故障现象，对该车暖风系统进行故障诊断与排除。汽修工小李能完成这项任务吗?

信息获取

一、新能源汽车空调系统的结构

　　纯电动新能源汽车的空调系统组成与传统燃油车类似,具备制冷、制热、除霜除雾、通风换气四种功能。由于新能源电动汽车不采用发动机作为整车的动力源,其空调系统无法利用发动机余热实现取暖和除霜的效果,故新能源汽车的空调系统相比于传统燃油车的空调系统需增加 PTC 加热系统和电动压缩机,如图 4-3-1 所示。

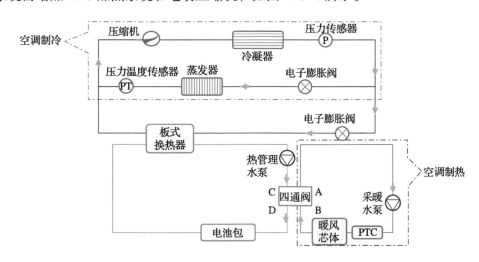

图 4-3-1 新能源汽车暖风、通风与制冷系统工作原理

　　图 4-3-2 是比亚迪 E5 空调系统,其采用蒸气压缩式循环制冷,制冷剂为 R410a,PTC 电加热模块取代了暖风芯体并且不设在 HVAC 总成中。

图 4-3-2　比亚迪 E5 空调系统

二、新能源汽车制冷设计

　　人工制冷常用的方法有 5 种:相变制冷、气体膨胀制冷、热电制冷、固体吸附制冷、涡流制冷。新能源汽车的空调使用相变制冷原理,利用物质在发生相变时的吸热效应进行制冷。新能源汽车空调系统和传统燃油汽车空调系统基本相同,差异主要在压缩机的驱动方式上,燃油车通过发动机带轮驱动压缩机工作,而电动汽车通过动力电池的电能驱动压缩机工作。

　　空调制冷工作时,制冷剂以不同的状态在空调密封系统内循环流动。由空调驱动器驱动电动压缩机将气态的制冷剂从蒸发器中抽出,并将其压入冷凝器。高压气态制冷剂经冷凝器时液化而释放热量，热量被车外的空气带走。高压液态的制冷剂经膨胀阀的节流作用而降压，低压液态制冷剂在蒸发器中汽化而进行热交换（吸收热量），蒸发器附近被冷却了的空气通过鼓风机吹入车厢。随后，气态的制冷剂又被压缩机抽走，泵入冷凝器循环流动，不断地将车厢内的热量排到车外。制冷剂在空调系统中的循环如图 4-3-3 所示。

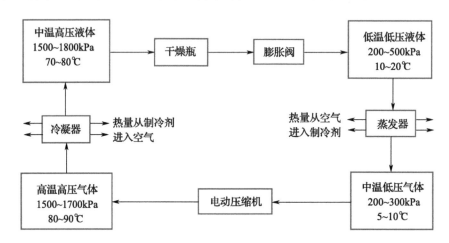

图 4-3-3　制冷剂在新能源汽车空调系统中的循环

汽车空调常见的故障有空调制冷不良（制冷效果不好）和空调不制冷两类故障，故障原因多与膨胀阀、制冷剂、散热风扇、空调高压接触器以及压缩机的工作有关。故障诊断的关键在于深刻理解各个循环状态变化过程中系统的压力和温度变化。汽车空调正常工作时的高压压力在 1.5 ~ 2.0MPa 左右，低压压力在 0.15 ~ 0.35MPa 左右，特殊情况下高压可能会达到 2.0MPa 以上，但不会太高，否则会触发系统压力开关进行保护。一般情况下设计蒸发器的温度约 5℃，制冷模式下空调出风口的温度约 7 ~ 10℃。

三、新能源汽车制热设计

燃油车空调系统的暖风热源主要由发动机冷却液提供，而纯电动汽车的暖风系统与之不同。加热器安装在传统燃油车暖风水箱的位置，用 PTC 热敏电阻作为热源，通电之后电阻发热，通过鼓风机工作使空气经过该元件，以达到加热空气的效果。PTC 加热器有风加热器和液体加热器两种。PTC 加热器按材质可以分为陶瓷 PTC 热敏电阻和有机高分子PTC 热敏电阻，用于空调电加热器的是陶瓷 PTC 热敏电阻。

电动空调 PTC 加热器外观如图 4-3-4 所示，一般包括 MCU 处理器、功率模块 Mosfet/IGBT、隔离预驱和电流检测传感器等。控制系统通过温度传感器将温度信息传至 MCU，通过与按键输入的目标温度对比，MCU 根据温度差按预先设定程序不断调节加热器功率，使车内温度达到设定温度水平，并且在液晶屏上实时显示车内温度和设

图 4-3-4　PTC 加热器的外观

定温度，如图 4-3-5 所示。

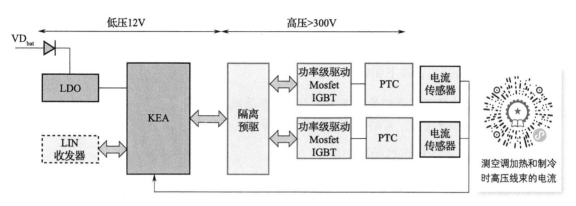

图 4-3-5 PTC 的内部组成

四、空调压缩机的控制原理

1. 变频控制

如图 4-3-6 所示，变频器总成中的空调变频器为空调系统中电动变频压缩机供电，变频器将来自动力电池的额定电压 DC 320V 转换为交流电为空调系统中的压缩机供电。

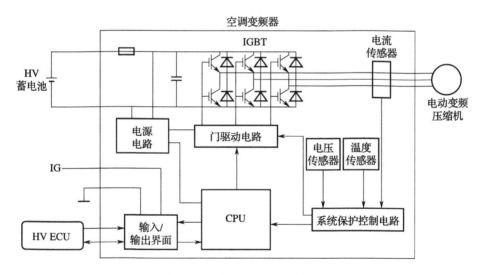

图 4-3-6 空调变频器工作原理

2. 转速控制

当空调控制器闭合高压回路接触器时，压缩机进入工作状态。乘客通过调节风量和温度设置按钮调节车室内温度。风量越大，从冷凝器带入车室内的冷气越多，要求压缩机的功率越大。设置的温度与当前温度差距越大，要求压缩机的功率也就越大。空调控制器通过控制电动压缩机的电机转速，达到控制制冷剂流量的目的。电机转速越高，压缩机相应的运转速度也提高，制冷剂流量上升，制冷量提高。

任务实施

PTC 加热芯拆卸

1）关闭起动开关，拔下钥匙。

警告： 正常情况下，在钥匙开关关闭后，高压系统还存在高压电，这是由于电机控制器中高压电容的存在造成的，需要经过一段时间的等待，高压电容中的电才能被完全释放。

2）打开前机舱，铺设翼子板护垫。

3）断开辅助电池负极，用绝缘胶带包裹负极防止虚接。

4）检查绝缘手套是否破损，戴上绝缘手套，断开 PTC 高压插头（2 个负极端子，1 个正极端子）。

5）将万用表旋至直流电压档，通过测量 12V 辅助电池电压的方式检查数字万用表。

6）用万用表检测 PTC 高压线束端子之间的电压和端子对搭铁之间的电压。如图 4-3-7 所示。

7）分别拆下驾驶员左右副仪表板子母扣，取下副仪表板前挡板总成。

8）断开加速踏板上方的 PTC 总成高压线束，断开安全气囊模块左侧的 PTC 负极搭铁。

9）在 PTC 高压线束插口端固定牵引导线，如图 4-3-8 所示。

图 4-3-7　检测 PTC 高压线束端子之间的电压

图 4-3-8　在 PTC 高压线束插口端固定牵引导线

10）拆下暖风蒸发箱总成的 PTC 盖板固定螺栓，取下 PTC 盖板。

11）从暖风蒸发箱抽出 PTC 总成及 PTC 高压线束。

12）断开 PTC 温度传感器插头，断开高压线束牵引卡子，取出 PTC 总成，如图 4-3-9 所示。

图 4-3-9　取出 PTC 总成及 PTC 高压线束

知识拓展

电动压缩机总成的更换

由于电动压缩机是高压部件，在进行电动压缩机的拆装时要先进行整车下电作业，保证电动压缩机断电。进行拆装之前要保证作业场所通风良好并配置灭火设备。

1）按规范步骤进行整车下电操作。

2）用制冷剂加注一体机进行制冷剂和冷冻油回收作业。

3）拔下高压插件插头，并取下固定卡扣。高压插件插头位于高压电控总成后方。

4）举升车辆，拔下低压插件插头，如图 4-3-10 所示。

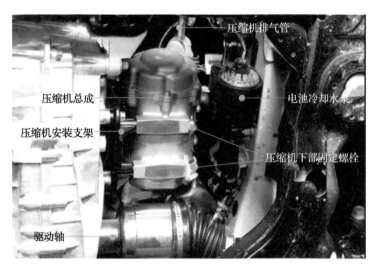

图 4-3-10　比亚迪 E5 电动压缩机的位置

5）松开压缩机进气管螺母并迅速将进气管口密封，防止空气进入进气管。

6）松开压缩机排气管螺母并迅速将排气管口密封，防止空气进入排气管。

7）松开三个压缩机固定螺栓。

8）取下压缩机。

9）更换新的压缩机或维修后按规定力矩拧紧压缩机固定螺栓。

任务四　制动助力系统控制逻辑

学习目标

1）能够检测新能源汽车制动助力系统的真空度。

2）能够对新能源汽车制动助力系统的故障进行诊断与排除。

3）能够对新能源汽车进行制动能量回收操作。

情境导入

　　一辆新能源纯电动汽车的仪表报制动系统故障，高压上电后无真空泵工作声音，且出现限功率指示灯闪亮。踩下制动踏板，制动无助力，连续踩下制动踏板，踏板逐渐变硬且无法踩到底。技术主管判断为电动真空助力系统故障，派遣小李去完成检修任务。

信息获取

一、新能源汽车制动系统的特点

　　纯电动汽车采用的液压制动系统与传统汽车基本结构区别不大，当进行制动时，制动踏板被踏下，踏板力经杠杆放大后作用在控制阀推杆上。首先，控制阀推杆回位弹簧被压缩，控制阀推杆连同空气阀柱前移。当控制阀推杆前移到控制阀皮碗与真空阀座相接触的位置时，真空阀口关闭。此时，助力器的真空、应用气室被隔开，空气阀柱端部刚好与反作用盘的表面相接触。随着控制阀推杆的继续前移，空气阀口开启，外界空气经过滤后通过打开的空气阀口及通往应用气室的通道，进入助力器的应用气室（右气室），即产生制动助力，助力约为踏板力的 5 倍。

　　真空助力器利用前后腔的压差提供助力。传统内燃机汽车真空助力装置的真空源来自于发动机进气歧管，真空度负压一般可达到 0.05~0.07MPa。对于纯电动汽车，由于没有发动机总成，即没有了传统的真空源，仅由人力所产生的制动力无法满足行车制动的需要，通常需要单独设计一个电动真空泵来为真空助力器提供真空源，如图 4-4-1 所示。这个助力系统就是电动真空助力系统（Electric Vacuum Pump，EVP）。对于此类车型，电动真空泵提供的真空度大小直接影响着整车的制动性能。图 4-4-1 所示的电动真空助力系统由真空泵、真空罐、真空泵控制器（部分车型集成到电子稳定控制系统中）、真空助力器（与传统汽车相同）以及电源组成。

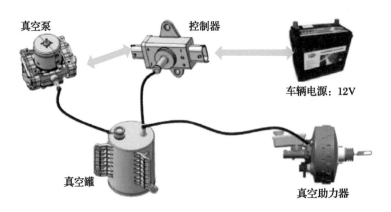

真空泵　　　　控制器

车辆电源：12V

真空罐

真空助力器

图 4-4-1　电动真空助力系统组成

　　电动真空助力系统的工作过程：当驾驶员起动汽车时，车辆电源接通，控制器开始进行系统自检，如果真空罐内的真空度小于设定值，真空罐内的真空压力传感器输出相应电压信号至控制器，此时控制器控制电动真空泵开始工作，当真空度达到设定值后，真空压力传感器输出相应电压信号至控制器，此时控制器控制真空泵停止工作。当真空罐内的真空度因制动消耗，真空度小于设定值时，电动真空泵再次开始工作，如此循环。电动真空助力系统的主要组成元件如下。

1. 真空泵

汽车上通常采用电动真空泵在某一封闭空间中产生和维持真空。

2. 真空泵控制器

真空泵控制器是电动真空助力系统的核心部件。真空泵控制器根据真空罐真空压力传感器发送来的信号控制真空泵工作，如图 4-4-2 所示。部分车型也将真空泵控制器集成在 ESC 中，比如吉利帝豪 EV450 车型。

3. 真空罐

真空罐用于储存真空，通过真空压力传感器感知真空度并把信号发送给真空泵控制器，如图 4-4-3 所示。

图 4-4-2 真空泵控制器　　图 4-4-3 真空罐（线束插头位置为真空压力传感器）

二、电动真空助力系统的控制原理

考虑到海拔变化对大气压力的影响，系统采用两个压力信号作为系统的输入。一个压力信号为大气压力绝对值，另一个信号为助力器真空腔的真空值。通过这两个信号进行真空泵开启与关闭阈值的计算。控制过程中，每 20ms 进行一次循环：真空度低于开启阈值时，EVP 开启；真空度高于关断阈值时，EVP 关闭。下面以比亚迪 E5 电动汽车的真空泵为例，介绍其控制策略。

1. 真空泵起停条件

1）车速 <60km/h：真空度低于 60kPa 时起动，达到 75kPa 时关闭。

2）车速 ≥ 60km/h：真空度低于 70kPa 时起动，达到 75kPa 时关闭。

2. 异常模式判断

（1）外围器件故障

1）无行车制动信号且真空泵处于工作状态，5s 内真空度无变化，则判断为真空泵系统失效。

2）有行车制动信号且真空泵处于工作状态，10s 内真空度无变化，则判断为真空泵系统失效。

（2）系统漏气

1）严重漏气：在外围器件无故障时，车速 >10km/h，无行车制动信号，真空泵处于工作状态，满足上述条件 5s 后开始检测真空度，若真空度 <30kPa，则认为系统严重漏气。

2）一般漏气：若同时满足条件 A 和条件 B（A 为真空泵不工作；B 为无行车制动信号 1s 后），且检测到真空度从 67kPa 下降到 61kPa 时间小于 30s，则判断为一般漏气。

（3）主控 ECU 本身损坏

主控自检 MOS 管是否烧毁。

3. 异常模式处理

1）若真空泵系统失效或系统严重漏气，则发出严重警告信号，同时进入真空泵控制策略中的异常模式：开启真空泵，泵不受真空度关断条件的限制。

2）若检测到真空泵系统一般漏气，则发出一般警告信号，这时仍按真空泵控制策略中的正常模式控制。

3）报警后期处理。一般报警和严重报警都执行断电后重新检测的原则，若重新检测后发现无同类故障，则取消报警并把前次报警记录在历史故障中。

三、比亚迪电动真空助力系统故障诊断

比亚迪 E5 电动真空助力系统电路图如图 4-4-4 所示。12V 直流常电接通后，真空泵

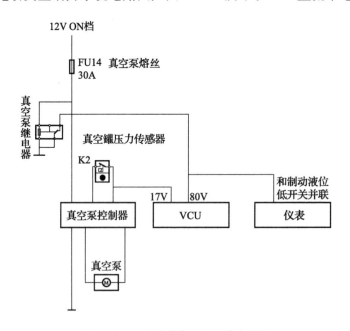

图 4-4-4　电动真空助力系统电路图

控制器发送信号让真空泵开始工作，真空罐压力达到55kPa以上时，真空罐压力传感器闭合，发出高电平信号到真空泵控制器和VCU，真空泵控制器的时间模块延时10s，真空泵停止工作。等真空度下降到55kPa以下，真空罐压力传感器断开，发出低电平信号给真空泵控制器和VCU，真空泵控制器收到信号后控制真空泵再次开始工作，如此循环。

1.电动真空助力系统接线方式和针脚定义

（1）真空泵控制器

图4-4-5是真空泵控制器接口和针脚定义。

控制器接口

针脚号	针脚功能	线束走向
1	12V正极输入	前机舱低压电器盒（30A熔丝）
2	12V正极输出	负极接地
3	触点1	真空罐压力开关
4	触点2	真空罐压力开关
5	12V正极输入	电动真空泵输入正极
6	12V负极输出	电动真空泵输入负极

图4-4-5 真空泵控制器接口和针脚定义

（2）真空泵

图4-4-6是真空泵插接器示意和针脚定义。

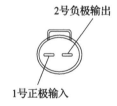

2号负极输出

1号正极输入

针脚号	针脚功能	线束走向
1	12V正极输入	真空泵控制器
2	12V负极输出	真空泵控制器

图4-4-6 真空泵插接器示意和针脚定义

（3）真空罐

图4-4-7是真空罐插接器和针脚定义。

触点2

触点1

针脚号	针脚功能	线束走向
1	触点1	真空泵控制器
2	触点2	真空泵控制器

图4-4-7 真空罐插接器和针脚定义

2.电动真空助力系统检查与诊断

电动真空助力系统的检查与诊断见表 4-4-1。如果电动真空助力系统某个真空管路发生空气泄漏，真空罐压力传感器检测到真空度不足，就会发送信号给控制器，控制真空泵工作。如果真空度一直不足，理论上真空泵会一直工作，但是设计为在持续工作 15s 之后会自动停止，防止真空泵过热。此时如果踩下制动踏板，VCU 检测到真空罐压力不足55kPa，就会给真空泵报警继电器和组合仪表发出信号触发仪表报警。若 8s 后真空度仍未恢复到 55kPa 以上，会给 MCU 发送信号，让车辆限速到 9km/h。

表 4-4-1　电动真空助力系统检查与诊断步骤

序号	检查步骤	检查结果及操作方法		
1	检查熔丝是否熔断	正常：进行下一步	不正常：熔丝熔断	更换熔丝
2	检查电动真空泵是否损坏	正常：进行下一步	电路有故障或电动真空泵损坏	检修电路或更换电动真空泵
3	检查真空罐是否漏气	正常：进行下一步	真空罐漏气	更换真空罐
4	正确检修操作后检查故障是否出现	正常：诊断结束	故障未消失	从其他症状查找故障源

四、北汽新能源电动助力系统故障诊断

故障现象：仪表显示 READY，踩制动踏板，踏板沉重无助力，经初步检测发现真空泵电机无响声，不工作。

故障检测与诊断方法：检测真空泵供电电路，如图 4-4-8 所示。

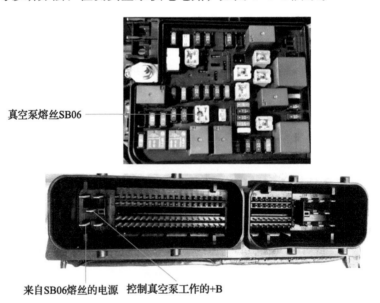

图 4-4-8　真空泵供电电路

1）检测 SB06 熔丝未熔断。

2）检测真空泵电机的电阻为 20Ω。

3）检测 SB06 熔丝到 VCU 的 4 号端子连接良好。

4）检测 VCU 的 3 号端子到真空泵电机的 1 号端子连接良好。

5）检测真空泵电机的 2 号端子到蓄电池负极柱连接良好。

6）检测 VCU 电子延时模块发现有故障。

任务实施

真空助力制动系统检测

1）拔下真空泵气管（北汽 EV200），如图 4-4-9 所示。

2）连接真空压力表，如图 4-4-10 所示。

图 4-4-9　拔下真空泵气管

图 4-4-10　连接真空压力表

3）起动车辆进行真空泵真空保压测试，若真空压力在 5s 达不到 55~60kPa，则说明真空罐漏气，更换真空罐。

4）观察真空表，以 2s 一次频率踩制动踏板，检查真空泵被唤醒时的工作情况。

5）关闭起动开关，熄火状态下进行真空保压测试，观察真空表指针有无移动，检测电动真空助力系统管路有无泄漏。

6）拆下真空表和三通管。

7）复原真空管插头位置。

8）将真空泵插头连接导线与 12V 蓄电池连接，如图 4-4-11 所示。

图 4-4-11　接电源

9）若真空泵起动并从管口感受到吸气，则说明无故障。

10）若真空泵不起动或没有真空吸力，则说明有故障，需更换。

知识拓展

制动能量回收

制动能量回收是电动汽车与混合动力汽车的重要技术之一，也是它们的重要特点。在传统内燃机汽车上，当车辆减速、制动时，车辆的运动能量通过制动系统转变为热能，并向大气中释放。而在电动汽车与混合动力汽车上，这种被浪费掉的运动能量可通过制动能量回收技术转变为电能并储存于蓄电池中，并进一步转化为驱动能量。能量回收包括滑行能量回收和制动能量回收两部分。根据加速踏板和制动踏板信号，制动能量回收可以分为两个阶段：阶段1，在车辆行驶过程中驾驶员松开加速踏板但没有踩下制动踏板开始；阶段2，在驾驶员踩下制动踏板后开始。制动能量回收的原则：①制动能量回收不干预ABS的工作。②当ABS进行制动力调节时，制动能量回收不工作。③当ABS报警时，制动能量回收不工作。④当电驱动系统有故障时，制动能量回收不工作。图4-4-12所示的仪表板指针指向零以下的数值，表示正在进行能量回收。

图4-4-12　正在进行能量回收的仪表指示

1. 能量回收系统的组成与原理

C33DB是一种可调并联式制动能量回收系统，它在不改变汽车制动系统的基础上，加入一个驱动电机制动力矩，驱动轴（前轮）在制动时采用机械制动系统和回馈制动系统联合制动，非驱动轴（后轮）采用机械制动系统。能量回收控制由整车控制器进行控制，整车控制器对整车的状态信息进行分析，正确判断进入能量回收的条件，并计算能量回收的大小，通过CAN总线与驱动电机进行控制指令交互，要求电机控制器切换到发电模式。由于电机运转，线圈在阻碍磁通变化的方向上产生电动势。该方向与使电机旋转而流动的电流方向相反，称为逆电动势。逆电动势随着转速的增加而上升。当制动时，通过电机的电流被切断，代之产生逆电动势。这就是使电机起到发电机作用的制动能量回收原理，图4-4-13为驱动电机在不同相位进行能量回收的电路。

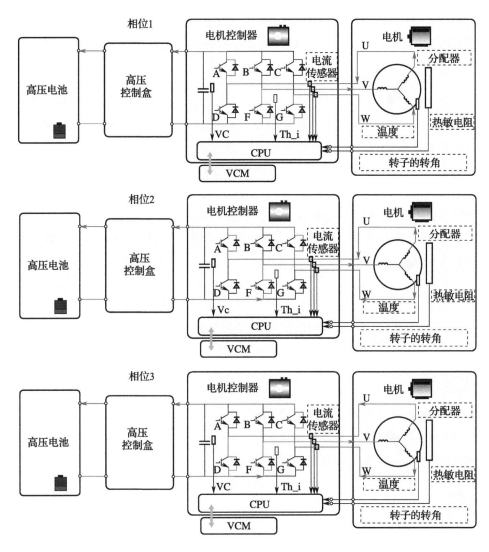

图4-4-13 驱动电机在不同相位进行能量回收的电路

此部分发电量可存储在动力电池内，或为车辆的用电设备供电，实现制动能量的转换

与回收，同时，电机发电模式产生电制动
力，通过传动系统和驱动轮，对整车产生
制动作用。

2. 能量回收系统控制流程与策略

C33DB能量回收功能采用可调式能
量回收强度控制，共设定三个能量回收强
度，其中，强度3>强度2>强度1；根据
不同的能量回收强度进行不同的能量回收
转矩控制。如图4-4-14所示，车辆出厂

图4-4-14 北汽新能源车能量回收调节
（方框中分别是E位和调节1、2、3档的加减键）

时设定的默认能量回收强度：D 位的强度为 1，E 位的强度为 3。在 D 位或 E 位时分别通过按动能量回收调节按钮（B+/B−）进行能量回收强度的增减调节。

3. 启动能量回收的条件

能量回收工况根据是否踩制动踏板，分为制动能量回收和滑行能量回收。另外，能量回收转矩需考虑电池的充电能力，根据电池允许的最大回收功率（来自 CAN 报文实时通信）进行回收转矩的限制；能量回收转矩需考虑驱动电机的发电能力，根据电机允许的最大发电转矩（来自 CAN 报文实时通信）进行回收转矩的限制。另外，在 MCU/IGBT/ 电机温度过温、ABS 介入工作、MCU 母线电压过大以及 BMS 报单体电压过电压和总电压过电压故障时都会限制执行能量回收。启动能量回收系统需要满足如下条件：加速踏板开度为 0 或制动；电池电量小于 95%；动力电池温度低于 45℃；各系统无故障；档位为 D 位或 E 位；车速大于 10km/h。

任务五 程序化故障诊断与排除方法

学习目标

1）能够根据故障现象迅速定位故障范围。
2）熟练掌握新能源汽车故障诊断流程。
3）掌握新能源汽车故障诊断的常用方法。

情境导入

小李已经工作一年了，表现突出，解决了不少新能源汽车的疑难杂症，得到了刘师傅的认可。另外，小李也顺利通过了试用期考核，成为一名正式的新能源汽车维修工。经过一年的历练，小李学习到了很多关于新能源汽车故障诊断的技巧，小李把这些都记录下来并归纳总结成几种进行新能源汽车故障诊断的实用方法。我们一起去看看吧。

信息获取

一、新能源汽车故障诊断技术

汽车故障诊断包含"诊"和"断"两个环节。汽车故障诊断的过程就是技术人员从汽车故障现象出发，熟练应用各种检测设备对汽车进行全面综合检测，完成了"诊"的环节后，通过汽车结构特点和控制逻辑对测试的结果进行综合分析，对故障部位进行定位，对故障原因给出因果确切判断，从而完成"断"的环节。

汽车故障诊断中的第一环节"诊"比汽车检测的内容更深入，它不是一个单纯的"检测"过程，而是一个综合的"测试"过程，测试包括参数检测和性能试验两部分内容。因为汽车检测的目的是判断被测汽车是否符合综合性能和安全环保的规定。检测是定性分析，它只有通过和不通过两个结果。而汽车诊断的目的是判断汽车的故障部位和原因，因此必须对检测参数做出定量分析，而后通过性能试验才能找到故障部位，查明故障原因。

诊断的结果可能由多个部位和多种原因造成，因此汽车诊断应该包括技术检测、性能试验和结果分析三个部分。技术检测的主要任务是通过测试仪器和设备对电动汽车进行诊断参数的测量。性能试验的主要任务是对被检测系统进行功能性动态试验，通过改变系统的状态进行对比试验分析，旨在发现系统故障与诊断参数之间的联系。结果分析的目的是对诊断的最终结果做出因果关系的客观分析，也就是对故障生成的机理与故障现象特征之间的必然联系以及故障现象与诊断参数之间的内在联系做出理论分析。

二、逐渐缩小边界条件范围的故障诊断法

故障诊断的核心是故障点的定位。从因果关系来讲，故障点对应出现的故障现象，有一对一和一对多的情况。同样，一个故障现象的出现对应的故障点也有一对一与一对多的情况。而且一对多的情况居多，只有极少数的情况出现一对一。

例如新能源汽车不上高压电这一故障现象，可能由上百个位置（点）任一处发生故障引起，还有可能是由任两处或多处叠加后产生的故障现象。而故障诊断的核心就是需要根据已知故障现象，不断增加约束条件去缩小故障范围，或者采用排除法缩小故障范围的一种诊断思路，从而最终将范围缩小到某一汽车零部件总成或某段线束上完成定位后修复。

1. 增加约束条件

定位故障点是故障诊断的核心所在。运用增加约束条件和排除法的手段是故障诊断的抓手，掌握系统控制逻辑与分析控制电路图是为故障诊断做宏观战略部署。检查测量是行动，既可以确认也可缩小故障排除范围。增加约束条件的方法通常有解码器检测法、仪器仪表按钮工作指示灯显示法、执行器动作测试法，操作手柄/踏板响应检测法、传感器的电压/电流或电阻参数检测法、功能线路的电压/电流或电阻参数检测法以及ECU工作状态判定法等。其中ECU工作状态判定法是判断系统功能的关键，是增加约束条件的核心方法。

2. 反向排除法

通常情况下，采用正向的增加约束条件还是使用反向排除法应遵循操作难易情况，先简后繁，宏观部署，层层推进。反向排除法适用于排除宏观故障范围较大，或二选一的故障位置，尤其是某一故障位置检测非常简便的情况。

三、故障点位置库数据分析总结法

通过分析相关模块功能的电路图，找出所有可引起该系统功能缺失和工作不良的线路，列表形成故障点位置库，验证其单一断路和虚接时的故障现象。把全车电路图按照上

述方法进行处理会形成一个整车故障点位置库。库中所有故障点对应的故障现象有数十种，也即是多对一的情况。而故障诊断的关键是定位故障点，即从多对一（几十个故障点对应同一故障现象的故障诊断，其难度系数较大）中分辨出同一故障现象到底是由哪个故障点所造成，才能对症下药，彻底排除故障。整车故障点位置库需要花费大量时间和精力去研究分析全车电路并在结合维修经验的基础上获得。

因此可根据故障点位置库进行数据处理和总结分析，尽可能用最短的时间，最小工作量的拆解和检测准确找到故障点。有经验的维修师傅和做汽车专修的技师通常都掌握了某品牌中某款车型的模糊故障点位置库，把出现某故障现象90%以上是由某总成故障（设计缺陷）造成的这类故障定义为某款车通病等，但遇到不是通病的故障时，这种模糊"故障点位置库"不如全车电路图有整体感，这就需要我们既能宏观结合整车电控系统故障点位置分布（图4-5-1）与电路图，还能对全车所有的电路图进行分析和数据处理，做出一个完整的故障点位置库。

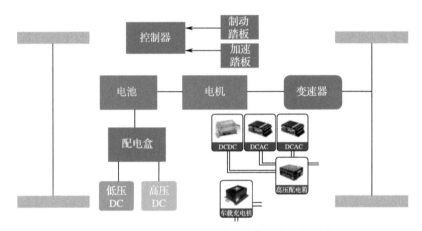

图4-5-1　新能源整车电控系统故障点位置分布

另外，还应进一步对故障点位置库进行分析处理，如某一故障现象只可能由不多于5个故障点造成，此时就可以总结出出现故障现象对应的故障点并按照检修操作难易形成一种维修套路或程序，这就像某些专用解码器上的引导性故障查询诊断系统，如大众的ODIS。

四、电控系统的电源故障

1.电控系统的电源设计

要使ECU可靠地工作，首先要保证送给ECU的电源正常可靠，如果ECU电源不正常，那么它就有可能出现执行错误、信息传输错误，甚至反复重启，仪表灯闪烁，其报出的故障码也是不可信的。ECU电源供电异常分为两大类，一是过电压，另一个是欠电压。供电过电压在车上很少发生，一般的过电压都可以被蓄电池吸收；而发生欠电压的情况比较复杂。如用万用表测量的蓄电池电压值并不代表其真实的电压（俗称浮电），一旦有大功率电器工作（如果浮电严重），其电压会瞬间变得很低，若低到ECU工作电压下限时，

ECU 将停止工作。大功率负载通常包括加热器、大功率电机和继电器开关瞬间产生的感应电等。

各有源传感器的供电通常来自 ECU 内部电源，并常用 5V 电压。另外，有些传感器是无源的，如电磁式传感器（曲轴位置、轮速传感器等），通过自感应而产生电压（电压通常在 1V 左右）作为传感器信号。此外，也有些比较特殊的传感器看似无源实则有源，如温度传感器（图 4-5-2）和（在 ECU 内部）用来闭环监控的传感器，它们的电源是 ECU 内部

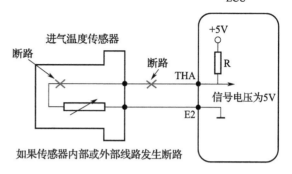

图 4-5-2　新能源整车电控系统故障点位置分布

供给的 5V 电源。原理是在 ECU 内部从电阻信号线处上拉一个电阻到内部 5V 电源上，该上拉电阻会和外部的传感器电阻组成一个分压电位器电路，ECU 通过采集电阻分压电位计算外部传感器的信号。

为了使线路简单，汽车上会出现多个传感器共用一组电源的情况；也有为了信号安全，许多传感器都采用冗余信号设计，其信号线的电源通常都共用。上述情况极易出现误报传感器故障，或者传感器信号相关性的故障。例如：当 A 传感器电源对搭铁短路，会使电源电压降低或失电，此时另一个传感器 B 就不能正常工作，ECU 可能会报出 B 传感器相关的故障码，这样就会把我们的排除故障思路引入歧途。因此，需要了解各电控系统的电源共用情况。

汽车的执行器通常多为功率器件，多采用蓄电池的 12V 电源，但不一定都直接从蓄电池或者相关 +B 熔丝上取电，也有不少从 ECU 上接入 12V 的电源，如燃油车的喷油器等。

2. 判断 ECU 是否正常工作

ECU 硬件上有输入电路和输出电路，软件是程序和数据。因为 ECU 上的针脚和功能比较多，需要一项一项地测量，但是检测太多会影响检修效率，因此要有重点的测量，通过验证结果去判断。检测 ECU 好坏应该从以下三方面入手：①改变传感器信号直接看 ECU 输出的反应是否合理。②通过诊断接口和数据流看输入的传感器或开关信号 ECU 是否接收到，显示的数据是否合情。③通过通信口给 ECU 指令（用解码器做动作测试），看输出控制信号的变化是否合理。

如果在车上确认有输入传感器的信号送进 ECU，但 ECU 却没有响应输入的反应，就可以判断是内部输入电路有问题；另外一种是确认有输入传感器的信号送进 ECU，满足正常逻辑但该有的输出却没有或参数不合情理，就可以判断内部输出电路可能有问题。这需要对电路和控制策略有一定深度的理解。另外，还有就是 ECU 的故障码表里有一些是针对内部电路的诊断，但这些故障码覆盖的检测范围比较有限。

因此，检测 ECU 供电电源、ECU 输出电路、传感器的电源以及 ECU 上搭载的 CAN 模块信号来判断 ECU 工作状态是最简单的方法。

1）主板指示灯和故障灯：故障灯代表 ECU 有无上电，正常情况是先亮再灭。

2）供给传感器的 5V 电源：通过电路图查看哪些信号是 ECU 提供的 5V 电源（如温度传感器），分别检查其电源电压是否正常，如果达不到 5V 说明 ECU 有问题（前提是先排除线路问题）。

3）输出给 12V 传感器或执行器的电源：检查方法是拔下 ECU 插头分别检查。

4）CAN 模块的电压或波形：检测 CAN-H 和 CAN-L 的电压以及测量 CAN 波形和其终端电阻。

任务实施

新能源汽车程序化检测方法

1. 故障现象分析

（1）仪表显示（故障指示灯）

1）开门时仪表显示（正常）：如图 4-5-3 所示，说明门控 DMCU（黄框）将开门信号→舒适网→网关→动力网→组合仪表传给仪表显示。由此可判断网关供电和工作良好，舒适网与动力网未发生 CAN 信号受扰的故障（如对地和对 +B 短路以及 CAN 线间互短等），但不排除局部断网或 ECU 模块故障。

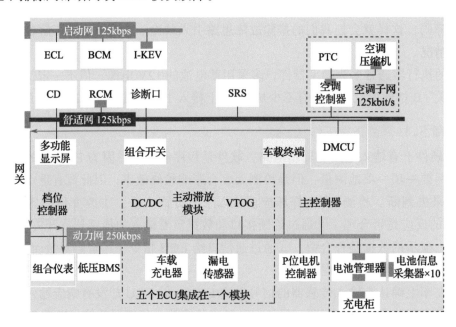

图 4-5-3 开门时仪表显示的网络传输（2017 款比亚迪 E5）

2）按 POWER 按钮，仪表有显示且 POWER 指示灯为绿色：说明 BCM 供电正常处于工作状态，制动信号能被 BCM 识别。

3）仪表提示文字：请检查动力系统，说明 BCM 发现动力系统故障或者 BCM 在发送上电指令到 CAN 网络后未收到动力网的回应。

4）故障指示灯：OK 不亮（异常），说明高压上电流程有故障。

（2）POWER 按钮指示灯与 SOC 电量

1）踩制动踏板时为绿灯：说明制动信号被识别且正常。

2）按 POWER 按钮后指示灯为绿灯：说明 BCM 等系统未检出故障。

3）SOC 有电量显示：说明动力网正常，未发生 CAN 信号受扰的故障，如对地、对 +B 短路以及 CAN 互短故障，BMS 电池子网通过 CAN 提供了 SOC 电量信号。

2. 接解码器后信息分析

1）扫描到的动力网模块是否齐全，尤其是影响高压系统的核心 ECU 模块一个都不能少。

2）起动网模块是否齐全，否则无法通过防盗，不可能进入下一步高压上电环节。

3）查看是否有指向清晰的故障码可以先排除，并分析故障码的可信度以及触发条件和触发环境、时间等参数。

4）查看核心 ECU 上的数据流，查看其监测到的电压和电流参数以及一些继电器的工作状态等。

3. 分析缩小故障范围

1）分析故障现象。

2）分析电路图。

3）应用故障点位置库。

4）维修经验法。

5）故障码提示法。

4. 定位欲检测的逻辑模块的电路

5. 检测排除故障并回推印证

知识拓展

广汽丰田无法上电故障排除技巧

图 4-5-4 为广汽丰田整车控制逻辑图。广汽丰田 iA5 纯电动车辆的智能系统控制器接收到上电信号（POWER 键和制动开关信号）后，通过 CRANK 信号线把信号传递给 VCU，进行认证并激活 VCU，VCU 初始化自检成功，整车状态正常，然后向 BMS 传递上电信号。车辆在满足起动条件前，还需要满足防盗解锁条件。防盗通过 PEPS、VCU 之间的循环通信校验来实现。认证通过后才允许响应驾驶员起动车辆的需求，若否，则不响应，无法起动车辆。车辆在满足低压配电，高压上电条件后，具备电源启动条件，在满足档位、驻车、没有连接充电枪等条件后，才可以行驶。

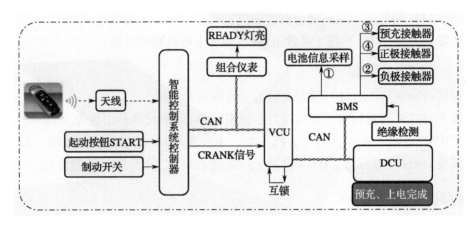

图 4-5-4 广汽丰田整车控制逻辑图

1. READY 高压上电的流程

按下起动按钮（SATRT）/并踩下制动踏板，制动开关信号 → 智能钥匙控制器 → 发送起动信号至 VCU → VCU 向 BMS 请求上电 → BMS 完成自检 → BMS 接通预充接触器，负极接触器 → DCU 告知 BMS 预充完成 → BMS 接通正极接触器 → DCU 告知 VCU 上电完成 → VCU 告知组合仪表上电完成 → READY 灯点亮。

2. 故障诊断分析

无法进入 READY 状态涉及的主要控制模块有 PEPS、VCU、DCU、BMS，每个模块相关的故障原因如图 4-5-5 所示。另外，无法进入 READY 状态涉及的相关系统和线路节点有高压配电系统、高压互锁和接触器与线路等。

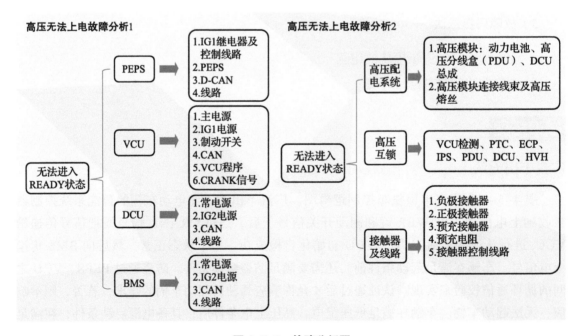

图 4-5-5 故障分析图

新能源汽车故障诊断方法与技巧

任务一 驾驶感知的检测

学习目标

1）深刻理解驾驶感知的重要作用。
2）能够对起动开关和制动信号的故障进行诊断与排除。
3）能够对档位和加速踏板信号的故障进行诊断与排除。

情境导入

时间又过去了一年，这已经是小李工作的第三年了。除了之前总结的几种故障诊断方法，现在的小李又多了一种方法，那就是经验法。小李能够凭借自己的维修经验，根据车辆的故障现象，迅速定位故障范围。我们一起去考考小李，看看是不是真是这样。

信息获取

一、驾驶感知

起动按钮、档位信号、制动信号以及加速踏板信号是人机对话的窗口，是驾驶感知的重要信号。当车辆在 OFF 状态时，按下起动按钮，如果检测到车内有智能钥匙信号，并且密码匹配成功，随后系统会供电激活车上各个 ECU 并闭合各个继电器，完成高压上电过程。

在汽车高压上电后，需要踩下制动踏板由 P 位切换至其他档位。换档成功后，手松开，变速杆自动回到中间位置。档位控制器把采集到的档位传感器信号通过 CAN 线发出，VTOG 根据加速踏板位置信号和汽车当前档位去控制电动汽车的前进、后退和加减速。

制动涉及行驶安全，如果汽车没有制动，即使性能再好，也没人敢开，因此汽车电控对该信号的监控和控制级别最高，当然，与之近亲的防抱死制动系统（ABS）的优先级也非常高，故一旦被电控系统监控到制动开关信号出现故障，就会引起不能起动或不能驾驶的故障。对于纯电动汽车来说，首先检查制动信号至关重要，其往往被作为除了起动开关外起动或者熄火的另一个条件信号。

二、起动开关

作为人车交互的重要信号——起动开关，其按下时的对地拉低信号是汽车上电起动或者下电的关键信号。比亚迪新能源汽车的起动开关位置如图 5-1-1 所示，在仪表板右下侧。

起动开关上有两条信号采集线，作为冗余采集使用，BCM 通过采集其拉低信号识别是否被按下。如果一条采集信号线出现故障不会影响起动信号的发出，即汽车还能正常起动。

另外，比亚迪新能源汽车的起动按钮上设有 LED 状态指示灯，当踩下制动踏板时，指示灯会立即变化。起动按钮的指示灯有三种颜色（橙色、绿色、白色），起动按钮接口为 G16，分别

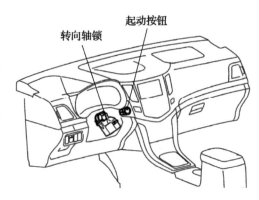

图 5-1-1　起动开关的位置

与 BCM（采集按钮按下后的拉低信号）和 Keyless ECU（智能钥匙电池没电时读取钥匙防盗信号）通过 G2R 插接器连接，如图 5-1-2 所示。

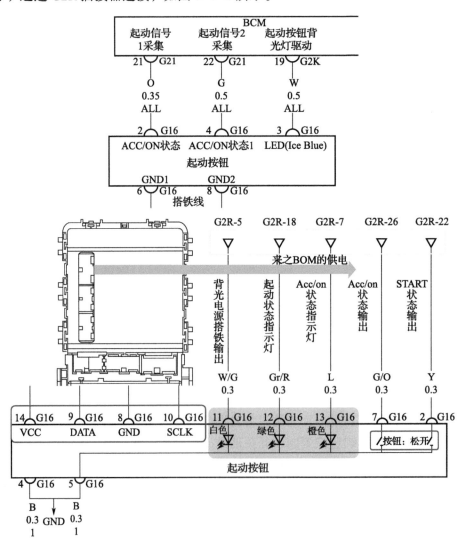

图 5-1-2　起动按钮电路

由电路图 5-1-2 可知，如果按下起动按钮（POWER 按钮），背光灯不亮，可判断是由 BCM 或起动按钮本身以及低压电源故障所致，因为起动按钮的背光灯电源供电是 G2R-18 、G2R-5 和 G2R-7。BCM 会根据设定的程序以及车辆状态来控制 POWER 按钮背光指示灯的颜色变化，见表 5-1-1。

表 5-1-1　按钮颜色与车辆状态

按钮状态说明	车辆状态	
	指示灯颜色	车辆状态
车内检测到智能钥匙、可以起动车辆	绿色	OFF
车内检测不到智能钥匙、无法起动车辆	无灯光、熄灭	OFF
ACC 档 /ON 档	橙色	OFF
车辆起动	无灯光、熄灭	起动

三、制动信号

1. 制动开关的作用和安装位置

制动开关的作用除了使汽车的制动灯点亮，还有一个更重要的作用是作为起动或者熄火的信号。为了使汽车安全行驶，制动信号的重要性不言而喻，因此现代汽车都设计了在起动的时候就去检测汽车制动信号的有无，从而进一步执行起动控制。而熄火的时候通常也要求汽车停驶，以防引起汽车驱动系统和整车行驶安全问题。新能源汽车制动开关的安装位置与传统汽车一样，一般在制动踏板的上端，如图 5-1-3 所示。

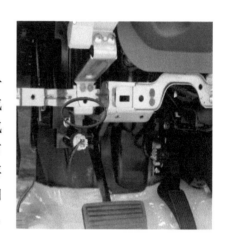

图 5-1-3　制动开关

2. 制动开关的电路和信号原理

汽车制动开关多为两组开关信号，一组常开，一组常闭。当踩下制动踏板时，主信号常开开关闭合，从而改变开闭状态控制制动灯点亮，提示后面驾驶员前车正在制动，后面车应减速慢行。另一组信号传递给电机控制器、车身 ECU 等，需要检测制动信号的系统也需要从这里获取制动信号，从而判断行车状态。

电动汽车制动开关多为 4 线 2 组信号（12V 制动信号和 0V 制动信号），当踩下制动踏板时，触发开关打开或闭合，从而改变开闭的状态和线路的电压信号。制动开关信号的主信号（12V 制动信号）和汽车起动上电相关，该信号被送往 BCM，另一组开关信号送往 ABS、VTOG 等。

图 5-1-4 是 2017 款比亚迪 E5 的制动灯与 MICU 连接的电路图，12V 的制动信号由 G21-13 传输到 BCM 的 MICU-W14。

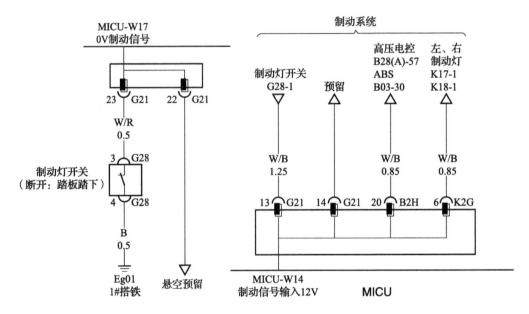

图 5-1-4 比亚迪 E5 的制动灯与 MICU 的连接

仪表板配电 G2-I 插座位置，如图 5-1-5 所示。

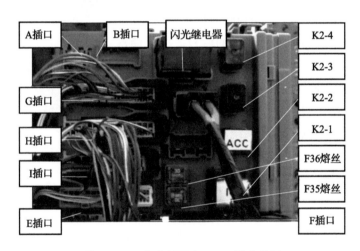

图 5-1-5 仪表板配电 G2-I 插座位置

测量制动开关 G28 的相关数据：

1）测量制动开关元件 G28 的 1/2 号针脚，踩下制动踏板阻值为 0，松开为无穷大（正常数值）。

2）测量 G28-2 针脚电压，约为 12V（正常数值）。

3）测量 G28-1 到 G2I-13 的通断，正常为导通，阻值为 0（正常数值）。

3. 制动深度传感器的安装位置和作用

制动深度传感器（图 5-1-6）并非汽车的制动开关，它主要用来发送制动踏板踩踏深度的信号给汽车。比亚迪的制动深度传感器由电机控制器监测，电机控制器需要获得上述信号实现如制动能量回收、制动优选和电机转速转矩信号的输出控制。制动深度传感器的工作原理和加速踏板位置传感器基本相似，也由两个滑动电阻组成，而且两个滑动电阻的位置是反置的。

制动深度信号控制逻辑：类似于加速踏板位置信号，制动深度传感器采用两个滑动电阻信号（冗余设计）。对于制动深度信号来说，其主要是实现制动能量回收、制动优选和电机转速转矩信号的输出，没有此信号将失去上述功能，但不会影响汽车上电和行驶。如图 5-1-7 所示，若断了一组信号，那么控制器会用另一组信号代替，如果两组信号都断了，信号无法传过来也就无法感知，会报故障码，但不影响高压上电。

图 5-1-6　制动深度传感器

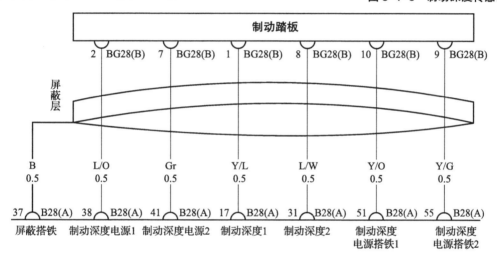

图 5-1-7　制动深度传感器电路图

四、档位信号

1. 档位开关的位置和作用

档位是人机对话的窗口，档位显示在变速杆和仪表板上。P 位是驻车档位，踩下制动踏板，起动车辆 OK 灯亮起后，即可将档位从 P 位切换至其他档位；R 位是倒车档位，在汽车停稳后方可使用；N 位是空档位，当需要暂时停车时使用；D 位是行车档位，供正常行驶时使用。除在起动时要踩下制动踏板外，其他时候档位之间的切换直接操纵变速杆即可实现。换档成功后，手松开，变速杆自动回到中间位置。

图 5-1-8 所示的档位控制器安装在变速杆下边，用

图 5-1-8　档位控制器的安装位置

于采集档位执行器上的档位传感器信号，并把采集到的档位传感器信号（档位请求信号）通过 CAN 线发出，并具有巡航按键功能采集和巡航信号发送功能。

2. 档位信号识别原理

图 5-1-9 是比亚迪 E6 的档位控制器电路图，档位信号实质为开关信号，采用无接触霍尔感应原理。档位传感器 A 感应 P、R 位信号的变化，档位传感器 B 感应 R、D 位信号

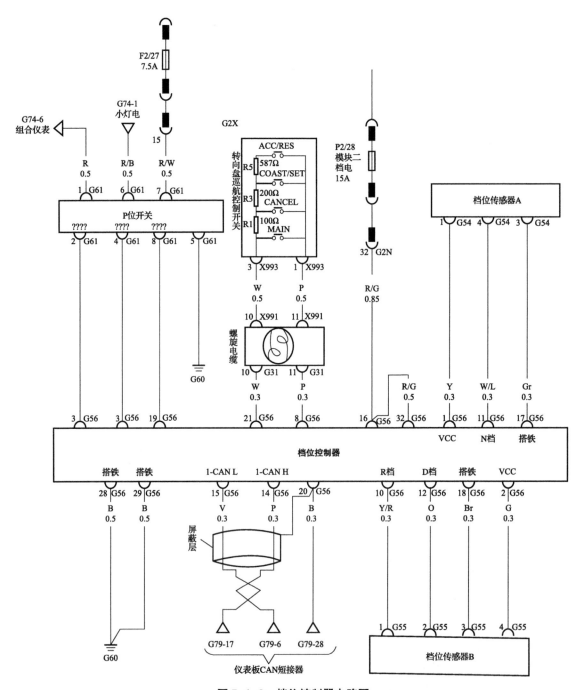

图 5-1-9　档位控制器电路图

的变化。巡航信号由档位控制器感应按下方向盘上的 +RES、–SET、ON/OFF、CANCEL 按键后电阻的变化来识别。档位控制器最后通过 CAN 信号发送给仪表用来显示当前档位，并发送给 BCM，由 BCM 通过 CAN 请求电机控制器控制驱动电机运转。

3. 新能源汽车 P 位系统的结构和功能

新能源汽车的 P 位系统由 P 位控制器和 P 位电机、霍尔位置传感器组成，霍尔位置传感器和电机集成在一起。它不同于传统的机械拉索控制锁止结构，通过控制电机转子转动时的伸出与缩进来控制是否锁止变速器，因此 P 位系统的功能是接收驱动电机控制器的锁止和解锁命令，对电机执行相应的锁止和解锁操作，以保证车辆驻车或解锁起步。如果 P 位系统出现了不能解锁故障，即使高压上电正常，档位处于 D 位，车辆仍会无法起步行驶。

五、加速踏板信号

图 5-1-10（左）是加速踏板位置传感器外观，一般安装在驾驶员右脚处，与传统燃油车一致。电动汽车在行驶过程中，它用来感应加速踏板深度的变化，驾驶员根据实际工况需要，通过操作加速踏板来控制汽车的速度。

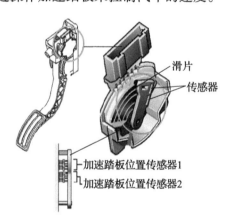

滑片
传感器
加速踏板位置传感器1
加速踏板位置传感器2

图 5-1-10　加速踏板位置传感器的外观（左）及其滑动变阻器（右）

1. 加速踏板位置传感器结构和功能

加速踏板位置传感器的作用是通过驾驶员控制踏板臂的旋转角度，来控制位置传感器的输出电压信号，然后将电压信号传递给电机控制器，电机控制器再根据位置传感器输出的电压信号来控制通过电机电流的大小，达到控制电机转矩的目的。其结构形式有两种，一种采用无接触的霍尔式，另一种为接触式的滑动变阻器。比亚迪 E6 采用的是滑动变阻器，当踩下加速踏板时，滑动电阻的值会随着踏板踩踏深度而一一映射变化，进而反映到传感器监测点上电压的变化。

2. 加速踏板位置传感器的电路原理

比亚迪 E6 的加速踏板位置传感器由电机控制器监测，因为采用的是两个不同的滑动电阻,而且两个滑动电阻是反置的。因此在不同加速踏板行程时,两信号线输出的信号电压一个是从 0.66V 至 4.45V 呈线性变化,另一个是从 4.34V 至 0.55V 呈线性变化,如图 5-1-11 所示。电机控制器根据两个信号电压判断车辆需要的功率,然后通过控制 IGBT 控制输出电流来控制电机功率。

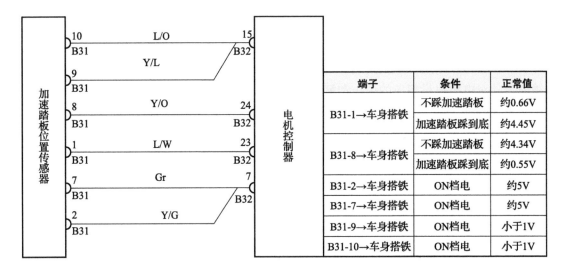

端子	条件	正常值
B31-1→车身搭铁	不踩加速踏板	约0.66V
	加速踏板踩到底	约4.45V
B31-8→车身搭铁	不踩加速踏板	约4.34V
	加速踏板踩到底	约0.55V
B31-2→车身搭铁	ON档电	约5V
B31-7→车身搭铁	ON档电	约5V
B31-9→车身搭铁	ON档电	小于1V
B31-10→车身搭铁	ON档电	小于1V

图 5-1-11　加速踏板位置传感器电路图

加速踏板位置传感器采用两组冗余信号电压设计,冗余设计的目的是在其中一组信号出现故障时,另一组还能代替工作并提高系统的可靠性。一组加速踏板位置信号出现故障时对整车的影响是,一个传感器信号失真或中断,如果另一个传感器处于怠速位置,则驱动电机进入怠速工况;如果是负荷工况,则驱动电机转速上升缓慢。如果两个信号都出现故障,则驱动电机不对外输出动力。

任务实施

驾驶感知问题故障排除操作

1. 故障分析与故障排除思路

1）按起动按钮没有反应,仪表不点亮,不能进行诊断仪器的连接,说明动力网没有供电。

2）POWER 按钮上的指示灯在踩制动踏板时没有变化,踩下制动踏板,仪表依然提示"踩下制动踏板",很显然制动开关信号没有送给控制汽车起动的 BCM。

3）可能故障原因:可能是制动开关本身或者是制动开关线路故障。

2. 锁定各个可疑的故障模块。锁定可疑故障模块

3. 操作步骤

1）踩制动踏板,按下起动按钮,起动实训台架。观察台架的仪表,无变化。不能起动车辆。无法连接诊断仪，怀疑是制动开关的问题。

2）接解码器，松开和踩下制动踏板的时候，读取 BCM 里制动开关的状态和 VTOG 里制动深度的信息。

3）BCM 里制动开关不变化，怀疑制动开关故障，或者制动开关线路故障。

4）拔下制动开关的插头，用万用表分别测量端子 B44-1—B44-2 之间的电阻，正常为无穷大，踩下制动踏板之后电阻不超过 1Ω。测量正常。

5）接着测量端子 B44-3—B44-4 两端的电阻，不踩制动踏板的时候，电阻不超过 1Ω，踩制动踏板的时候，电阻为无穷大，测量值正常。怀疑是连接线路开路或者短路。

6）拔下电机控制器插头，测量从制动开关端子到电机控制器端子之间的导通情况。

7）在测量电阻的时候发现，电机控制器插接器的公插端子弯折，不能正常导通。

8）用一字螺钉旋具把公插端子扶正，重新插好两个插接器。

9）重新踩制动踏板，按起动按钮，上电观察仪表，上电成功，变速杆置于 D 位，踩加速踏板，电机快速转动，故障排除。

知识拓展

1.制动优先技术

传统汽车在踩下制动踏板的时候会向行车 ECU 发出一个信号，行车 ECU 在通知 ABS 准备工作的同时，也向供油系统发出指令，将喷油量降低到怠速水平，这样即使制动失灵，也可以安全地把车速降下来，不会出现车越跑越快、完全失控的情况，即制动优先。制动踏板和加速踏板同时踩下时，纯电动汽车也有制动优先系统。当制动深度不超过全开的 50% 时，加速和制动是同时起作用的，当制动深度为 50% ～70% 时，系统会限制动力的输出，当制动深度超过 70% 的时候，系统会控制电机不再输出动力。

2.驻车制动与 P 位的区别

P 位的本意是驻车档，由 P 位电机伸出锁舌将驱动电机的转子锁止。驻车制动（电子驻车制动）是通过电机推动制动系统将制动盘压紧，目的是锁止汽车车轮。上述系统的目的都是让汽车锁止在某一位置不能移动，但 P 位的锁止能力要比驻车制动（电子驻车制动）弱得多。其次，驻车踏板是一个专用的类似拉驻车制动的踏板，驻车开关就位于其上方，开关信号类似于制动开关信号，该信号传给 VTOG，防止汽车未释放驻车制动而强行行驶。

任务二 配电节点的检测

学习目标

1）能够准确找出新能源汽车的高压接触器、熔断器的位置进行检测。

2）能够准确找出熔丝和继电器的位置进行检测更换。

3）能够通过对配电节点的检测进行新能源汽车的诊断与排除。

情境导入

某客户一辆 2017 款比亚迪 E5 汽车无法上 OK 电，同时仪表板显示"请检查制动系统"，接解码器除了无法进入 VTOG 模块，其他模块都能进入，初步怀疑是 VTOG 的配电问题。现在汽车维修工小李接受车间主管安排，和师傅将接受这项任务，对故障车进行诊断与排除。汽车维修工小李能完成这项任务吗？

信息获取

一、低压配电箱（盒）关键熔丝和继电器

新能源汽车的配电箱分高压配电箱和低压配电箱。其中对高压配电箱的开箱要注意高压防护和静电安全，封箱时要保证箱体密封并注意符合防水等级的要求。因为高压配电箱内包含多个高压熔断器和接触器，所以其虽是高压配电的节点，但是直接检测并不方便。通常情况下，在排除了低压线路问题后，并确认高压配电箱存在故障时才开箱检测。

比亚迪 E5 的低压熔丝盒共设计有五个，依据低压熔丝距离蓄电池远近，对其进行分级。将距离蓄电池最近的熔丝级别定为最高。下面以比亚迪 E5 涉及上电、充电的主要熔丝为例，依据比亚迪 E5 的低压配电图（图 2-4-6）进行说明。

1. 比亚迪 E5 的一级熔丝

一级熔丝连接电源正极，初始为 F5-2（前舱配电盒 125A）、F5-3（前舱配电盒 100A）熔丝。电流从这两个熔丝出来，没有经过任何开关，直接往后连接构建了整车低压电源系统的常电。由电路图可以看出，BCM、OBC 都连接在其上。这两个熔丝位置，如图 2-4-6 最左侧中部位置。

2. 比亚迪 E5 的二级熔丝

二级熔丝连接在一级熔丝之后，也未经过任何开关元件。二级熔丝包括：

① F2-4（15A）熔丝，双路继电器 KG-1 的上游。

② F2-25（10A）熔丝，充当 BCM 的电源。

③ F2-3（7.5A）熔丝，防盗系统（Keyless、转向轴锁、网关）的电源。

④ F1-5（30A）熔丝，风扇继电器触点上游熔丝。

⑤ F1-18（40A）熔丝，电动真空泵继电器触点上游熔丝，如图 5-2-1 所示。

⑥ F4-14（7.5A）熔丝，电池管理器（BMS）的常电电源。

上述六个二级熔丝，作为控制器元件的熔丝，耐流为 7.5 ~ 15A；作为执行元件的熔丝，耐流为 30 ~ 40A。

编号	F1/1	F1/2	F1/3	F1/4	F1/5	F1/6	F1/7	F1/8	F1/9	F1/10	F1/11	F1/12	F1/13
规格	40A	40A	40A	20A	40A	10A	10A	10A	15A	15A	20A	15A	15A
说明	鼓风机	后除霜	前照灯	预留	电动真空泵	充配电总成	BMS	备用	备用	备用	备用	右远光灯	左远光灯

编号	F1/14	F1/15	F1/16	F1/17	F1/18	F1/19	F1/20	F1/21	F1/22	F1/23	F1/24	F1/25	F1/26
规格	15A	15A	—	—	10A	10A	10A	10A		15A	15A	15A	15A
说明	右近光灯	左近光灯	预留	预留	电控	模块IG3	模块IG4	电池冷却水泵	预留	IG3	IG4	空调水泵	喇叭

编号	F1/27	F1/28	F1/29	F1/30	F1/31
规格	10A	30A	15A	25A	40A
说明	报警器	刮水器	前洗涤	ABS/ESP	ABS/ESP

前舱配电盒熔丝与继电器

编号	K1-1	K1-2	K1-3	K1-4	K1-5	K1-6	K1-7	K1-8	K1-9
规格	35A	35A	35A	35A	35A	35A	35A	35A	40A
说明	前洗涤继电器	刮水器速度继电器	刮水器开关继电器	IG4继电器	IG3继电器	近光灯继电器	远光灯继电器	后除霜继电器	鼓风机继电器

图 5-2-1　F1-18（40A）及其他熔丝的位置、名称

3. 比亚迪 E5 的三级熔丝

1）以双路电 KG-1 继电器（IG3）的后续四个熔丝为例：

① F4-2、F2-32 熔丝供电通往 VTOG 和 BMS（模块电源）。

② F2-33 熔丝是双路电接触器的正极电源。

③ F2-34 熔丝之后会供电通往仪表和车载控制器（模块电源）。

2）K2-2 继电器（图 5-2-2）下游的 F2-30 是转向轴锁的正极。

IG4 继电器下游 F4-1 熔丝会供电通往 PTC 模块、压缩机模块（模块电源）。

IG1 继电器下方 F2-13 熔丝会供电通往仪表（模块电源）。

编号	F2/1	F2/2	F2/3	F2/4	F2/5	F2/6	F2/7	F2/8	F2/9	F2/10	F2/11	F2/12	F2/13
规格	20A	20A	—	10A	10A	25A	5A	30A	10A	5A	7.5A	—	7.5A
说明	左后车窗	右前车窗	预留	转向灯	外后视镜	门锁	预留IG1	ACC电	小灯/门灯	BCM	预留	预留	制动灯

编号	F2/14	F2/15	F2/16	F2/17	F2/18	F2/19	F2/20	F2/21	F2/22	F2/23	F2/24	F2/25	F2/26
规格	—	10A	7.5A	5A	10A	15A	20A	25A	5A	—	10A	7.5A	10A
说明	预留	后雾灯/前车灯、充电检锁	前舱IG1	ABS/ESP	模块ACC	点烟器	备用	备用	胎压监测	预留	右后车窗	备用	备用

编号	F2/27	F2/28	F2/29	F2/30	F2/31	F2/32	F2/33	F2/34	F2/35	F2/36	F2/37	F2/38	F2/39
规格	15A	5A	15A	—	—	—	15A	20A	7.5A	15A	—	5A	20A
说明	备用	EPB ECU	SRS	预留	预留	预留	模块IG1	出租车设备	C-EPS	多媒体	预留	警告灯	左前车窗

编号	F2/40	F2/41	F2/42	F2/43	F2/44	F2/45	F2/46	F2/47	F2/48
规格	20A	15A	7.5A	—	—	10A	5A	30A	30A
说明	预留常电	DLC	模块常电	预留	预留	室内灯	网关、I-KEY	左EPB	右EPB

编号	K2-1	K2-2
规格	70A	70A
说明	电动车窗继电器	IG1继电器

仪表板配电盒熔丝与继电器

图 5-2-2　K2-2 继电器及其他熔丝的位置、名称

4. 2020 款秦 EV 主要熔丝的安装位置

F1-X 系列熔丝如图 5-2-3 所示，F2-X 系列熔丝如图 5-2-4 所示。

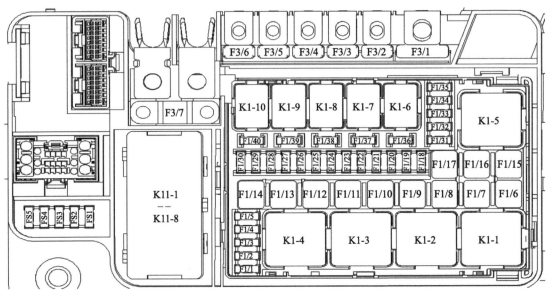

编号	规格	熔丝名称	编号	规格	熔丝名称	编号	规格	熔丝名称	编号	型号	继电器名称
F1/1	15A	左近光灯	F1/21		预留	F1/41		预留	K1-1	MICRO	近光灯继电器
F1/2	15A	右近光灯	F1/22	5A	充配电总成	F1/42		—	K1-2	MINI	高速风扇继电器
F1/3	5A	昼行灯	F1/23	25A	燃油加热器	F1/43	30A	刮水器	K1-3	MICRO	IG4继电器
F1/4	5A	高压BMS	F1/24		—	F1/44	40A	真空泵2	K1-4		—
F1/5	5A	EVP检测	F1/25		预留	F1/45		—	K1-5		—
F1/6		预留	F1/26		预留	F1/46		—	K1-6	MICRO	远光灯继电器
F1/7	10A	电池冷却水泵	F1/27		—	F1/47		—	K1-7	U-MICRO	IG3继电器
F1/8	7.5A	电动压缩机	F1/28		—	F1/48	200A	电池	K1-8	MICRO	预留
F1/9	10A	洗涤电机	F1/29		—	F1/49		预留	K1-9		—
F1/10	7.5A	空调ECU	F1/30		—	F1/50	80A	仪表板配电盒	K1-10	SSR	真空泵继电器1
F1/11	10A	电机冷却水泵	F1/31		—	F1/51	70A	CEPS	K1-11	MINI	低速风扇继电器
F1/12	5A	整车控制器	F1/32	15A	左远光灯	F1/52		预留	K1-12	MINI	真空泵继电器2
F1/13	40A	鼓风机	F1/33	15A	右远光灯				K1-13	PCB式	后除霜继电器
F1/14	30A	后除霜	F1/34	10A	DC				K1-14	PCB式	喇叭继电器
F1/15		预留	F1/35		—				K1-15	PCB式	暖风水泵继电器
F1/16		预留	F1/36	40A	ABS/ESP				K1-16	PCB式	预留
F1/17	10A	喇叭	F1/37	40A	真空泵1				K1-17		—
F1/18	5A	暖风水泵	F1/38		预留				K1-18	PCB式	昼行灯继电器
F1/19		预留	F1/39	25A	ABS/ESP				K1-19	PCB式	前洗涤继电器
F1/20		预留	F1/40	40A	风扇				K1-20	PCB式	预留
									K1-21		—

图 5-2-3　2020 款秦 EV 的前舱配电盒和其上 F1-X 系列熔丝的位置与分布

5. 低压配电箱关键继电器（双路电继电器）

通过图 2-4-6 所示的低压配电图可知，双路电继电器对于高压上电非常重要，在遇到如不上 OK 电、DC 和 BMS 无法工作、网关不工作、解码器无法进入、组合仪表黑屏的故障现象，都需要重点关注双路电继电器的工作状态以及是否到达输出目的地。

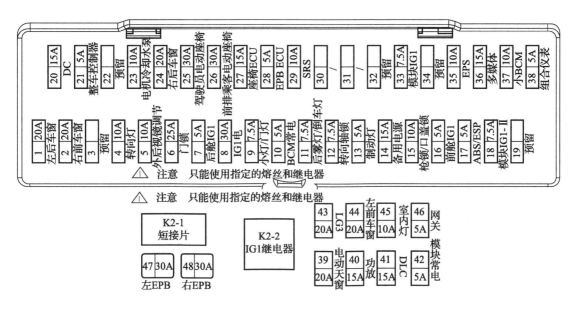

图 5-2-4　2020 款秦 EV 仪表配电盒下侧 F2-X 系列熔丝的位置分布

下面阐述双路电的工作工程：汽车 BCM 在识别并接收到 POWER 按下后踩下制动信号时，立即控制为 ACC、IG1 和 IG3（双路电）供电，如图 5-2-5 所示，双路电继电器的

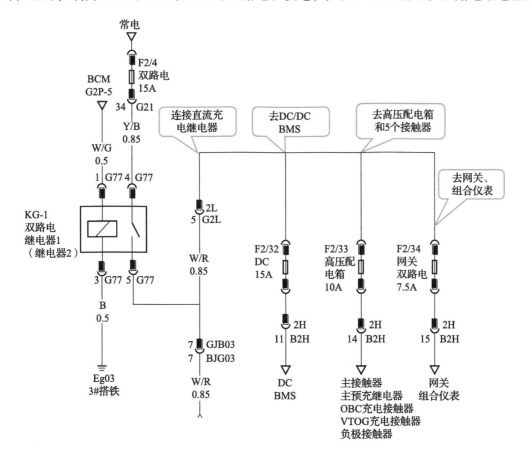

图 5-2-5　双路电继电器的电路图

控制线圈端分别是 G2P-5 到继电器插座 G77-1 端孔和 G77-3 端孔搭铁，主电路的输入端是 F2-4 熔丝到 G77-4 端孔，主电路的输出端是 G77-5 端孔到 F2-32、F2-33、F2-34 和 F4-2 等熔丝。通过对继电器线圈进行拉高供电而吸合。如果看到仪表有显示即可判定仪表 IG1 信号正常，BCM 已经送出双路电继电器控制信号 12V 到 G2p-5 至继电器的线圈端，同时也已成功控制 IG1 供电工作。

二、高压配电箱（盒）关键熔断器和接触器

1）北汽新能源汽车的高压配电箱（盒）的熔断器，如图 5-2-6 所示。

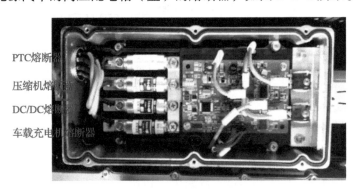

图 5-2-6　高压熔断器

2）比亚迪 E5 高压配电箱（盒）的接触器和预充接触器的电路连接，如图 5-2-7 所示。

通电检测比亚迪 E5 四合一上的接触器工作特性

图 5-2-7　比亚迪 E5 的高压接触器和预充接触器的电路连接

三、低压配电中有触点电路控制

新能源汽车的继电器由控制线圈端和主电路输出端组成，在电路安排及设计上主要考虑额定工作电压、吸合电压、释放电压、接触电阻、介质耐压以及绝缘电阻六个参数。继电器的工作原理简单，只要在控制线圈两端加电并流过一定的电流，衔铁就会在电磁力

（与线圈电流大小相关）吸引的作用下克服回位弹簧的拉力，从而带动继电器触点吸合。当线圈断电后，电磁的吸力也随之消失，回位弹簧的弹力会使触点分离。继电器常见故障有电气参数变化引起的继电器线圈通电电流不足，进而吸力不够，不能使触点闭合；另外是触点烧结导致正常吸力吸不动和继电器虽然吸合但触点闭合不住等故障。

目前，为了保证继电器控制的可靠性，比亚迪车系装备的继电器分为常规触点继电器和固态继电器。固态继电器用于比较精准的电路触发。这种固态继电器的工作电压一般为3~32V，电流在小于15mA甚至1mA就可以完成触发。

图5-2-8所示为起动系统有触点控制电路。当踩下制动踏板，按起动按钮的时候，上电信号就会传递给Keyless模块，Keyless模块检测钥匙信息，然后把信息传递给MICU，并吸合IG1、IG2、ACC继电器，三个继电器同时吸合，完成低压配电的电源输出。

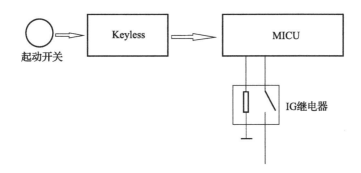

图 5-2-8　IG1、IG2、ACC 继电器的控制方法

四、低压配电中无触点电路控制

低压配电中无触点电路，最常见的应用是ECU控制晶体管和功率开关电路，如前述的电机控制器（MCU）控制IGBT的通断来实现直流变交流的功能。晶体管的种类很多，并且型号不同应用也不同。如图5-2-9所示，常见晶体管的外观上会画一个箭头表示发射极，箭头朝外的是NPN型晶体管，而箭头朝内的是PNP型。实际上箭头所指的方向表示电流的方向。NPN晶体管：① $V_b < V_e$，截止状态即开关关闭；② $V_b > V_e V_b > V_c$，饱和状态即开关导通；③ $V_c > V_b > V_e$，放大状态。

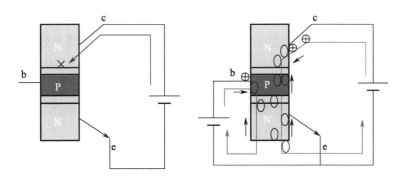

图 5-2-9　晶体管截止（左）和导通状态（右）

晶体管最大的作用在于它的开关作用，可以通过小电流控制大电流，适合 ECU 控制。为了方便理解：假设晶体管是拦水大坝，它有两个阀门，一个大阀门，一个小阀门。小阀门可以用人力打开，大阀门很重，人力打不开，只能通过小阀门的水力打开。所以，每当放水量较大时，就先打开小阀门，很小的水流会逐渐冲击大阀门的开关，直到大阀门打开。如果不停地改变小阀门开启的大小，那么大阀门也相应地不停改变。在这里，U_{be} 就是小水流，U_{ce} 就是大水流，人就是输入信号。

如果水流处于可调节的状态，这种情况就是晶体管中的线性放大区。如果小阀门开启的还不够，不能打开大阀门，这种情况就是晶体管中的截止区。如果小阀门开启的太大了，以至于大阀门里放出的水流已经到了它的极限流量，这种情况就是晶体管中的饱和区。

晶体管的损坏通常有短路、断路、阻值降低等多种情况。常见的损坏有两种：第一种是过载损坏。由于 PN 结承受大电流，长时间的热量积累使 PN 结烧毁，这就是过载断路损坏。另一种是过电压损坏。由于 PN 结承受过电压，瞬间击穿造成短路。这种情况下，晶体管一般不发热。一旦出现上述两种情形，都会造成 PN 结正向阻值变大，反向阻值降低，可以通过检测 PN 结的正反电阻值判断是否损坏。

任务实施

BMS 配电节点断路故障排除操作

故障现象：一辆 2019 款比亚迪 E5 轿车，踩下制动踏板打开起动开关后，仪表的"OK"灯不亮，SOC 显示 73%，系统提示"请检查动力系统、无法正常换档"，但是电动真空泵正常工作。这说明整车不能上高压电，动力系统存在问题，所以整车无法行驶。

故障诊断：接车后确认故障现象，由以上故障现象可以初步判断不是由整车控制器引起的高压不上电。首先检查辅助电池电压，为 12.8V，正常。检查相关低压线束接插情况，正常。车辆连接解码仪读取故障码，故障码是 P1A3400，显示"预充失败"。正常情况下，踩下制动踏板，打开起动开关，IG3 继电器吸合工作，供电给 BMS，唤醒 BMS，使其供电控制电池包内的负极接触器和预充继电器吸合工作，形成动力电池预充，预充成功后再控制预充继电器断开，正极接触器吸合工作，最后成功上电。

结合故障码，怀疑是 BMS 未能正常工作导致的无法上电，为了进一步确认，读取BMS 数据流，发现预充状态为未预充，主接触器、负极接触器和预充接触器均为断开状态。根据上述判断条件，怀疑线路存在故障。参照电池管理控制器部分电路图，先检查电池管理控制器负极接触器供电 BK45（A）/16 端子是否正常给电池包的 BK51/6 端子供电，经过测量发现 BK51/6 端子电压为 0，异常；同理再次测量预充接触器和正极接触器供电BK45（A）/7 是否正常给电池包 BK51/18 和 20 端子供电，结果电压也是 0，异常。根据测量结果判断是 IG3 继电器未能给电池管理控制器供电。关闭起动开关，拔下 BK45（B）线束插头，上电测量 BK45（B）/8 端子电压为 0，异常。初步判断 IG3 线路没有正常供电，检查上端 F1/18 熔丝，测量电阻结果为 ∞，异常。故障修复后正常上电。

当车辆无法上电，出现"预充失败"故障码和"未预充"的异常数据流时，应该先去判断负极和预充接触器以及其线路是否存在问题。在纯电动汽车上电时最先工作的是负极接触器和预充接触器，所以应先判断预充回路上的线路是否有问题。

知识拓展

比亚迪纯电动汽车低压配电的目标去向

全车的低压电路，按照其工作逻辑及电路去向，可以分为电源类、信号类、执行类三种大的电路：

1）电源类，经过熔丝后多由 BCM 控制。

2）信号类，主要是整车各 ECU 的接收信号，这些信号通常是低压的。

3）执行类，主要是接触器、继电器及相关动作元件的电路。

低压配电的目标分三类：

1）电网控制模块。汽车 ECU 或各功能的供电电路以及各功能的控制电路，通过线网部件及保护电路进行配电。

2）功能输出模块。汽车的功能输出（执行模块）通常功率较大，需要将供电电路和控制电路分离。控制方式分有触点的继电器控制和无触点的晶体管 /MOS 管控制；有些需要精准控制或具有复杂逻辑算法的，需要采用 ECU 或该功能的其他模块进行控制。因此，汽车的某功能输出模块出现了故障，需要分析汽车该功能的设计结构和原理，如果该功能由 ECU 直接控制，通常可用解码器进行检测判断，如果没有 ECU 控制就需要进一步分析是由继电器控制还是其他无触点电路控制的。

3）配电线网部件和保护模块，包括端子插接件、熔丝、继电器、二极管、晶体管、开关和电阻。

任务三 线路节点的检测

学习目标

1）能够理解高、低压供电电路的基本组成和走向。

2）能够知道高、低压供电电路导致的故障成因。

3）熟悉新能源汽车各个 ECU 接口和插接器端子的定义。

情境导入

一辆比亚迪秦 EV 汽车，当按下 POWER 按钮时，仪表黑屏，没有任何反应。现在车间主管要求汽修工小李，依据上述故障现象检查线路节点，对该车进行故障诊断与排除。

信息获取

一、故障排除关键检测（线路节点）

1. 低压线路节点

线路即电路，分高压线路和低压线路。汽车线路尽量都采用完整的导线来供电或传输信号，并按照电流大小、功能作用、就近原则和抗干扰等因素包扎成线束进行布置和走线，线路正常情况下不断线、不接线，其中搭铁线例外。

有些车型的低压线路中，部分正极接线也有少量不经插接器另外接线的情况（尤其是大众车系），但在电路图中都有标示。因此线束和其上的插接器就成了汽车检测的关键点，线束里面的线路虽然线径有粗细、线表颜色有区分，但是拆开线束后根据线径和线表颜色判断线路功能和内部电信号不够严谨、科学。因此检测插接器才是汽车故障排除检测线路的关键节点，尤其是有多条线路汇集的插接器和 ECU 的插接器。

2. 高压线路节点

新能源汽车通常有如下五段高压线束：

1）动力电池高压电缆：连接动力电池包到高压配电盒之间的线缆。

2）电机控制器电缆：连接高压配电盒到电机控制器之间的线缆。

3）快充线束：连接快充口到高压盒之间的线束。

4）慢充线束：连接慢充口到车载充电机之间的线束。

5）高压附件线束：连接高压盒到 DC/DC、车载充电机、空调压缩机、PTC 之间的线束。

二、比亚迪 E5 的电控箱和 BMS 线路节点

2017 款比亚迪 E5 的四合一高压电控箱、模块及插头引脚，在车上如图 5-3-1 所示。

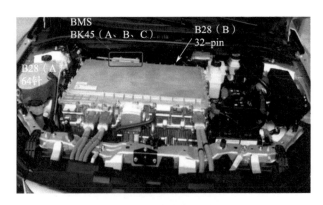

图 5-3-1　常见低压接线

比亚迪的引脚布局形式是，从插头的右侧开始，相同类型的引脚是一个区域，1 号到 8 号引脚是一个区域，细引脚的 9 号至 64 号引脚是一个区域。引脚均是从右向左（公插

头），一行接一行，从上往下数。

1. B28（A）插头

B28（A）插头（64PINS）的位置在比亚迪 E5 前舱四合一位置，主要包含制动、加速系统引脚。

B28（A）插头的 64 针引脚号码，如图 5-3-2 所示。

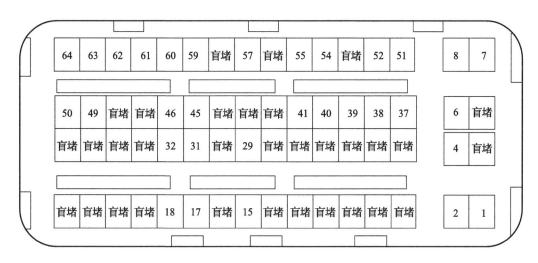

图 5-3-2 B28（A）插头的 64 针引脚

B28（A）插头的引脚大体可以分为电源及搭铁信号组、制动及加速踏板位置信号组、充电连接信号组见表 5-3-1。

（1）电源及搭铁信号组

具体而言，B28（A）插头的电源引脚 19、1、24 均为 12V 正极电源，6、7、8、10、11 均为搭铁。

（2）制动及加速踏板位置信号组

B28（A）插头的引脚 31、32、38、39、40、41，引脚 51 ~ 55 均为信号搭铁。

（3）充电连接信号组

B28（A）插头的引脚 12、13、16 分别为 BCM 充电连接信号、充电 CC1 信号、充电枪座温度信号。

表 5-3-1 B28（A）插头引脚解释

引脚号	端口名称	端口定义	线束接法	引脚号	端口名称	端口定义	线束接法
1	+12V0	外部提供 ON 档电源	双路电	4	+12V0	外部提供 ON 档电源	双路电
2	+12V1	外部提供常电电源	常电	6	GND	加速踏板深度屏蔽搭铁	车身搭铁

（续）

引脚号	端口名称	端口定义	线束接法	引脚号	端口名称	端口定义	线束接法
7	GND	外部电源搭铁	车身搭铁	39	+5V	加速踏板深度电源 2	加速踏板
8	GND	外部电源搭铁	车身搭铁	40	+5V	加速踏板深度电源 1	加速踏板
10	GND	巡航搭铁	空	41	+5V	制动踏板深度电源 2	制动踏板
11	GND	充电枪温度 1 搭铁	充电口	43	SWITCH-1	预留开关量输入 1	空
12	MES-BCM	BCM 充电连接信号	BCM	44	/	车内插座触发信号	空
13	NET-CC	充电控制信号 1	充电口	45	GND	旋变屏蔽搭铁	电机
14	CRUISE-IN	巡航信号	方向盘	47	NET-CP	充电确认信号	充电口
15	STATOR-T-IN	电机绕组温度	电机	49	CANH	动力网 CANH	动力网 CANH
16	CHAR-TEMP1	充电枪座温度信号 1	充电口	50	CANL	动力网 CANL	动力网 CANL
17	DC-BRAKE1	制动踏板深度 1	制动踏板	51	GND	制动踏板深度电源搭铁 1	制动踏板
18	DC-GAIN2	加速踏板深度 2	加速踏板	52	GND	加速踏板深度电源搭铁 2	加速踏板
19	MES-BMS-OUT	BMS 信号	BMS	54	GND	加速踏板深度电源搭铁 1	制动踏板
26	GND	动力网 CAN 信号屏蔽搭铁	充电口	55	GND	制动踏板深度电源搭铁 2	制动踏板
29	GND	电机模拟温度搭铁	电机	56	SWITCH-2	预留开关量输入 2	空
31	DC-BRAKE2	制动踏板深度 2	制动踏板	57	FEET-BRAKE	制动信号	制动踏板
32	DC-GAIN1	加速踏板深度 1	加速踏板	59	/EXCOUT	励磁 -	电机
33	DIG-YL1-OUT	预留开关量输出 1	空	60	EXCOUT	励磁 +	电机
34	DIG-YL2-OUT	预留开关量输出 2	空	61	COS+	余弦 +	电机
35	HAND-BRAKE	驻车制动信号	预留	62	COS-	余弦 -	电机
37	GND	制动踏板深度屏蔽搭铁		63	SIN+	正弦 +	电机
38	+5V	制动踏板深度电源 1	制动踏板	64	SIN-	正弦 -	电机

从表 5-3-1 可以大致看出，此处连接比亚迪 E5 的 VTOG 部分元件，实现模块通电、电机驱动控制、充电等功能。

2. B28（B）插头

B28（B）插头是 33 针低压插接件，有 33 个引脚，位于比亚迪 E5 前机舱四合一的后方，如图 5-3-3 所示。

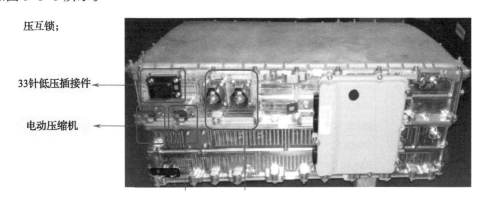

压互锁；

33针低压插接件 ←

电动压缩机 ←

图 5-3-3　比亚迪 E5 B28（B）插头位置

B28（B）插头的引脚号码和引脚定义，如图 5-3-4 所示。

引脚号	端口名称	端口定义	线束接法
4		VCC双路电电源	
5		VCC双路电电源	
8		GND双路电电源搭铁	
9		GND双路电电源搭铁	
10	屏蔽搭铁	GND	直流霍尔屏蔽搭铁
13	GND	CAN屏蔽搭铁	
14		CAN_H	动力网
15		CAN_L	动力网
16		直流霍尔电源+	BMS
17		直流霍尔电源-	BMS
18		直流霍尔信号	BMS
20		一般漏电信号	BMS
21		严重漏电信号	BMS
22	驱动/充电	高压互锁+	BMS
23		高压互锁-	
24		主接触器/预充接触器电源	
25		交直流充电正负极接触器电源	
29		主预充接触器控制信号	BMS
30		直流充电正极接触器控制信号	BMS
31		直流充电负极接触器控制信号	BMS
32		主接触器控制信号	BMS
33		交流充电接触器控制信号	BMS

引脚排布图：

1	4	5	6	7	8	9
	10	11	12	盲堵	14	15
盲堵	16	17	18	19	20	21
	22	23	24	25	盲堵	盲堵
3	盲堵	29	30	31	32	盲堵

图 5-3-4　B28（B）插头的引脚号码（母口端子）

从图 5-3-4 可以大致看出，此处连接比亚迪 E5 的 VTOG 另外一部分元件，实现模块通电、充放电检测及 CAN 通信控制、接触器控制等功能。

3. BK45-A 插接件

BK45-A 插接件控制电源、充电指示灯、高压互锁、霍尔电流信号、充放电接触器控制信号和漏电信号（主要控制高压配电箱内部接触器），如图 5-3-5 所示。

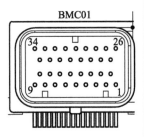

连接端子	端子描述	线色	条件	正常值
BMC01-1 — GND	高压互锁输出信号	W	ON档/OK档/充电	PWM脉冲信号
BMC01-2 — GND	一般漏电信号	L/W	一般漏电	小于1V
BMC01-6 — GND	整车低压搭铁	B	始终	小于1V
BMC01-9 — GND	主接触器拉低控制信号	Br	整车上高压电	小于1V
BMC01-10 — GND	严重漏电信号	Y/G	严重漏电	小于1V
BMC01-14 — GND	12V蓄电池正	G/R	ON档/OK档/充电	9～16V
BMC01-17 — GND	预充接触器拉低控制信号	W/L	预充过程中	小于1V
BMC01-26 — GND	直流霍尔信号	W/B	电源ON档	0-4.2V
BMC01-27 — GND	电流霍尔+15V	Y/B		9～16V
BMC01-28 — GND	直流霍尔屏蔽搭铁	Y/G		
BMC01-29 — GND	电流霍尔-15V	R/G	ON档/OK档/充电	-16～-9V
BMC01-30 — GND	整车低压搭铁	B	始终	小于1V
BMC01-31 — GND	仪表充电指示灯信号	G	充电时	
BMC01-33 — GND	直流充电正负极接触器拉低控制信号	Gr		小于1V
BMC01-34 — GND	交流充电接触器控制信号	G/W	始终	小于1V

图 5-3-5　BK45-A 插接件外观及引脚定义（公针端子）

4. BK45-B 插接件

BK45-B 插接件控制电源、漏电信号、高压互锁、交直流充电口信号、整车 CAN 和直流充电口 CAN（主要采集交流、直流充电口信息），如图 5-3-6 所示。

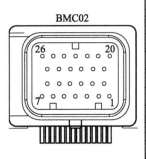

连接端子	端子描述	线色	条件	正常值
BMC02-1 — GND	DC12V电源正	R/B	电源ON档/充电	11-14V
BMC02-4 — GND	直流充电感应信号	Y/R	充电时	
BMC02-6 — GND	整车低压搭铁	B	始终	
BMC02-7 — GND	高压互锁输入信号	W	ON档/OK档/充电	PWM脉冲信号
BMC02-11 — GND	直流温度传感器高	G/Y	ON档/OK档/充电	2.5～3.5V
BMC02-13 — GND	直流温度传感器低	R/W		
BMC02-14 — GND	直流充电口CAN2H	P		
BMC02-15 — GND	整车CAN1H	P	ON档/OK档/充电	1.5～2.5V
BMC02-16 — GND	整车CAN屏蔽搭铁			
BMC02-18 — GND	VTOG/车载充电感应信号	L/B	充电时	小于1V
BMC02-20 — GND	直流充电口CAN2L	V	直流充电时	
BMC02-21 — GND	直流充电口CAN屏蔽搭铁		始终	小于1V
BMC02-22 — GND	整车CANH	V	ON档/OK档/充电	1.5～2.5V
BMC02-25 — GND	碰撞信号	Y/G	起动	约-15V

图 5-3-6　BK45-B 插接件外观及引脚定义（公针端子）

5. BK45-C 插接件

BK45-C 插接件连接采集器 CAN/ 电源和电池包内部接触器（主要采集动力电池 BIC 信息、控制动力电池内部接触器），如图 5-3-7 所示。

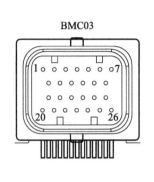

连接端子	端子描述	线色	条件	正常值
BMC03-1 — GND	采集CANL	V	ON档/OK档/充电	1.5~2.5V
BMC03-2 — GND	采集器CAN屏蔽搭铁		始终	小于1V
BMC03-3 — GND	1#分压接触器拉低控制信号	G/B		小于1V
BMC03-4 — GND	2#分压接触器拉低控制信号	Y/B		小于1V
BMC03-7 — GND	BIC供电电源正	R/L	ON档/OK档/充电	9~16V
BMC03-8 — GND	采集器CANH	P	ON档/OK档/充电	2.5~3.5V
BMC03-10 — GND	负极接触器拉低控制信号	L/B	接触器吸合时	小于1V
BMC03-11 — GND	正极接触器拉低控制信号	R/G	接触器吸合时	小于1V
BMC03-14 — GND	1#分压接触器12V电源	G/R	ON档/OK档/充电	9~16V
BMC03-15 — GND	2#分压接触器12V电源	L/R	ON档/OK档/充电	9~16V
BMC03-20 — GND	负极接触器12V电源	Y/W	ON档/OK档/充电	9~16V
BMC03-21 — GND	正极接触器12V电源	R/W	ON档/OK档/充电	9~16V
BMC03-26 — GND	采集器电源搭铁	R/Y	ON档/OK档/充电	

图 5-3-7　BK45-C 插接件外观及引脚定义（公针端子）

三、比亚迪秦 EV 的充配电箱和 BMS 线路节点

2020 款比亚迪秦 EV 采用 3+3（DC/DC、OBC、PDU 充配电三合一 + 电机、电机控制器、减速器电驱动三合一）结构，图 5-3-8 所示是充配电箱的外观（左）、内部结构（右）。

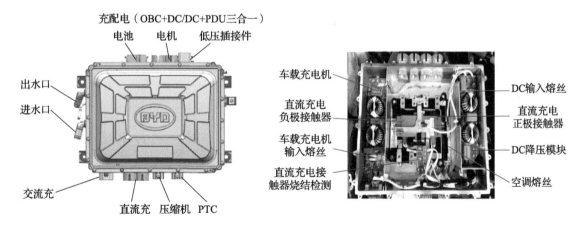

图 5-3-8　2020 款秦 EV 充配电模块的外观（左）、内部结构（右）

1）充电口总成。2020 款秦 EV 的交流充电口总成布置在车辆的右后侧、直流充电口总成布置在前格栅，充配电总成的位置和接口如图 5-3-9 所示。

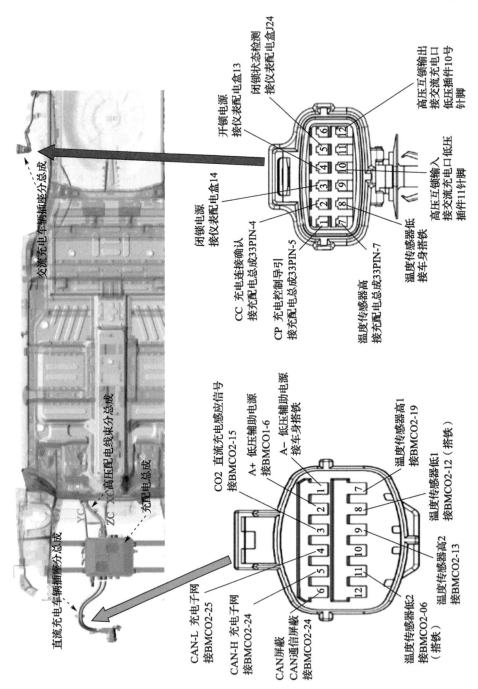

图 5-3-9 2020 款秦 EV 的交流充电口总成

2）充配电总成低压插接件定义，如图 5-3-10 所示。

充配电总成低压插接件
B74是一个33针插接件，其
上一共接有19根信号线

引脚号	端口名称	端口定义	线束接法
		充配电总成低压插接件定义	
1	OFF-12V-1	常电1	接12V常电
2	OFF-12V-1	常电2	接12V常电
3	GND	常电电源搭铁1	
4	CC	充电连接确认	接交流充电口-2
5	CP	充电控制导引	接交流充电口-1
6	CC-BMC	充电连接信号	接BMCO2-20
7	T-CDK	充电口温度检测	接交流充电口-7
8	SOURSE-JCQ	直流充电正极/直流充电负极接触器电源	接BMCO1-15
9	CONTROL-JCQ+	直流充电正极接触器控制信号	接BMCO1-33
10	CONTROL-JCQ-	直流充电负极接触器控制信号	接BMCO1-24
11	SJJC	直流充电接触器烧结检测信号	接BMCO2-7
12	DCHS-IN	直流高压互锁输入	接动力电池包-29
13	DCHS-OUT	直流高压互锁输出	接BMCO2-5
14	ACHS-IN	交流高压互锁输入	接BMCO2-10
15	ACHS-OUT	浆电高压互锁输出	接BMCO2-11
16	CAN-H	动力网CAN线	
17	CAN-L	动力网CAN线	
18	GND	直流充电接触器烧结检测信号地	
19	GND	常电电源搭铁2	
20~33	预留	—	—

引脚9 CONTROL-JCQ+ 直流充电
正极接触器控制信号 接BMCO1-33

引脚8 SOURSE-JCQ 直流充电
正极/直流充电负极接触器电源
接BMCO1-15

引脚7 T-CDK 充电口温度检测
接交流充电口-7

引脚14 DCJS-IN 高压互锁输出
接BMCO2-11

引脚6 CC-BMS 充电连接信号
接BMCO2-20

引脚15 DCHS-OUT 高压互锁
输入 接BMCO2-10

引脚5 CP充电控制导引
接交流充电口-1

引脚4 CC 充电连接确认 接
交流充电口2

引脚13 DCHS-OUT 直流
高压互锁输出 接BMCO2-05

引脚1 OFF-12V-1 常电1

引脚12 DCHS-IN 直流高
压互锁输入 接PTC控制器
互锁 接电池包D-29

引脚2 OFF-12V-2 常电2

引脚11 SUC 直流充电接
触器烧结信号 接BMCO2-7

引脚3 GND 常电电源地1

引脚10 CONTROL-JCQ- 直
流充电负极接触器控制信号
接BMCO1-24

引脚16 CAN-H 动力网CAN

引脚17 CAN-L 动力网CAN

引脚19 GND
常电电源搭铁

引脚18 GND 直流充电接触器烧结
检测信号

图 5-3-10 充配电总成低压插接件定义（上为母端头，下为公端头）

3）2020 秦 EV 电池管理器 BK45（A）是一个 34 针插头，其上共有 21 根线，如图 5-3-11 所示。

> **电池管理器A插引脚定义**
>
> 电池管理器BK45（A）插接件是一个34针插接件，其上一共接有21根信号线

引脚号	端口名称	线束接法	信号类型	引脚号	端口名称	线束接法	信号类型
1	电池子网CAN	接电池包33PIN-10	CAN信号	17	NC		
2	电池子网CAN屏蔽搭铁	接电池包33PIN-5	搭铁	18	电流霍尔传感器负极电源-15V	接电池包33PIN-25	电压
3	BMS通信转换模块电源+12V	接电池包33PIN-11	电压	19	电流霍尔传感器屏蔽搭铁	接电池包33PIN-23	搭铁
4	NC			20	NC		
5	NC			21	预充接触器控制信号	接电池包33PIN-28	电平信号
6	直流充电唤醒信号	接直流充电口12PIN-2	电平信号	22	主接触器控制信号	接电池包33PIN-19	电平信号
7	预充接触器电源+12V/主接触器电源+12V	接电池包33PIN-20	电压	23	NC		
		接电池包33PIN-18	电压	24	直流充电负极接触器控制信号	接充配电总成33PIN-10	电平信号
8	充电仪表指示灯信号	仪表	电平信号	25	NC		
9	分压接触器控制信号	接电池包33PIN-27	电平信号	26	直流霍尔信号	接电池包33PIN-22	模拟信号
10	电池子网CANL	接电池包33PIN-4	CAN信号	27	电流霍尔传感器正极电源+15V	接电池包33PIN-24	电压
11	通信转换模块电源GND	接电池包33PIN-16	搭铁	28	常电	整车低压线束	
12	NC			29	负极接触器控制信号	接电池包33PIN-13	电平信号
13	NC			30	NC		
14	NC			31	NC		
15	直流充电正、负极接触器电源+12V	接充配电总成33PIN-8	电压	32	NC		
				33	直流充电正极接触器控制信号	接充配电总成33PIN-9	电平信号
16	负极接触器电源+12V/分压接触器电源+12V	接电池包33PIN-6	电压	34	NC		
		接电池包33PIN-21	电压				

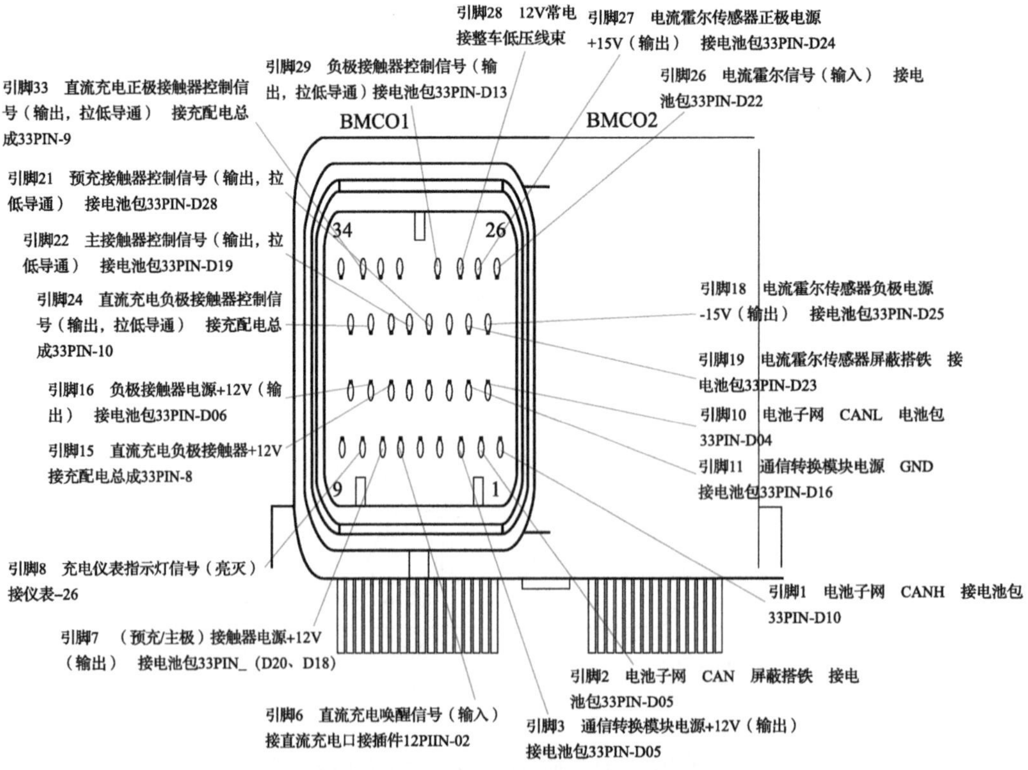

引脚28 12V常电 接整车低压线束

引脚27 电流霍尔传感器正极电源 +15V（输出） 接电池包33PIN-D24

引脚29 负极接触器控制信号（输出，拉低导通）接电池包33PIN-D13

引脚26 电流霍尔信号（输入） 接电池包33PIN-D22

引脚33 直流充电正极接触器控制信号（输出，拉低导通） 接充配电总成33PIN-9

引脚21 预充接触器控制信号（输出，拉低导通） 接电池包33PIN-D28

引脚22 主接触器控制信号（输出，拉低导通） 接电池包33PIN-D19

引脚24 直流充电负极接触器控制信号（输出，拉低导通） 接充配电总成33PIN-10

引脚16 负极接触器电源+12V（输出） 接电池包33PIN-D06

引脚15 直流充电负极接触器+12V 接充配电总成33PIN-8

BMCO1 BMCO2

34 26

9 1

引脚18 电流霍尔传感器负极电源-15V（输出） 接电池包33PIN-D25

引脚19 电流霍尔传感器屏蔽搭铁 接电池包33PIN-D23

引脚10 电池子网 CANL 电池包33PIN-D04

引脚11 通信转换模块电源 GND 接电池包33PIN-D16

引脚1 电池子网 CANH 接电池包33PIN-D10

引脚8 充电仪表指示灯信号（亮灭）接仪表-26

引脚2 电池子网 CAN 屏蔽搭铁 接电池包33PIN-D05

引脚7 （预充/主极）接触器电源+12V（输出） 接电池包33PIN_（D20、D18）

引脚6 直流充电唤醒信号（输入）接直流充电口接插件12PIIN-02

引脚3 通信转换模块电源+12V（输出）接电池包33PIN-D05

图 5-3-11　BK45（A）插接件外观及引脚定义（上为母端头，下为公端头）

4）2020秦EVBK45（B）是一个26针的插头，其上共有23根信号线，如图5-3-12所示。

电池管理器B插引脚定义

> 电池管理器BK45B插拉件是一个26针插接件，其上一共接有23根信号线。

引脚号	端口名称	线束接法	信号类型	引脚号	端口名称	线束接法	信号类型
1	12V常电	整车低压线束	电压	14	动力网CAN终端电阻并入2	BMCO2-09	CAN信号
2	车身搭铁	整车低压线束	搭铁	15	快充电信号	接直流充电口12PIN-3	模拟信号
3	碰撞信号	接碰撞ECU	PWM信号	16	动力网CANH	整车低压线束动力网	CAN信号
4	PWM输出1	接电池包33PIN-30	PWM信号	17	动力网CANL	整车低压线束动力网	CAN信号
5	PWM输入1	接充电总成EEPIN-13	PWM信号	18	NC		
6	直流充电口温度传感器GND2	接直流充电口12PIN-10	搭铁	19	直流充电口温度信号1	接直流充电口12PIN-7	模拟信号
7	直流充电接触器烧结检测信号	接充配电总成33PIN-11	电平信号	20	车载充电感应信号	接充配电总成33PIN-6	模拟信号
8	DC12V	整车低压线束	电压	21	车身搭铁	整车低压线束	搭铁
9	动力网CAN终端电阻并入1	BMC02-14	CAN信号	22	NC		
10	PWM输出2	接充配电总成33PIN-14	PWM信号	23	整车CAN屏蔽地	整车低压线束	搭铁
11	PWM输入2	接充配电总成33PIN-15	PWM信号	24	直流充电子CANH	接直流充电口12PIN-5	CAN信号
12	直流充电口温度传感器GND1	接直流充电口12PIN-8	搭铁	25	直流充电子CANL	接直流充电口12PIN-4	CAN信号
13	直流充电口温度信号2	接直流充电口12PIN-9	模拟信号	26	NC		

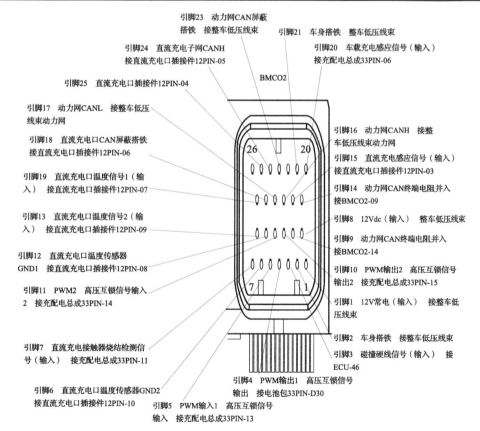

图5-3-12　BK45（B）插接件外观及引脚定义（上为母端头，下为公端头）

四、比亚迪秦 EV 电机控制器、整车控制器线路节点

1）2020 款秦 EV 的电机控制器电路连接如图 5-3-13 所示。

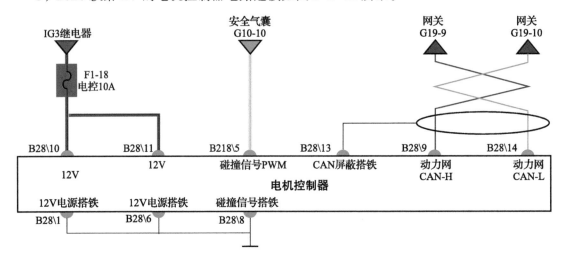

图 5-3-13　电机控制器电路连接图

2）2020 款秦 EV 的电机控制器 B28 接口和引脚定义如图 5-3-14 所示。

驱动电机控制器低压插接件B28是一个14针低压插接件，其上一共接有9根信号线

插接件引脚	端口名称	端口定义	备注
1	12V电源搭铁	DND-IN	
2	—		
3	CANH 2	预留CAN	预留CAN高
4	CANL 2	预留CAN	预留CAN低
5	碰撞信号	CRASH_IN	PWM
6	12V电源搭铁	DND-IN	
7	—		
8	碰撞信号搭铁	EARTH-1	
9	CAN高	CANH	动力网CAN高
10	12V电源正	+12V	
11	12V电源正	+12V	
12			
13	CAN屏蔽搭铁	EARTH	
14	CAN低	CANL	动力网CAN低

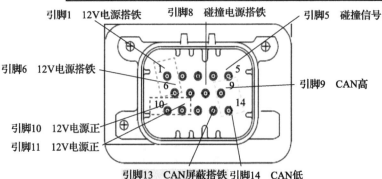

图 5-3-14　2020 款比亚迪秦的电机控制器接口端子（上为母端头，下为公端头）

3）2020 款秦 EV 的整车控制器接口是一个 64 针插接件，如图 5-3-15 所示。

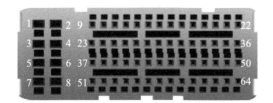

整车控制器低压插接件引脚定义

整车控制器低压插接件BK49是一个64针插接件，其上一共接有34根信号线

引脚号	端口名称	端口定义	引脚号	端口名称	端口定义
1	+12V0	1G3电源	38	EARTH	加速踏板深度2电源搭铁
3	+12V0	1G3电源	41	V-PUMP1-OUT	真空泵继电器1控制信号
5	GND0	外部输入12V电源搭铁	46	VP-Sensor	真空压力传感器信号
7	GND0	外部输入12V电源搭铁	47	EARTH	加速踏板深度屏蔽搭铁
9	+5V2	制动踏板深度电源2	48	DC_GAIN2	加速踏板深度2信号
10	+5V2	制动踏板深度电源1	49	DC_BRAKE2	制动踏板深度2信号
11	+5V2	真空压力传感器电源	50	DC_BRAKE1	制动踏板深度1信号
15	IN_FEET_BRAKE	制动开关信号	51	EARTH	制动踏板深度2电源搭铁
17	V-PUMP-TEST-IN	真空泵继电器检测信号（0或12V）	52	EARTH	制动踏板深度1电源搭铁
19	L-FAN-OUT	无级风扇信号控制/回检	53	EARTH	真空压力传感器搭铁
20	EARTH	动力网CAN屏蔽搭铁	55	V-PUMP2-OUT	真空泵继电器2控制信号
21	CANH	CAN_H动力网CAN信号高	58	EARTH	冷却液温度传感器信号搭铁
22	CANL	CAN_L动力网CAN信号低	59	MT-Watertemp-Sensor	冷却液温度传感器信号
23	+5V2	加速踏板深度电源1	60	CURISE_IN	模式开关信号
24	+5V2	加速踏板深度电源2	61	EARTH	模式开关信号搭铁
33	CRASH-IN	碰撞信号	62	DC_GAIN1	加速踏板深度1信号
37	EARTH	加速踏板深度1电源搭铁	63	EARTH	制动踏板深度屏蔽搭铁

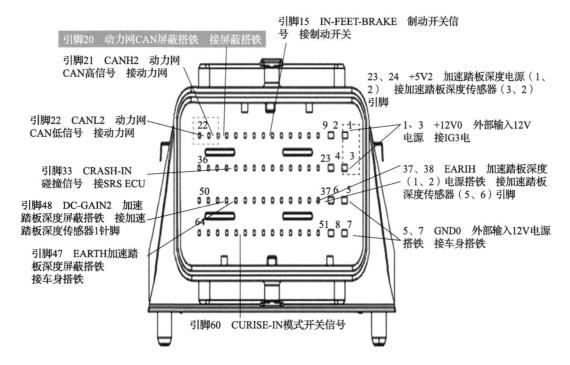

图 5-3-15 2020 款比亚迪秦的整车控制器接口端子（上为母端头，下为公端头）

五、比亚迪 E5 和秦 EV 的 BCM 与电池包低压接口的线路节点

1）比亚迪 2017 款 E5 的 BCM 共有 A、B、C、D、E、F、G、H、I、J、K、L、R、P、Q 共 15 个接口，分别连接到车内各个系统，尤其是 G2P-5 连接双路电继电器 KG-1（IG3）的线圈拉高控制端，该线路节点断路会影响高压上电。具体接口端子参看图 5-3-16。

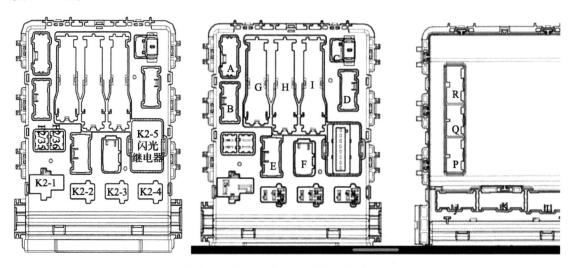

图 5-3-16　2017 款比亚迪 E5 BCM 接口端子

2）比亚迪 2020 款秦 EV 的 BCM 的接口（图 5-3-17）与 E5 存在较大差异，尤其要注意 B1C 连接到前舱配电盒的插头，如图 5-3-18 所示。该插头是前舱配电盒内众多 F1-X 系列熔丝的供电来源和双路电继电器 K1-7（IG3）的线圈拉高控制端。因此，该线路节点不但会影响高压上电，还会导致动力网上许多 ECU 无法工作。

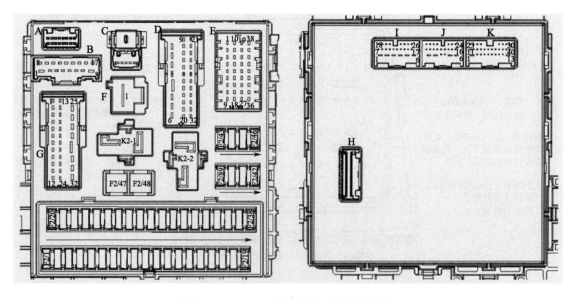

图 5-3-17　2020 款秦 EV BCM 接口端子

图 5-3-18 2020 款秦 EV 的 B1C 连接到前舱配电盒接口（需翻起配电盒）

3）比亚迪 2017 款 E5 动力电池包上的 KXK51 低压接口是一个 19 针插接件，各引脚定义如图 5-3-19 所示。

动力电池包采样线接口定义

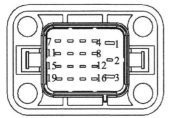

电池包信号插接件接口定义		
引脚号	端口名称	端口定义
D-1	NC	NC
D-2	NC	NC
D-3	NC	NC
D-4	采集器电源正	采集器电源正
D-5	负极接触器电源	负极接触器电源
D-6	分压接触器电源1	分压接触器电源1
D-7	分压接触器电源2	分压接触器电源2
D-8	正极接触器电源	正极接触器电源
D-9	高压互锁信号输入	高压互锁信号输入
D-10	采集器CAN屏蔽搭铁	采集器CAN屏蔽搭铁
D-11	NC	NC
D-12	采集器CANL	采集器CANL
D-13	采集器CANH	采集器CANH
D-14	高压互锁信号输出	高压互锁信号输出
D-15	采集器电源搭铁	采集器电源搭铁
D-16	负极接触器控制	负极接触器控制
D-17	分压接触器控制1	分压接触器控制1
D-18	分压接触器控制2	分压接触器控制2
D-19	正极接触器控制	正极接触器控制

图 5-3-19 E5 动力电池包的接口

4）2020 款秦 EV 动力电池包上的低压接口是一个 33 针插接件，各引脚定义如图 5-3-20 所示。

BK51 插接件是动力电池与电池管理器的连接纽带，其主要功能是控制动力电池里面的各个接触器的工作，此外，还接收动力电池内部下位机汇集的各个电池单体的信号。图 5-3-21 所示为 2020 款秦 EV 的动力电池与电池管理器电路图，电池包内的接触器有 3个，充配电模块中的接触器为交流充电接触器和直流充电正、负极接触器。

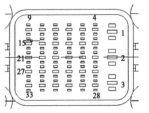 

动力电池包低压插接件引脚定义

动力电池包低压插接件BK51是一个33针插接件，其上一共接有19根信号

引脚号	端口定义	线束接法	信号类型	引脚号	端口定义	线束接法	信号类型
1	NC			18	正极接触器电源+12V	BMC01-07	电压
2	NC			19	正极接触器控制信号	BMC01-22	电平信号
3	NC			20	预充接触器电源+12V	BMC01-07	电压
4	电池子网CANL	BMC01-10	CAN信号	21	分压接触器电源+12V	BMC01-16	电压
5	电池子网CAN屏蔽搭铁	BMC01-12	搭铁	22	电流霍尔信号	BMC01-26	模拟信号
6	负极接触器电源+12V	BMC01-16	电压	23	电流霍尔屏蔽搭铁	BMC01-19	搭铁
7	NC			24	电流霍尔正极电源+15V	BMC01-27	电压
8	NC			25	电流霍尔负极电源-15V	BMC01-18	电压
9	NC			26	NC	NC	
10	电池子网CANH	BMC01-01	CAN信号	27	分压接触器控制信号	BMC01-09	电平信号
11	通信转换模块电源+12V	BMC01-03	电压	28	预充接触器控制信号	BMC01-21	电平信号
12	NC	NC		29	高压互锁输出	接充配电总成33PIN-12	PWM信号
13	负极接触器控制信号	BMC01-29	电平信号	30	高压互锁输入	BMC02-04	PWM信号
14	NC			31	NC		
15	NC			32	NC		
16	通信转换模块GND	BMC01-11	搭铁	33	NC		
17	NC						

图 5-3-20　秦 EV 动力电池包的 33 针接口

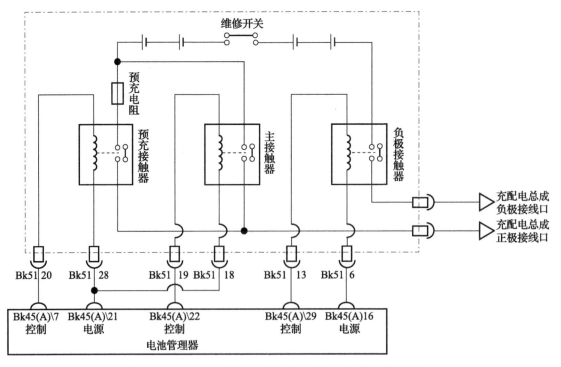

图 5-3-21　2020 款秦 EV 的动力电池与电池管理器的连接

任务实施

接触器线路节点的故障排除操作

1）首先进入乘员舱，按下一键起动按键，观察仪表显示，确认无法上 OK 电，同时仪表显示"请检查动力系统"，如图 5-3-22 所示。踩下制动踏板，起动按钮可以变成绿色，按动起动按钮，车辆无法上到 OK 档电。

2）使用 VDS1000 扫描动力系统，未见影响上 OK 电的故障码，查看 BMS 数据流，未见限制充放电。

3）使用 VDS1000 查看车辆从 ON 档上 OK 档瞬间，预充接触器的状态变化情况，一直为断开状态。

4）试验车辆可正常充电，确认负极接触器及动力电池系统正常。

5）检查双路电、预充接触器的 ON 档供电线路，正常。

6）检查正极接触器的供电及控制线路，发现主接触器控制引脚 BMC01-9 脱出，如图 5-3-23 所示。

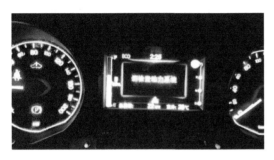
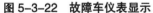

图 5-3-22　故障车仪表显示

图 5-3-23　主接触器拉低控制线断开

7）将 BMS 的 BMC01-9 引脚（Br 线）恢复原状，把脱出的引脚重新插入固定。

8）重新上电，试车故障排除。

任务四　网络节点的检测

学习目标

1）熟练掌握诊断口和网关的检测方法。

2）熟练掌握车载网络节点的检测技巧。

3）能够对新能源汽车车载网络故障进行诊断与排除。

情境导入

一辆 2017 款比亚迪 E5 汽车由于网络故障不能上 OK 电。现在车间主管要求汽修工小李，对该车的 CAN 网络进行故障诊断与排除。汽修工小李能完成这项任务吗?

信息获取

一、车载网络检测节点 1: OBD 诊断座

当仪表显示整车故障时正确的诊断检修前提是车辆必须能够与故障诊断仪通信，如果故障诊断仪无法连接车辆，按以下顺序排查。

1)使用万用表，如图 5-4-1 所示，检查车辆的电源电压或者 OBD 诊断口的 16 号与 4 号引脚的电压是否大于 11V，其次检查整车控制器 (VCU) 和网关的供电是否正常，包括 ON 档电、常电等;同时，还要检查低压电气盒中 VCU 和网关的各个供电熔丝是否正常。

2)比亚迪新能源汽车的 OBD 诊断口(图 5-4-1)的检测方法如下:

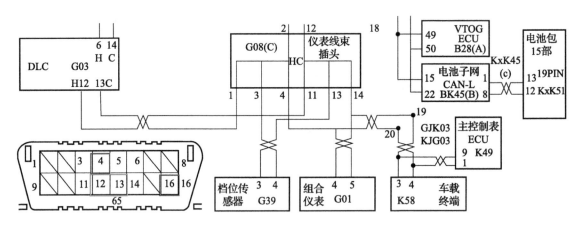

图 5-4-1　比亚迪的诊断座(DLC)和 CAN 网络

①车辆 ON 档，检测 DLC 的 4 号 (GND) 与 16 号 (+B) 的电压，并检测蓄电池是否大于 11V。诊断方法如图 5-4-2 所示。

②检测 DLC 的 12 号 (CAN-H) 与 4 号的电压是否大于 1V 或 0。如果电压是 0，有可能是断路，也有可能是对地短路，需要进一步操作判断。

③检测 DLC 的 13 号 (CAN-L) 与 4 号的电压是否大于 1V 或 0。如果电压是 0，有可能是断路，也有可能是对地短路，需要进一步操作判断。

④断开电池负极，测量 DLC 的 12 号与 13 号引脚的电阻是否为 60Ω、120Ω 或 ∞，进一步操作如图 5-4-2 所示。

⑤断开电池负极，测量 DLC 的 12 号与 4 号的电阻是否为 ∞，来判断是否对 GND 短路。

⑥断开电池负极，测量 DLC 的 13 号与 4 号的电阻是否为 ∞，来判断是否对 GND 短路。

1. 车辆ON档，在诊断座上检测DLC的4号（GND）与16号（+B）的电压，并检测蓄电池电压是否大于11V？
· 小于11V，整车ECU不能正常工作

2. 在诊断座上检测DLC的12号（CAN-H）与4号的电压是否大于1V
· 0V可能是CAN-H断路，也可能是短路，需进一步测量

3. 在诊断座上检测DLC的13号（CAN-L）与4号的电压是否大于1V
· 0V可能是CAN-L断路，也可能是短路，需进一步测量

4. 车辆OFF档或者取下蓄电池负极，测量DLC的12号与13号引脚的电阻是否为60Ω、120Ω或∞？
· 如果为120Ω，判断为主总线（有终端电阻）断路，如果为∞，判断为DLC接主总线前断路；如果为60Ω，不排除主总线外的支线网断路导致缺个别ECU

5. 车辆OFF档或者取下蓄电池负极，测量DLC的12（CAN-H）、13号与4号的电阻是否为∞？
· 如果不是∞，即判为该CAN线对GND短路，需要拆除短接器分段测量短路点

6. 车辆OFF档或者取下蓄电池负极，测量DLC的12、13号与16号的电阻是否为∞？
· 同上分析对+B短路

图 5-4-2　诊断座排除网络故障的方法

⑦断开电池负极，测量 DLC 的 12 号与 16 号的电阻是否为 ∞，来判断是否对 +B 短路。

⑧断开电池负极，测量 DLC 的 13 号与 16 号的电阻是否为 ∞，来判断是否对 +B 短路。

⑨ CAN 网络是否发生断路，只需测量上述线路 CAN-H 与 CAN-L 的电阻即可。

3）北汽新能源汽车，使用万用表，检查其 OBD 诊断口与 VCU 的 CAN 总线线束连接是否牢固、正常。检查 OBD 诊断口上的动力 CAN（图 5-4-3 所示 OBD 接口的 1 号、9 号引脚）分别对 4 号引脚的电压是否接近 2.5V。

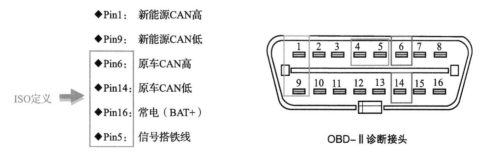

OBD接口线束定义：

◆Pin1：　新能源CAN高

◆Pin9：　新能源CAN低

◆Pin6：　原车CAN高

◆Pin14：　原车CAN低

ISO定义 ➡

◆Pin16：　常电（BAT+）

◆Pin5：　信号搭铁线

OBD-Ⅱ诊断接头

图 5-4-3　北汽新能源汽车的 OBD 接口

4）在确认 OBD 诊断口完好，动力 CAN（比亚迪新能源汽车的 12 号、13 号引脚）线路不存在短路、断路和诊断仪功能正常（蓝牙接口互联）的情况下，更换控制器。

5）排查结束，故障诊断仪可以顺利与整车控制器建立 CAN 总线通信连接。

6）进入诊断界面，按照流程进行其他故障的定位、排查、维修，最后清除故障码，试车，将车辆交还用户。

二、车载网络检测节点 2：网关控制器

1.网关的安装位置

网关的安装位置通常在右前杂物箱后面，如图 5-4-4 所示。由于车载总线中存在几个网络，这些网络之间需要进行通信，网关正是一个维系这些网络联系的中间体。用火车站转运旅客的过程来说明网关的工作原理最为合适。在某个车站，站台 1 到达一列动车组（驱动 CAN 总线，数据传输速率为 500kbit/s），车上有数百名旅客（数据），在站台 2 已经有一列普快列车（车身 BCM 信息 CAN 总线，数据传输速率为 100kbit/s）在等待，有一些旅客就要换到这列普快列车上，有一些乘客则要换乘到特快列车继续旅行，当然，也有很多旅客从这一列火车上下来到候车厅去等待相应的车次，这相当于网关信息的缓冲作用。车站的这种换乘功能与驱动 CAN 总线和舒适 CAN 总线两种网络系统的信息传递类似，因此，网关的主要任务是使两个数据传输速率不同的系统之间能正常进行信息交换。

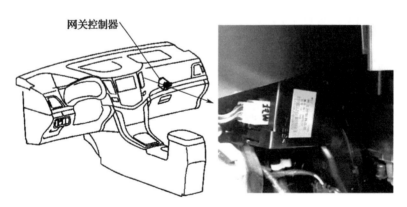

网关控制器

图 5-4-4　网关安装位置

2.网关的主要功能

①网关把局域网上的数据转变成可以识别的 ACKII 码，比如 OBD Ⅱ诊断数据，方便诊断。

②协调低速率信息与高速率信息在汽车网络系统中的数据信息共享。

③负责接收和转发信息。

④激活某个控制单元或者某局域网的工作。

⑤实现对整车网络系统内部数据的同步。

⑥翻译。网关会连接不同类型的总线系统和协议，如 CAN、LIN、MOST 总线协议，保证这些协议的数据能正常交换，同时还保证不同速率的数据总线通过网关得以协同工作。

⑦网关还提供过滤和安全功能，我们在 OBD 接口读取不到任何数据，特斯拉汽车可读到一个 VIN（用于上牌），其余信息被网关数据过滤功能过滤掉了。

3. 网关接口和端子测量

以比亚迪新能源汽车的网关为例，网关工作的电源有常电、ON 档电、双路电三个电源，正常情况下供电保障没有问题。其激活方式有 ON 档电、双路电以及网络信号三种方式。判断网关工作是否正常可以通过如下的端子电压检测方式进行，如图 5-4-5 所示。

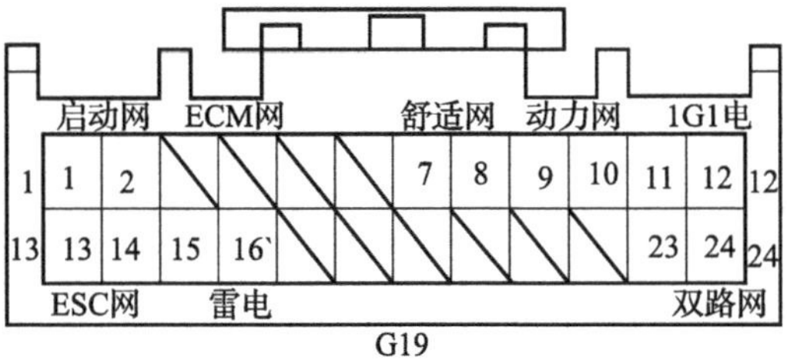

端子号	端子描述	条件	正常值
G19-1 — 车身搭铁	启动网 CAN-H	始终	2.5~3.5V
G19-2 — 车身搭铁	启动网 CAN-L	始终	1.5~2.5V
G19-7 — 车身搭铁	舒适网 CAN-H	始终	2.5~3.5V
G19-8 — 车身搭铁	舒适网 CAN-L	始终	1.5~2.5V
G19-9 — 车身搭铁	动力网 CAN-H	始终	2.5~3.5V
G19-10 — 车身搭铁	动力网 CAN-L	始终	1.5~2.5V
G19-11 — 车身搭铁	搭铁	始终	小于 1V
G19-12 — 车身搭铁	ON 档电	ON 档电	11~14V
G19-13 — 车身搭铁	ESC CAN-H	始终	2.5~3.5V
G19-14 — 车身搭铁	ESC CAN-L	始终	1.5~2.5V
G19-15 — 车身搭铁	搭铁	始终	小于 1V
G19-16 — 车身搭铁	常电	始终	11~14V
G19-23 — 车身搭铁	充电感应线		
G19-24 — 车身搭铁	双路电	始终	11~14V

图 5-4-5 网关接口和端子作用

4. 网关工作状态判断

网关是否工作对整车影响非常大，可以通过连接解码器初步判断，也可以通过对网关端子进行测量判断。另外还可以应用图 5-4-6 所示的网络拓扑原理，通过开关车门看仪表是否激活相应车门图示来判断，其工作原理是组合仪表模块属于动力网，组合仪表的激活方式可以为 ON 档电激活，也可以被网络信号激活。当不按起动开关直接拉开驾驶员侧车门，在网关正常工作的情况下，车门模块（属于舒适网）的网络信号就会通过网关传给组合仪表，组合仪表上有车门被拉开的图标。

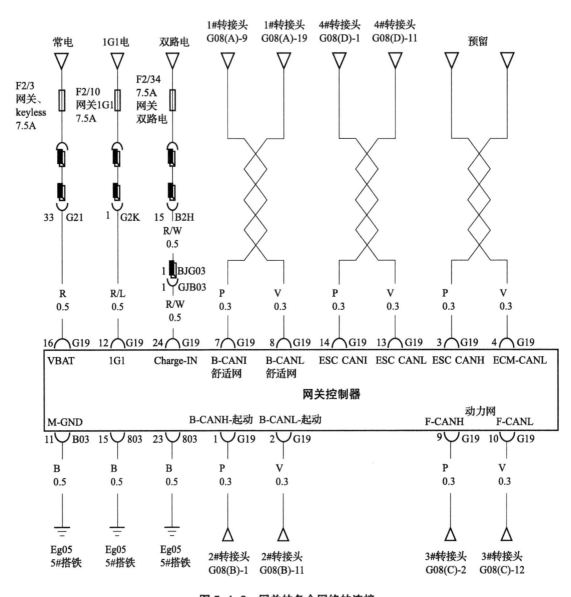

图 5-4-6　网关的各个网络的连接

三、车载网络检测节点 3：CAN 短接器

现代汽车随着电子设备使用的增多，通过 CAN 总线通信的控制器多的超过了 100 个。CAN 网络虽然被分成了各个子网，如动力网，舒适网等，但是每个子网都有 3 个以上的模块的 CAN 线串联在一起，一旦出现了短路故障，串联在网络上的所有控制器将不能通信。维修的时候由于相互关联，无法判断发生短路的位置。因此在各个子网都安装了 CAN 短接器（或者叫 CAN 分离插头），如图 5-4-7 所示。此短接器类似于神经中枢，拔下短接器后，各个模块的 CAN 网络就相互分离断开了。当然，此时在 CAN 短接器处检测 CAN 故障就不再有互相干涉的问题。

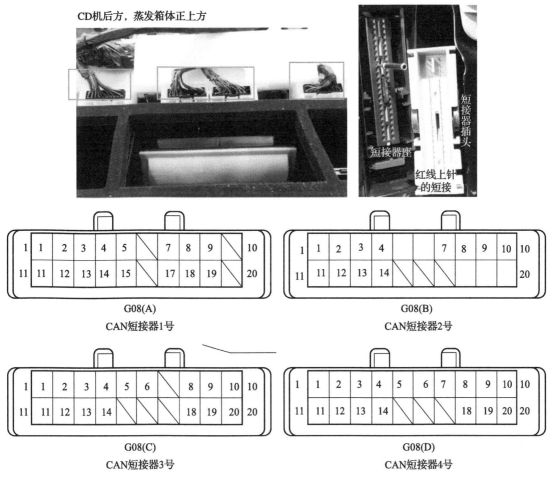

图 5-4-7　CAN 短接器

四、网络故障产生的原因与排除方法

1. 网络故障产生的原因

CAN 总线系统中拥有一个 CAN 控制器、一个信息收发器、两个数据传输终端及两条数据传输总线，除了数据总线外，其他各元件都置于各控制单元的内部。CAN 总线系统产生故障的原因一般有以下三种。

1）汽车电源系统引起的故障。汽车电控模块的工作电压一般在 10.5~15.0V，如果汽车电源系统提供的工作电压不正常，就会使得某些电控模块出现短暂的不正常工作，这会引起整个汽车 CAN 总线系统出现通信不畅。

2）汽车 CAN 总线系统的线路故障。当出现通信线路的短路、断路或线路物理性质变化引起通信信号衰减或失真，都会导致多个电控单元工作不正常，使 CAN 总线系统无法工作。

3）汽车 CAN 总线系统的节点故障。节点是汽车 CAN 总线系统中的电控模块，因此节点故障就是电控模块的故障。它包括软件故障，即传输协议或软件程序有缺陷或冲突，从而使汽车 CAN 总线系统通信出现混乱或无法工作,这种故障一般会成批出现;硬件故障,一般是电控模块芯片或集成电路故障,造成汽车 CAN 总线系统无法正常工作。

2. 网络故障的排故方法

网络故障点排除通常有以下几种方法,如图 5-4-8 所示。

（1）终端电阻值测量

注意:在电阻测量过程中应先断开车辆蓄电池的负极接线,大约等待 5min,直到系统中所有的电容器放完电后再测量,因为控制单元内部电路的电阻是变化的。

终端电阻测量结果分析:带有终端电阻的两个控制单元是并联的。单独测量一个终端电阻大约为 120Ω,总阻值约为 60Ω 时,据此可以判断终端电阻正常。但是总的电阻不一定就是 60Ω,其阻值依赖于总线的结构,如 SG2、SG3 内部的电阻。因此,可以在测量总阻值时,将一个带有终端电阻的控制单元插头拔下,观察总阻值是否发生变化来判断故

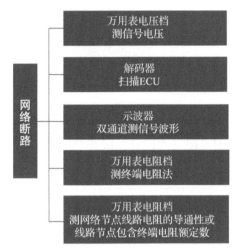

图 5-4-8   网络故障点排除方法

障。当拔下一个带有终端电阻的控制单元插头后测量的阻值没有发生变化,则说明系统中存在问题,可能是被拔下的控制单元电阻损坏或是 CAN 出现断路。

（2）电压的测量

测量 CAN-L 或 CAN-H 的对搭铁电压,如图 5-4-9 所示。

图 5-4-9   CAN 电压测量

1）高速 CAN 的 CAN-L 对搭铁电压大约为 2.4V,CAN-H 对搭铁电压大约为 2.6V。

2）低速 CAN 的 CAN-L 对搭铁电压大约为 4.8V,CAN-H 对搭铁电压大约为 0.2V。

（3）CAN 总线系统的波形测量

CAN 总线正常波形是 CAN-H 和 CAN-L 电压相等、波形相同、极性相反，通过使用博世 FSA740 综合检测仪测量波形可以轻松判断故障。

测量方法：将仪器第一通道的红色测量端子接 CAN-H 线，第二通道的红色测量端子接 CAN-L 线，二者的黑色测量端子同时搭铁。此时，可以在同一界面下同时显示 CAN-H 和 CAN-L 的同步波形。

（4）波形分析

1）低速 CAN 的 CAN-H 对搭铁短路：CAN-H 的电压为 0V，CAN-L 的电压电位正常，在此故障下，变为单线工作状态。

2）低速 CAN 的 CAN-H 对正极短路：CAN-H 的电压大约为 12V，CAN-L 的电压电位正常，在此故障下，变为单线工作状态。

3）低速 CAN 的 CAN-L 对搭铁短路：CAN-L 的电压置于 0V，CAN-H 的电压电位正常，在此故障下，变为单线工作状态。

4）低速 CAN 的 CAN-L 对正极短路：CAN-L 的电压大约为 12V，CAN-H 的电压电位正常，在此故障下，变为单线工作状态。

5）高速 CAN 的 CAN-H 对正极通过连接电阻短路：CAN-H 线的隐性电压电位拉向正极方向，正常值应为大约 0V，受连接电阻影响，电阻越小隐性电压电位越大，在没有连接电阻的情况下，该电压应为蓄电池电压。

6）高速 CAN 的 CAN-H 通过连接电阻对搭铁短路：CAN-H 的显性电位移向搭铁方向，正常值应为大约 4V，受连接电阻影响，电阻越小则显性电压越小，在没有连接电阻的情况下短路，则该电压为 0V。

7）高速 CAN 的 CAN-L 对正极通过连接电阻短路：CAN-L 线的隐性电压电位拉向正极方向，正常值应大约为 5V，受连接电阻影响，电阻越小则隐性电压电位越大，在没有连接电阻的情况下，该电压应为蓄电池电压。

8）高速 CAN 的 CAN-L 通过连接电阻对搭铁短路：CAN-L 的隐性电压电位拉向 0V 方向，正常值应大约为 5V，受连接电阻影响，电阻越小则隐性电压越小，在没有连接电阻的情况下，该电压值应为 0V。

9）CAN-H 与 CAN-L 互短：两线波形电压相等、波形相同、极性相同。

五、CAN 网络故障诊断与排除技术

1. 网络故障诊断技术

新能源汽车中的 CAN 总线故障可从两个方面考虑，即通信应用层和物理层。应用层的问题依靠软件的抓包或仿真，而物理层则更依赖硬件的测试和模拟。在物理层，CAN 总线故障的诱因集中在以下几个方面：干扰问题、网络拓扑问题、总线容抗阻抗控制、节点设计规范及一致性等，如图 5-4-10 所示。

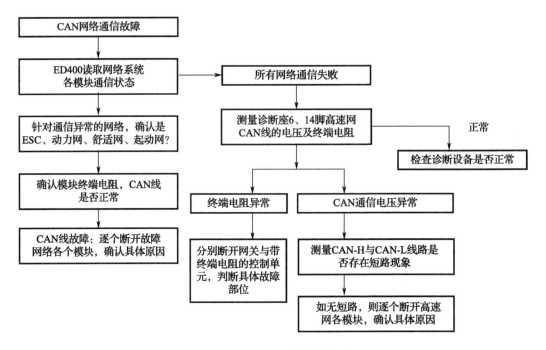

图 5-4-10　CAN 总线系统故障诊断流程

2.读数据流

1）低压铅酸电池欠电压。可查看电池电压、是否 DC/DC 正在充电等，根据此判断低压铅酸电池是否馈电、DC/DC 是否正常。

2）加速踏板开度。可查看当前加速踏板的开度，判断加速踏板信号是否正常。

3）电机系统状态：查看电机初始化、预充电状态、电机转矩、电机本体温度、电机控制器温度、电机转速等。根据这些参数判断电机是否正常。

4）电池系统状态：可查看电池总电压、电池当前放电电流、电池电量（SOC）、单体电池最低电压、单体电池最高电压、单体电池最高温度、单体电池最低温度、电池继电器闭合与断开状态等。依据这些参数判断电池是否正常。

5）整车信息：可查看档位状态、加速踏板电压值、低速和高速冷却风扇开启与闭合状态。依据这些参数判断档位、加速踏板、高速风扇、低速风扇是否正常。

3.读冻结帧

故障冻结帧的作用：当车辆确认有故障的瞬间，由整车控制器存储车辆在"这个瞬间"的整车状态信息，比如车辆发生故障时车辆的车速是多少？高压多少？档位状态？驾驶员踩加速踏板开度以及制动状态等信息，这将有助于分析故障时的状态和故障原因，也能为检修提供重要依据。

目前整车控制器可记录存储 15 个变量的冻结帧：车速、辅助电池电压、转矩、电机转速、高压电压、锂电池电流、档位状态、加速踏板开度、制动状态、电机本体温度、电机控制器温度、SOC、车辆工况、电池状态、电机状态。

4. 比亚迪 E5 网络故障排除技术

1）获取网络拓扑图 5-4-11 并分析。

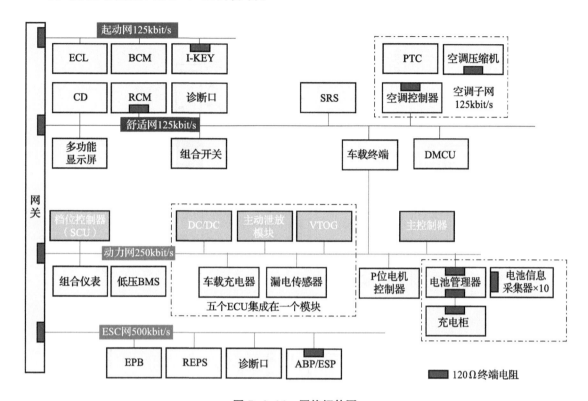

图 5-4-11 网络拓扑图

2）获取并绘制网络节点电路，如图 5-4-12 所示。

3）根据控制逻辑编制故障排除流程：

①车辆 ON 档，检测 DLC（OBD 诊断口）的 4 号端子与 16 号端子的电压是否大于 11V，否则充电后测试。检测 12 号、13 号端子与 4 号端子间的电压是否接近 2V，如果电压小于 2V，判断线路有短路或者虚接故障。

②车辆 OFF 档或者断开蓄电池负极，测量 DLC 上 12 号与 13 号端子间的电阻（正常为 60Ω），12 号/13 号端子与 4 号端子的电阻（正常为 ∞），12 号/13 号端子与 16 号端子间的电阻（正常为 ∞）。

③拆下 VTOG 插接器，检测其上 CAN-H 与 CAN-L 间的终端电阻是否为 2 个（网关与 BMS）并联的终端电阻，如果为 60Ω，即可判断 VTOG 插接器上的 CAN-H 与 CAN-L 未发生断路故障。如果为 120Ω，可拆卸 BMS 插接器，看电阻是否变为 ∞，如果是，判定是 VTOG 到网关处 CAN 线发生断路，否则为 VTOG 到 BMS 的 CAN 线断路，随后分别测量上述线路 CAN-H、CAN-L 的导通性即可。

④拆下 BMS 插接器，检测其上 CAN-H 与 CAN-L 间的终端电阻是否为网关的终端电阻值 120Ω，即可判断 BMS 插接器上的 CAN-H 与 CAN-L 未发生断路故障。

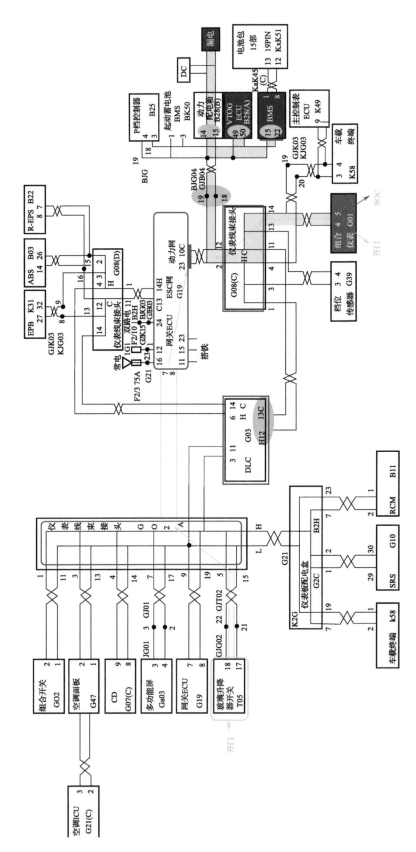

图 5-4-12 2017 款比亚迪 E5 的网络节点电路图

⑤拆下电控箱的插接器 B28（b），检测其上 CAN-H 与 CAN-L 间的终端电阻是否为 2 个并联的终端电阻（60Ω），即可判断电控箱插接器上的 CAN-H 与 CAN-L 是否发生断路故障。如果为 120Ω，可拆卸 BMS 插接器，看电阻是否变为 ∞，如果是，判定是电控箱到网关处 CAN 线发生断路，否则为电控箱到 BMS 的 CAN 线断路，随后分别测量上述线路 CAN-H、CAN-L 的导通性即可。

⑥拆下网关插接器 G19，检测 9 号与 10 号端子的电阻是否为 BMS 的终端电阻值 120Ω，即可判断网关插接器上的 CAN-H 与 CAN-L 是否发生断路故障。

任务实施

BMS 网络通信断路故障排除操作

故障点： 网络故障 BK45（B）15 号 的诊断与排除过程

作业项目	作业内容	备注
起动，关键功能故障	上 OK 电故障	
故障现象确认	① 开门 操作： 仪表显示正常 现象	※ 确认故障症状并记录症状现象
	② 踩制动踏板按 POWER 键 操作：由 绿灯变为橙灯 现象	
	③ 上电 操作： SOC 电量无显示 现象	
	④ 上电 操作：上不了 OK 电，请检查动力系统现象	
故障现象分析	由现象①推理可知：诊断座到网关的网络没有问题，起动网正常 由现象②推理可知：BCM 识别了 POWER 按钮按下，但由于防盗等未工作或工作不能发送上电信号或者发送上电 CAN 信号请求后未收到动力网回应 由现象③推理可知：没有电供到 BMS 或者是动力网网络故障 由现象＿＿＿＿＿ 推理可知：＿＿＿＿＿ 由现象＿＿＿＿＿ 推理可知：＿＿＿＿＿	◆ 可能故障范围：供电 BMS 线路故障、动力网网络故障 ◆ 最有可能的是：动力网网络故障
增加条件 1：模块通信状态	扫描不到动力网模块、BMS 模块	
增加条件 2：报故障码	无	

（续）

作业项目	作业内容				备注
增加条件 3： 读相关数据流	项目	数值	单位	判断	※ 如果无相关数据则无需填写
	无				
增加条件 4： 诊断座检测	项目	数值	单位	判断	
	2—16	12.6	V	正常	
	12—13	60	Ω	正常	
增加条件 5： 网络故障检测	项目	数值	单位	判断	
	BK45（B）15 号和 22 号电阻	无穷大		异常	
	BK45（B）15 和 B28（B）14 号电阻	无穷大		异常	
清除故障码并再次读取模块通信状态	检查故障码是否再次出现，并填写结果 □ 无 DTC □ 有 DTC				
确定故障范围 （模块电路）					模块电路图 2

（续）

作业项目	作业内容		备注
部件/电路测试	**部件/线路范围**	**检查或测试后的判断结果**	
		□ 正常　□ 异常	
		□ 正常　□ 异常	
		□ 正常　□ 异常	
		□ 正常　□ 异常	
		□ 正常　□ 异常	
		□ 正常　□ 异常	
		□ 正常　□ 异常	
	※ 注明测试条件、插件代码和编号、控制单元引脚代号以及测量结果		

故障部位确认和排除	故障类型	确认的故障位置	排除处理说明
	线路故障	BK45（b）15 号断路	□ 更换 □ 维修 □ 调整
	元件故障		□ 更换 □ 维修 □ 调整

知识拓展

比亚迪秦的网络故障排除方法

1. 获取网络拓扑图并分析

如图 5-4-13 所示，比亚迪 E5 的 CAN 总线网络主要包括 7 个网络。

1）动力网包含的控制模块有电机控制器（MCU）、换档机构、组合仪表、整车控制器（VCU）、充配电总成（DC/DC 变换器）、车载充电机（OBC）、诊断座（DLC）、4G 模块、车身控制器（BCM）。传输速率为 250kbit/s，其终端电阻（120Ω）分别在网关和电池管理器模块中。

2）ESC 网包含的控制模块有电子驻车制动（EPB）、防抱死制动系统（ABS）、齿轮式转向助力（R-EPB）、方向盘转角传感器、诊断座（DLC）、4G 模块。传输速率为 500kbit/s，其终端电阻分别在网关和 ABS 模块中。

3）舒适网包含的控制模块有组合开关、空调面板、多媒体、安全气囊（SRS）、发动机声音模拟器、多功能屏、玻璃升降开关、倒车雷达、外部胎压监测、空调控制器、诊断座（DLC）、4G 模块、车身控制器（BCM）。传输速率为 125kbit/s，其终端电阻分别在网关和 BCM 中。

4）电池子网包含的控制模块有电池管理器、11 个电池信息采集器。传输速率为 125kbit/s，其终端电阻分别在电池管理器和 11 个采集器模块中。

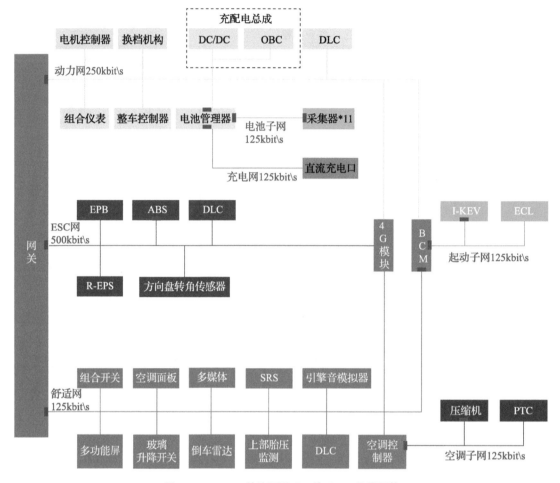

图 5-4-13　19 款比亚迪 E5 的 CAN 总线网络

5）充电网包含的控制模块有电池管理器、直流充电口。传输速率为 125kbit/s，其终端电阻在电池管理器模块中。

6）起动子网包含的控制模块有车身控制器（BCM）、智能钥匙（I-KEY）、转向轴锁（ECL）。传输速率为 125kbit/s，其终端电阻分别在 BCM 和 I-KEY 中。

7）空调子网包含的控制模块有空调控制器、压缩机、空调加热模块（PTC）。传输速率为 125kbit/s，其终端电阻分别在网关和压缩机模块中。

2. 故障诊断

秦新能源车的上电与车载网络相关的有两个阶段（图 5-4-14）：①防盗阶段（BCM ⟷ Keyless 起动子网 + 钥匙）；② BMS +VCU +MCU +CPD 供电工作和网络互通阶段。如果不能高压上电需要判断是否由网络故障引起。其方法是连接解码器看是否能进入起动网模块如 BCM 和 Keyless 模块。

1）如果进不去，检测 DLC（OBD 诊断口）的 4 号端子与 16 号端子的电压是否大于 11V，否则充电后测试。随后在通电情况下测量 BCM（要求断开 Keyless 模块）的 2 号、

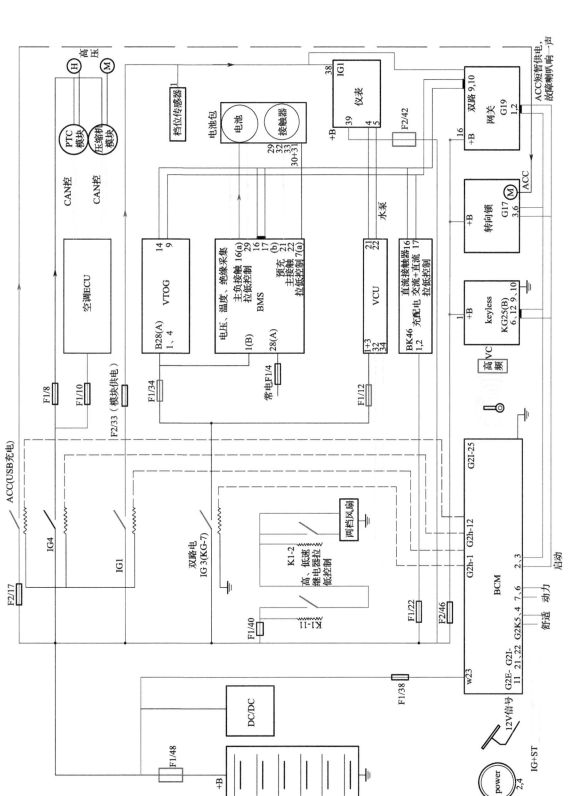

图 5-4-14 秦 EV 的上电相关电路图

3 号端子对搭铁的电压是否接近 2V，通电情况下检测 Keyless 模块（要求断开 BCM）的 6 号、12 号端子对搭铁的电压是否接近 2V，否则说明模块损坏需要更换后复查。

2）断开蓄电池负极后检测 BCM 的 2 号、3 号端子与 Keyless 模块的 6 号、12 号端子间的电阻，小于 1Ω，同时上述起动网 CAN 线间没有互短，也没有对搭铁和正极短路。如此可保证起动网工作正常。

3）车辆 ON 档，钥匙在车内可检测的范围内，进一步检测 12 号、13 号端子与 4 号端子间的电压是否接近 2V，如果电压小于 2V，判断线路有短路或者虚接故障。

4）车辆 OFF 档或者断开蓄电池负极，测量 DLC 上 12 号与 13 号端子间的电阻（正常为 60Ω），12 号 /13 号与 4 号端子的电阻（正常为 ∞），12 号 /13 号与 16 号端子间的电阻（正常为 ∞）。

5）拆下电机控制器插接器，检测其上 CAN-H 与 CAN-L 间的终端电阻是否为 2 个（网关与 BMS）并联的终端电阻，如果为 60Ω 即可判断电机控制器插接器上的 CAN-H 与 CAN-L 未发生断路故障。如果为 120Ω，可拆卸 BMS 插接器，看电阻是否变为 ∞，如果是，判定是电机控制器到网关处 CAN 线发生断路，否则为电机控制器到 BMS 的 CAN 线断路，随后分别测量上述线路 CAN-H、CAN-L 的导通性即可。

6）拆下 BMS 插接器，检测其上 CAN-H 与 CAN-L 间的终端电阻是否为网关的终端电阻值 120Ω，即可判断 BMS 插接器上的 CAN-H 与 CAN-L 未发生断路故障。

7）拆下充配电总成的插接器，检测其上 CAN-H 与 CAN-L 间的终端电阻是否为 2 个并联的终端电阻（60Ω），即可判断充配电总成插接器上的 CAN-H 与 CAN-L 是否发生断路故障。如果为 120Ω，可拆卸 BMS 插接器，看电阻是否变为 ∞，如果是，判定是充配电总成到网关处 CAN 线发生断路，否则为充配电总成到 BMS 的 CAN 线断路，随后分别测量上述线路 CAN-H、CAN-L 的导通性即可。

8）拆下网关插接器 G19 检测 9 号与 10 号端子的电阻是否为 BMS 的终端电阻值 120Ω，即可判断网关插接器上的 CAN-H 与 CAN-L 是否发生断路故障。

参考文献

[1] 刘存山. 新能源汽车构造认知与应用 [M]. 成都：电子科技大学出版社，2019.

[2] 王强. 新能源汽车维护与故障诊断 [M]. 北京：机械工业出版社，2020.

[3] 吴荣辉. 新能源汽车结构原理与检修 [M]. 北京：机械工业出版社，2022.

[4] 李楷. 纯电动汽车整车控制系统的检测与维修 [M]. 成都：电子科技大学出版社，2019.

[5] 包科杰. 新能源汽车维护与故障诊断 [M]. 北京：人民交通出版社，2017.

[6] 刘福华. 新能源汽车结构原理与检修 [M]. 北京：机械工业出版社，2019.

[7] 姜丽娟. 新能源汽车故障诊断 [M]. 北京：机械工业出版社，2018.

[8] 吴立新. 新能源汽车维护与故障诊断 [M]. 北京：机械工业出版社，2018.

[9] 何泽刚. 纯电动汽车常见故障诊断与排除 [M]. 北京：机械工业出版社，2018.

"十四五"广东省职业教育规划教材

高等职业教育**新能源汽车类专业**创新教材

新能源汽车
故障诊断技术
工作页

刘存山　李　楷　吉世岳◎主编

冯　津◎主审

班级＿＿＿＿＿＿

姓名＿＿＿＿＿＿

机械工业出版社

CHINA MACHINE PRESS

目 录

Contents

任务 1
做好安全防护与使用专用设备

一、任务描述

学生姓名		班级		学号	
实训教室		学时		日期	

任务描述	在维修新能源车辆的生产工作中，为了保障工作人员的人身安全，安全有效地完成工作任务，必须使用相应的安全工具和设备。由于新能源汽车技术先进、结构复杂，出现故障时，必须通过读取故障码、查看数据流、主动测试等方法对其进行检修。
任务要求	**知识要求：** • 熟悉新能源车辆故障诊断流程。 • 掌握新能源诊断设备的使用规范。 **技能要求：** • 能熟练完成个人和车辆的高压防护以及使用专用检测工具和设备。 • 能按照标准流程进行高压安全作业，完成电池包、快充口等高压部件的检测。 **素养要求：** • 严格执行汽车高压上下电操作规范，养成严谨科学的工作态度。 • 在进行高压相关操作前，必须穿戴好劳保用品，检查工具以及校对仪器，拉好警戒线，并放置高压警示牌。 • 尊重他人劳动，不窃取他人成果，养成团结协作精神，总结经验。 • 严格执行 5S 现场管理。

二、应知应会

1.看图填写

图 1-1（　　　）

图 1-2（　　　）

图 1-3（　　　）

图 1-4（　　　）

图 1-5 (　　　)　　　　　图 1-6 (　　　)　　　　　图 1-7 (　　　)　　　　　图 1-8 (　　　)

2. 选择题

1）常规 OBD-Ⅱ解码器不能够与（　　　）进行通信。

　　A. 网关　　　　　　　B.BMS　　　　　　　C.VTOG　　　　　　　D. 驱动电机

2）高压电缆应该是（　　　）。

　　A. 黑色　　　　　　　B. 橘红色　　　　　　C. 蓝色　　　　　　　D. 棕色

3）为便于测量，使用（　　　）仪表测量，可直接带电测量而不必停电拆线。

　　A. 绝缘测试仪　　　B. 万用表　　　　　C. 示波器　　　　　　D. 钳形电流表

4）以下关于绝缘手套描述正确的是（　　　）。

　　A. 防电、防水　　　B. 防化、防油　　　C. 耐酸碱　　　　　D. 以上都对

5）在维护电动汽车（　　　）中不需要戴绝缘手套。

　　A. 空调压缩机　　　B.PTC 加热器　　　C. 压缩机控制器　　D. 真空泵

6）在维修车辆高压部件时，除了对维修区域进行隔离，还应放置（　　　）。

　　A. 雪糕筒　　　　　B. 防水标识　　　　C. 防滑警示　　　　D. 禁止进入警示

三、实训任务

1. 绝缘手套外观密封性检查

警告： 在进行高压相关操作前，维修人员必须穿戴好劳保用品（安全头盔、护目镜），戴好绝缘手套，穿好高压绝缘鞋，检查绝缘拆装工具以及校对使用万用表、钳流表、绝缘测试仪和解码器等。拉好警戒线，并放置高压警示牌。

1）检查绝缘手套外观有无明显磨损痕迹。

　　□有划痕，在哪里　　□无划痕

2）检查绝缘手套密封性。

　　① 卷起手套边缘。

　　② 折叠开口，并封住手套开口。

　　③ 向手套内吹气，确认有无空气泄漏。

　　④ 用同样的方法检查第二只手套。

　　⑤ 确认密封良好后，佩戴绝缘手套。

　　□有漏气，在哪里　　□无漏气

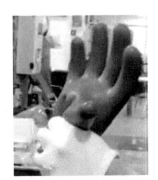

图 1-9　卷起手套边缘

2. 用绝缘测试仪测量绝缘手套电阻

在进行绝缘测试时，请勿用手去触摸表笔的金属部分，以免发生触电危险。

绝缘测试仪使用完毕，应将开关关闭，如果长期不使用，还应将测试仪内部的电池取出，以避免电池腐蚀测试仪内部其他部件。

1）将黑表笔插入 COM 端子。

2）将绝缘测试笔插入电压绝缘测试输入端子。

3）选用耐压等级为 1000V 的绝缘手套作为测试对象。

4）将档位旋至 500V 电压档。

5）测试绝缘手套绝缘性。

6）将两表笔与绝缘手套接触。

 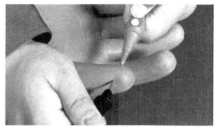

图 1-10　选择测试档位　　　　图 1-11　将两表笔与绝缘手套接触

7）按下测试按钮。

8）等待仪表读数稳定后，读取仪表有效的绝缘电阻值_____ MΩ。

9）关闭绝缘测试仪。

10）断开绝缘测试笔。

3. 防护车辆并填写铭牌信息

1）车辆停放平稳，填写车辆信息，记录车辆识别代码为_____。

图 1-12　车辆铭牌位置

车辆识别代码中国别代码_____，年份代码_____，续驶里程_____。

2）记录车辆型号、电机型号、电池容量、工作电压（在前排乘客 B 柱位置下方）。填写以下参数：

图 1-13 读取前排乘客 B 柱位置下方和电机控制器上的铭牌信息

动力电池总电压_____V，动力电池容量_____A·h，电机额定功率_____kW。

3）整车防护及安全

① 打开驾驶员侧车门，检查并确认车内是否铺设四件套。

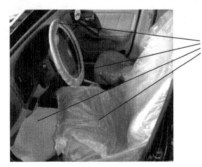

四件套包括：_____、_____、_____以及_____。

图 1-14 车内防护

② 打开前舱盖，安装车外防护：安装_____、_____、_____等。

图 1-15 车外防护

③ 安装车轮并放置_____牌。

④ 用万用表测量蓄电池电压值：_____V，标准电压值为 11~14V。如果电压值低于 10V，在进行下一步诊断之前请充电或更换蓄电池。如果电压接近

0V，请按驾驶员侧车门的_____。

读数为12.8V

按下微动开关开始唤醒

图 1-16　测量辅助电池电压和按压车门把手上的微动开关

4. 测量驱动电机三相线束的电流

1）认识驱动电机的 W 线束、V 线束、U 线束。

2）打开钳流表，旋至 600A 档位，选择交流电流测试模式。

3）将驱动电机 W 线束垂直夹入钳流表的钳形口中央。

4）起动车辆，变速杆置于 D 位，读取电机 W 线束的电流数据_____A。

5）选择最大电流锁定模式。

6）变速杆置于 D 位，踩下加速踏板，读取电机 W 线束通过最大电流值
　　_____A。

W 线束的电流

电流在 37.4A 到 4A 之间变化

图 1-17　读取电机 W 线束电流数据　　图 1-18　读取电机 W 线束通过最大电流值

7）采用同样的方法测量 U 线束的起动电流值_____A，加速最大电流值_____A。

8）采用同样的方法测量 V 线束的起动电流值_____A，加速最大电流值_____A。

5. 测量动力电池母线正电流

1）将钳流表打到直流电流测试模式，上
　OK 电时，电池包母线正极的电流
　是_____ A，变速杆置于 D 位时的
　电流_____ A，急加速行驶时的电流
　_____ A。

图 1-19　交 / 直流测试模式切换至直流档

2）将数字钳流表打到直流电流测试模式。上 OK 电时，电池包母线负极的电流＿＿＿＿ A，变速杆置于 D 位时的电流＿＿＿＿ A，急加速行驶时的电流＿＿＿＿ A。

6. 断开高压插接器的安全操作

开始工作前必须固定住车辆以防溜车（挂入＿＿＿＿位并拉紧）。车辆下电后必须等待 5min，拔下可能连接的充电设备，车辆应处于休眠状态。

1）按下 POWER 按钮下电至仪表熄灭，随后断开低压蓄电池的负极，并且做绝缘处理。

图 1-20　蓄电池负极绝缘处理

2）拔下紧急维修开关：维修开关正常状态时，手柄处于□横/□竖位置；需要拔出时，应先将手柄旋转至（□横/□竖）状态，再向上拔出。

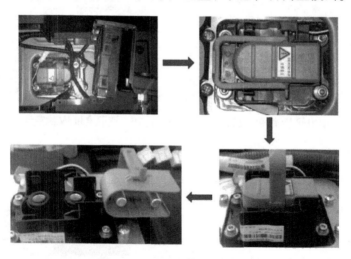

图 1-21　维修开关的拆卸方法

3）断开安全维修开关，并保存好开关。

4）用放电仪放电或等待 5～10min，待高压电容器放电后再继续操作。

5）检测动力电池维修开关正负接头电压值，应低于＿＿＿＿ V。

6）检测维修开关的高压绝缘电阻，必须大于_____ MΩ。

7. 检测电池包的高压插接器

1）检修高压系统前应使用万用表（注意档位的选择）测量整车高压回路，确保无高压电。

图 1-22　断开动力电池包高压母线操作

2）用绝缘测试仪测量电池包母线正极插头对插头外壳的绝缘电阻_____ MΩ，对电池包搭铁点的绝缘电阻_____ MΩ。

3）用绝缘测试仪测量电池包母线负极插头对插头外壳的绝缘电阻_____ MΩ，对电池包搭铁点的绝缘电阻_____ MΩ。

四、效果评价

😊 对各自完成的任务和小组代表展示的情况进行小组评价：

1. 训练任务的关键技能及基本技能有没有掌握？
   评价情况：
2. 训练任务的目标有没有实现？效果如何？
   评价情况：
   参评人员：
3. 100 分的任务，您给他（她）多少分：

老师签名：

日期：　　年　　月　　日

任务 2
认知新能源汽车、读取故障码和数据流

一、任务描述

学生姓名		班级		学号	
实训教室		学时		日期	
任务描述	高职毕业的汽修工小李刚入职，小李在校期间都是使用 KT600 解码仪，但就业后，车间内普遍使用比亚迪 VDS2000 解码仪等专用解码仪。面对新的仪器仪表，小李克服困难，查阅资料，请教师傅，对新能源汽车和解码器进行了深刻的学习和认知。				
任务要求	**知识要求：** • 认知新能源汽车的仪表指示灯和警告标识以及整车各个系统模块。 • 掌握新能源汽车各个模块的分布和功能作用。 **技能要求：** • 会独立完成新能源汽车的上下电操作。 • 会读取新能源汽车的故障码、数据流。 **素养要求：** • 严格执行汽车高压上下电操作规范，养成严谨科学的工作态度。 • 在进行高压相关操作前，必须穿戴好劳保用品，检查工具以及校对仪器，拉好警戒线，并放置高压警示牌。 • 尊重他人劳动，不窃取他人成果，养成团结协作精神，总结经验。 • 严格执行 5S 现场管理。				

二、应知应会

1）下列哪一项不是纯电动汽车的优点（　　　）。

    A. 技术简单成熟   B. 能源供应方便

    C. 相对传统汽车节能环保   D. 电池价格低廉，使用寿命长

2）电动汽车控制能量供给的是（　　　）。

    A. 电机控制器   B. 电池管理器   C. 充电系统   D. 网关

3）下列选项中，比亚迪 VTOG 属于（　　　）。

    A. DC/DC   B. DC/AC

    C. AC/AC   D. DC/AC 和 AC/DC

4）某电池充满电后放出电量 60A·h，已知其额定容量为 100A·h，则此刻该电池的 SOC 是（　　　）。

    A. 40%   B. 80%   C. 60%   D. 25%

5）动力电池漏电检测判定不漏电的标准：等于或高于（　　　）被认为不漏电。

A. 100Ω/V　　　　B. 50Ω/V　　　　C. 500Ω/V　　　　D. 10Ω/V

三、实训任务

1. 认知新能源汽车组合仪表和指示灯

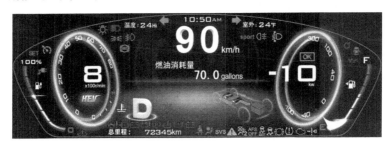

图 2-1　2020 款秦 EV 极光澜海主题的组合仪表

1）**OK** 指示灯：起动车辆时，OK 灯亮表示（　　　　　），挂档后可行车；在行车中，有故障时，OK 灯熄灭，表示车辆必须进行检修。

2）充电连接指示灯：充电时此灯（　　　　　）。

3）动力电池切断指示灯：当动力电池断开时，此灯（　　　　　）。

4）动力电池过热指示灯：当动力电池温度过高时，此灯（　　　　　）。

5）动力电池故障警告灯：当（　　　　　）发生故障时，此灯点亮。

2. 比亚迪新能源汽车的上电操作

1）打开系统开关。

2）携带智能钥匙。

智能钥匙
高频为434MHz

钥匙读卡器位置（杯架内部）

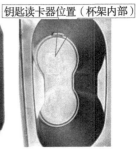

图 2-2　比亚迪 E5 和秦 EV 的智能钥匙

3）比亚迪实车 E5 上电操作流程

①____________________

②____________________

③____________________

3. 检测比亚迪新能源汽车的诊断座

1.车辆ON档，在诊断座上检测DLC的4号(GND)与16号（+B）的电压进行校对，并检测蓄电池电压是否大于11V?

·小于11V，整车ECU不能正常工作

2.在诊断座上检测DLC的12号（CAN-H）与4号的电压是否大于1V

·0V可能是CAN-H断路或短路。需进一步测量

3.在诊断座上检测DLC的13号（CAN-L）与4号的电压是否大于1V

·0V可能是CAN-L断路或短路。需进一步测量。

4.车辆OFF档或者取下蓄电池负极，测量DLC的12号与13号端子的电阻是否为60Ω或120Ω或∞?

·如果为120Ω判断为主总线（有终端电阻）断路
如果为∞判断为DLC接主总线前断路
如果为60Ω不排除主总线外的支线网断路导致缺个别ECU

5.车辆OFF档或者取下蓄电池负极，测量DLC的12（CAN-H）、13号与4号的电阻是否为∞?

·如果不是∞，即判为该CAN线对GND短路，需要拆除短接器分段测量短路点

6.车辆OFF档或者取下蓄电池负极，测量DLC的12、13号与16号的电阻是否为∞?

·同上分析对+B短路

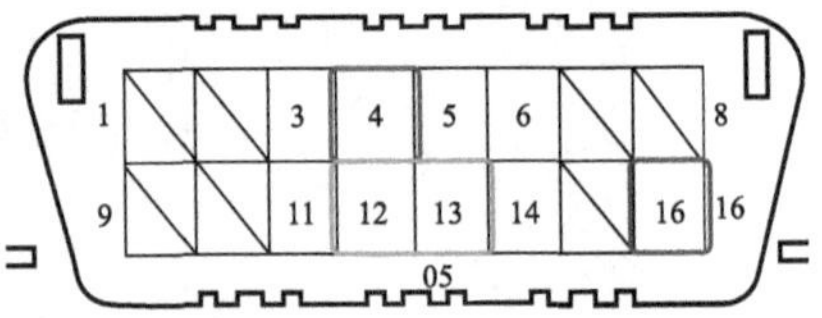
1
3
4
5
6
8
9
11
12
13
14
16
16
05

4. 连接和使用解码器

（1）VDS 或道通解码器与车辆的连接

解码器的连接：使用______ 线连接或者______ 方式连接。对接好插接件，插入整车______ 针的诊断插口，进入相应的系统。

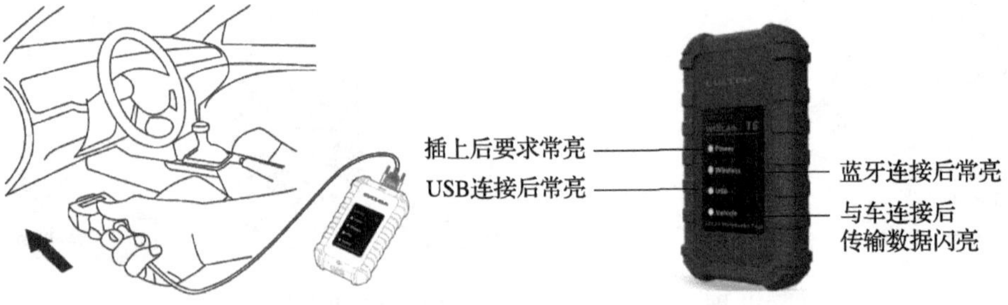
插上后要求常亮
USB连接后常亮
蓝牙连接后常亮
与车连接后
传输数据闪亮

图 2-3 连接解码器到车辆诊断座和适配器的指示灯作用

（2）VDS 或道通的使用及功能

1）使用整车系统扫描功能，正常车辆可以扫描到＿＿＿＿个模块，道通解码器显示的动力电池管理系统模块的全称为＿＿＿＿；VTOG 的含义是＿＿＿＿。

2）故障码的读取功能，记录读取的故障码：＿＿＿＿，故障码含义＿＿＿＿，（□是□否）可以清除。

3）数据流的读取功能，读取电池管理系统的数据流；SOC＿＿＿＿和放电电流＿＿＿＿A。

4）动作测试功能，动作测试门窗上下功能的工作情况。

5）模块编程功能。

5. 解码器扫描检测比亚迪 E5

请在你操作的车辆上记录以下数据	
	**功能操作：** 要求：进入图片显示界面，扫描读取各模块和故障码 动力模块故障码： 底盘模块故障码： 车身模块故障码： 防盗模块故障码： 网关模块故障码：
	**功能操作：** 要求：进入图片显示界面，分别进入各控制单元查看相关数据流。 动力电池母线电压： IGBT 最高温度： OBC 充放电请求： 双路电继电器状态： DC/DC 高、低压侧电压：
	**功能操作：** 要求：完成以下动作测试。 1. 打开和降下车窗玻璃。 2. 后视镜调整。 3. 电池冷却内循环控制、BMS 工作模式切换。
	**对比上 OK 电前后扫描的模块** 1. 数量对比： 2. 增加的模块：

6. 举升并动态检测比亚迪 E5

举升起车辆至前轮离地并安全锁好举升机，按照如下步骤操作，动态检查加速踏板的响应和车轮运行状态。

图 2-4　动态测试

仪表电量_____，数据流显示加速踏板开度_____。
数据流显示放电电流_____，数据流显示车速_____。

7. 认知新能源汽车的高压部件

以动力电池为节点，新能源汽车的高压配电分为放电和充电两部分，简称为_____，其中核心部分是放电部分，由动力电池、熔断器、接触器、高压负载和超级电容组成。

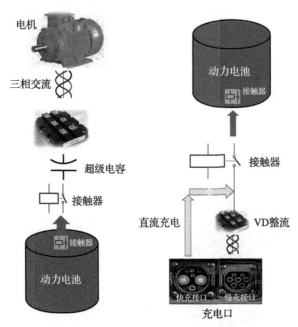

图 2-5　动力电池的放电（左）与充电（右）

1）高压放电路线（负载）有四条，分别是 VTOG、DC/DC、空调压缩机和
（　　　）。

2）高压充电路线按照充电能量分为四条充电分支，分列如下：

　　① 直流充电（40~60kW）。

　　② _____（≤ 3.3kW）。

　　③ 交流大功率充电（> 3.3kW）。

　　④ _____（<1kW）。

3）比亚迪 E5 高压配电，填空。

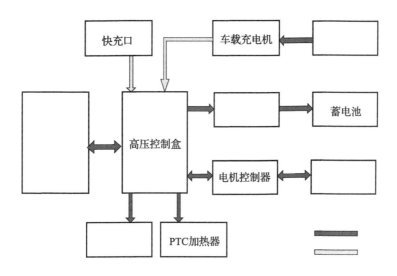

图 2-6　比亚迪 E5 高压配电

8. 现场指认高压线束并填空

在图中填空。

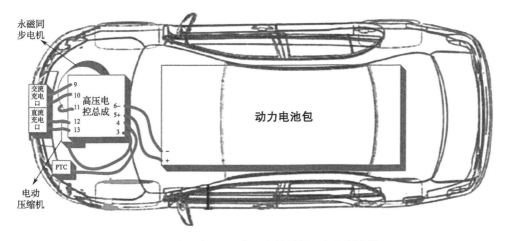

图 2-7　比亚迪 E5 四合一电控箱的正向和侧向接口

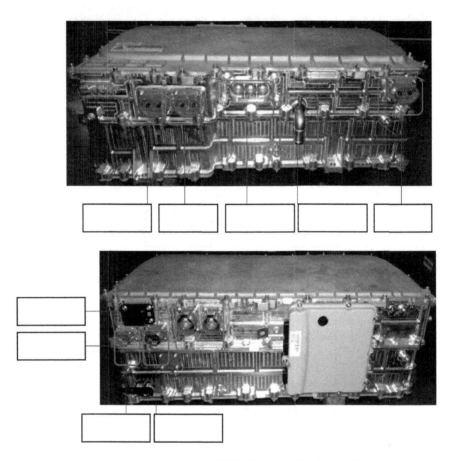

图 2-7 比亚迪 E5 四合一电控箱的正向和侧向接口（续）

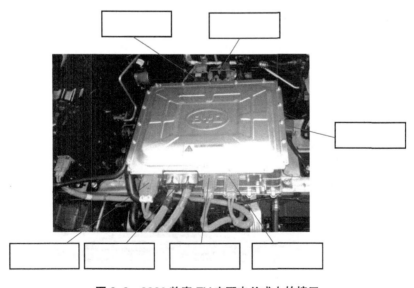

图 2-8 2020 款秦 EV 充配电总成上的接口

9. 认知充配电电控箱内部元件

认知充配电电控箱内部元件并填空。

直流充电正极接触器

DC降压模块

车载充电机输入熔丝

直流充电接触器烧结检测

空调熔丝

图 2-9　2020 款秦 EV 的充配电电控箱内部

10. 认知高压四合一电控箱内部元件

认知高压四合一电控箱内部元件分析线路走向、并填空。

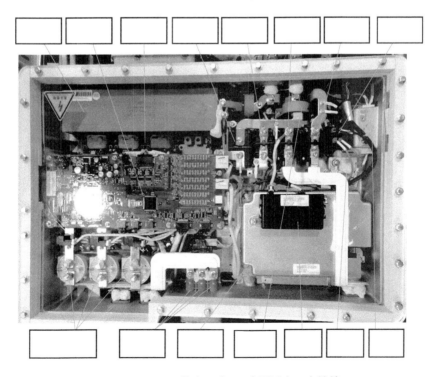

图 2-10　2017 款比亚迪 E5 高压四合一电控箱

四、效果评价

　　😊 对各自完成的任务和小组代表展示的情况进行小组评价：

1. 训练任务的关键技能及基本技能有没有掌握？

　　评价情况：

2. 训练任务的目标有没有实现？效果如何？

　　评价情况：

　　参评人员：

3. 100 分的任务，您给他（她）多少分：

　　　　　　　　　　　　　　　　　　　老师签名：

　　　　　　　　　　　　　　　　　　　日　期：　　年　　月　　日

任务 3
绘制高低压配电线网图和查找相关节点部件

一、任务描述

学生姓名		班级		学号	
实训教室		学时		日期	
任务描述	新能源汽车技术先进，涉及高电压系统，结构复杂。如果新能源汽车出现故障该如何进行检修呢？要想快速解决新能源汽车故障，必须通过确认故障现象、读取故障码、定格数据、数据流、主动测试等方法对其进行检修；同时要具有整车电气原理、整车二维线束图、整车电器控制策略等资料，并对以上资料熟练掌握。				
任务要求	**知识要求：** • 熟悉高压配电线网和高压电源的原理和特点。 • 熟悉低压配电线网和相关线网节点。 **技能要求：** • 能指认出各个高压部件。 • 能查找配电盒的位置并拔下相关熔丝和继电器。 **素养要求：** • 严格执行汽车高压上下电操作规范，养成严谨科学的工作态度。 • 在进行高压相关操作前，必须穿戴好劳保用品，检查工具以及校对仪器，拉好警戒线，并放置高压警示牌。 • 尊重他人劳动，不窃取他人成果，养成团结协作精神，总结经验。 • 严格执行 5S 现场管理。				

二、应知应会

1. 选择题

1）以下选项中不属于高压互锁问题的是（　　　）。

    A. 高压插件互锁端子缺失或退针　　　　　B. 高压插件未装配到位

    C. 高压盒盖开关端子损坏　　　　　　　　D. 高压线缆损坏

2）2017 款比亚迪 E5 漏电传感器安装在（　　　）。

    A. 电池管理系统模块下方　　　　　　　　B. 仪表台下方

    C. 右前座椅下方　　　　　　　　　　　　D. 四合一电控箱内

3）比亚迪 E5 车型中，不带高压互锁的零部件是（　　　）。

    A. 高压电控总成　　　　　　　　　　　　B. 动力电池包

    C. 真空泵　　　　　　　　　　　　　　　D. PTC

2. 判断题

1）高压互锁是用低压信号检查高压连接完整性的系统。 （　　）

2）漏电故障，系统无法检测具体哪个模块或负载引起漏电。 （　　）

3）车辆报漏电故障时，若可以继续行驶，可不必到店检修。 （　　）

三、实训任务

1. 认知高压互锁端子

新能源汽车的主要高压插接件均带有互锁回路，当其中某个插接件被带电断开时，BMS 检测到高压互锁回路存在断路，将立即断开主高压回路，同时激活主动泄放。请在下图填空。

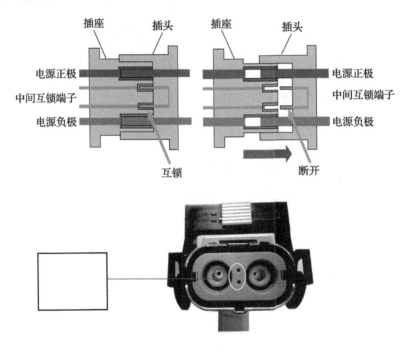

图 3-1　高压互锁端子及其内部结构

高压互锁的作用有哪三个方面：

①_____

②_____

③_____

2. 分段测量比亚迪 E5 的高压互锁电路

互锁监测设备是电池管理器，由其 BK45（A）/1 发出 PWM 方波后流入 PTC 模块的 B52/1 端子，随后流向高压四合一电控箱上的各个高压插接器，之后再进入动力电池包，最后由 BK45（B）/7 端子流回到_____。

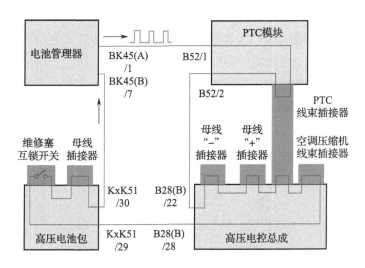

图 3-2　2018 款比亚迪 E5 的高压互锁电路

1）拆卸蓄电池负极，拔下 BMS 的插接器，使用万用表电阻档测量 BMS 的_____和_____之间的电阻，电阻应为_____，否则高压互锁断路。

图 3-3　BMS 互锁插头　　　　**图 3-4　互锁监控端测量 (0Ω)**

2）分别测量其他模块之间的线束，将零件的内部互锁情况填入下表。

部件名称	测量部件代码及端子	电阻值
动力电池包内部互锁		
VTOG 内部互锁		
PTC 内部互锁		
动力电池包—VTOG 线束		
VTOG—PTC 线束		
PTC—BMS 线束		
BMS—动力电池包线束		

3. 分段测量比亚迪秦 EV 的高压互锁电路

高压互锁电路 1：从电池包的 BK51-30 号端子→电池管理控制器 BK45（B）-4 号端子→电池管理控制器 BK45（B）-5 号端子→充配电总成 B74-13 号端子→充配电总成 B74-23 号端子→电池包的 BK51-29 号端子。

高压互锁电路 2：电池管理控制器 BK45（B）-11 号端子→充配电总成 B74-15 号端子→充配电总成 B74-14 号端子→电池管理控制器 BK45（B）-10 号端子。

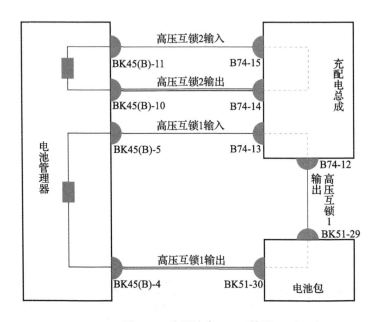

图 3-5 比亚迪秦 EV 互锁图

分别测量每个模块之间的线束，将零件的内部互锁情况填入下表。

部件名称	测量部件代码及端子	电阻值
动力电池包内部互锁		
充配电内部互锁		
电池管理器内部互锁		
电池包—充配电线束		
电池包—电池管理器线束		
充配电—电池管理器线束		
充配电—电池管理器线束		
充配电—电池管理器线束		

图 3-6　PTC 内部互锁的检测

图 3-7　PTC—BMS 互锁的线束检测

4. 测量接触器的控制线圈电阻

图 3-8　在比亚迪 E5 高压配电箱内的直流接触器

1）预充接触器控制线圈电阻值_____、主接触器控制线圈电阻值_____、交流充电接触器控制线圈电阻值_____、直流充电正极接触器控制线圈电阻值_____和直流充电负极接触器控制线圈电阻值_____、电池包内的分压接触器控制线圈电阻值_____、母线负极接触器控制线圈电阻值_____。

图 3-9　检测三相驱动电机的交流接触器

2）检测三相驱动电机的交流接触器，U 相控制线圈电阻值_____、V 相控制线圈电阻值_____、W 相控制线圈电阻值_____。

5. 测量主被动泄放模块的泄放电阻

主动泄放模块上的泄放电阻_____kΩ，被动泄放模块的电阻_____kΩ。

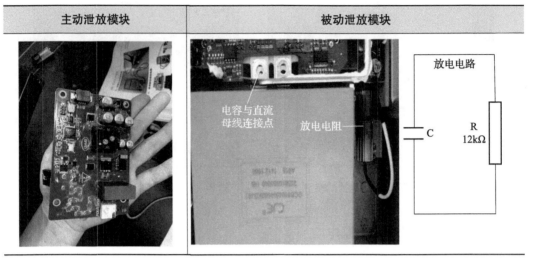

图 3-10 主动泄放模块与被动泄放模块

6. 检测比亚迪 E5 辅助电池电路

检测比亚迪 E5 辅助电路各插接器填写下表。

插接器	检测端子	针脚线束的颜色	端子的作用或含义是什么	测量对地电压或波形	结果判断
	DC/DC 输出端：				
	DC/DC 搭铁：				
	蓄电池正负极：				
	1-				
	3-				
	6-				

7. 拆装检查比亚迪 E5 辅助电池并测量波形

1）检测四块单体电池的电压，分别为 1 号_____、2 号_____、3 号_____、4 号_____，（□是 /□否）均衡？各个单体电池电压（□是 /□否）正常？单体电池电压故障为_____。

2）起动辅助电池总电压_____V，（□是 / □否）休眠？

3）如何唤醒低压辅助电池？

4）测量端子（CAN-H）的波形并绘制波形图。

图 3-11　辅助启动电池

故障名称	故障级别	阈值
单体电池过充电	1	3.85~4.00V
单体电池较严重过电压	2	3.65~3.84V
单体电池一般过电压	3	3.40~3.64V
单体电池一般欠电压	3	3.00~3.19V
单体电池较严重欠电压	2	2.80~2.99V
单体电池严重欠电压	1	2.50~2.79V
单体电池过放电	1	2.00~2.49V
单体电池一般过热	3	40~49℃
单体电池较严重过热	2	50~60℃
单体电池严重过热	1	≥ 61℃
电池组漏电		≤ 500Ω/V

图 3-12　单体电池故障电压和温度故障级别标准

8. 查找并指认比亚迪 E5 的配电盒

以比亚迪新能源汽车 E5 为例，共有_____个低压配电盒。其中，前机舱内有_____个，分别是_____、前舱配电盒Ⅰ（靠近辅助电池）、前舱配电盒Ⅱ、前舱外挂配电盒（靠近前机舱防火墙）等。位于驾驶室仪表台内有 3 个：分别是仪表配电盒Ⅰ（在驾驶员膝盖位置）、仪表配电盒Ⅱ（在前排乘客杂物箱里），_____（在中控空调面板下方）。其中双路电继电器 IG3 在仪表板外挂配电盒内，它会影响整车上电多个模块的工作。

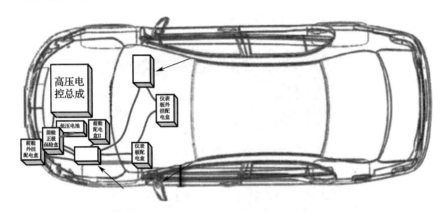

图 3-13　填写新能源汽车低压配电

1）在 E5 整车上找到仪表配电盒的位置，并标注其名称。

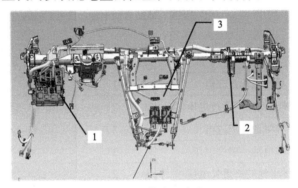

图 3-14　仪表配电盒

1—＿＿＿＿　　2—＿＿＿＿　　3—＿＿＿＿

2）在 E5 整车上找到前舱配电盒的位置，并标注其名称。

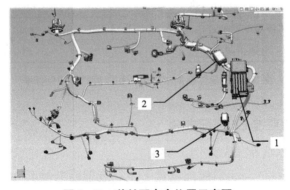

图 3-15　前舱配电盒位置示意图

1—＿＿＿＿　　2—＿＿＿＿　　3—＿＿＿＿

9. 查找并拔下相关熔丝和继电器

1）查找并拔下比亚迪 E5 的相关熔丝和继电器并在下表填写其规格和作用。

编号	F2/4	F2/32	F2/33	F2/34	KG-1
规格					
说明	双路电熔丝				

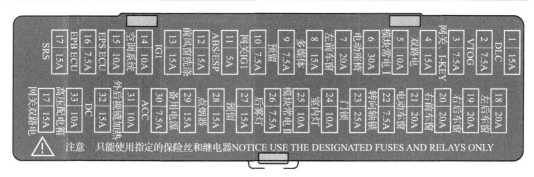

图 3-16　比亚迪 E5 仪表配电盒的熔丝

2）查找并拔下比亚迪秦 EV 的相关熔丝和继电器并在下表填写其规格和作用。

编号	F1/4	F1/22	F1/12	F2/33	F1/34	KG-7
规格						
说明						

编号	F1/1	F1/2	F1/3	F1/4	F1/5	F1/6	F1/7	F1/8	F1/9	F1/10	F1/11	F1/12	F1/13
规格	40A	40A	40A	20A	40A	10A	10A	10A	15A	15A	20A	15A	15A
说明	鼓风机	后除霜	前照灯	预留	电动真空泵	充配电总成	BMS	备用	备用	备用	备用	右远光灯	左远光灯

编号	F1/14	F1/15	F1/16	F1/17	F1/18	F1/19	F1/20	F1/21	F1/22	F1/23	F1/24	F1/25	F1/26
规格	15A	15A	—	—	10A	10A	10A	10A		15A	15A	15A	15A
说明	右远光灯	左近光灯	预留	预留	电控	模块IG3	模块IG4	电池冷却水泵	预留	IG3	IG4	空调水泵	喇叭

编号	F1/27	F1/28	F1/29	F1/30	F1/31								
规格	10A	30A	15A	25A	40A								
说明	报警器	刮水器	前洗涤	ABS/ESP	ABS/ESP								

前舱配电盒熔丝与继电器

编号	K1-1	K1-2	K1-3	K1-4	K1-5	K1-6	K1-7	K1-8	K1-9
规格	35A	35A	35A	35A	35A	35A	35A	35A	40A
说明	前洗涤继电器	刮水器速度继电器	刮水器开关继电器	IG4继电器	IG3继电器	近光灯继电器	远光灯继电器	后除霜继电器	鼓风机继电器

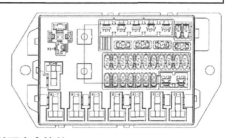

图 3-17　比亚迪秦 EV 前舱配电盒熔丝

3）现场找出线路插接器 B28（a.b）的 13 号和 14 号端子，BK45（abc）的 5、6、7 端子以及 BCM 的 G2R 插接器并拍照指出。

图 3-18　BK45b 和 B28b 插接器

四、效果评价

☺ 对各自完成的任务和小组代表展示的情况进行小组评价：

1. 训练任务的关键技能及基本技能有没有掌握？

评价情况：

2. 训练任务的目标有没有实现？效果如何？

评价情况：

参评人员：

3. 100 分的任务，您给他（她）多少分：

老师签名：

日期：　　年　　月　　日

任务 4
检测与排除动力电池和驱动电机系统故障

一、任务描述

学生姓名		班级		学号	
实训教室		学时		日期	
任务描述		新能源车辆的高压驱动组件是整个车辆的核心系统，会出现哪些故障呢？出现故障后如何进行排查？通过本任务的学习，正确地运用诊断设备对车辆高压驱动组件进行故障排查，建立有效、合理、安全的诊断思路，并规范地实施车辆故障检测作业。			
任务要求		**知识要求：** • 掌握高压电源组件的结构、位置和功能。 • 掌握高压驱动系统的控制逻辑及诊断方法。 **技能要求：** • 能够借助诊断设备完成高压驱动组件的故障排查。 • 能够建立高压电源组件的故障诊断思路和检测方法。 **素养要求：** • 严格执行汽车高压上下电操作规范，养成严谨科学的工作态度。 • 在进行高压相关操作前，必须穿戴好劳保用品，检查工具以及校对仪器，拉好警戒线，并放置高压警示牌。 • 尊重他人劳动，不窃取他人成果，养成团结协作精神，总结经验。 • 严格执行 5S 现场管理。			

二、应知应会

选择题

1）一台纯电动汽车能上 OK 电，挂入档位后，仪表档位显示异常，无法行进，下列故障可能原因错误的是（   ）。

    A. 电机或电机控制器故障   B. 动力电池故障

    C. 加速踏板故障   D. 档位传感器故障

2）比亚迪 E5 动力网的速率是（   ）。

    A. 125kbit/s   B. 250kbit/s

    C. 500kbit/s   D. 100kbit/s

3）新能源车 DC/DC 功能描述正确的是（   ）。

    A. 相当于传统燃油车发电机

B.将直流电转换为交流电给驱动电机供电

C.监测电池包状态

D.将电机回馈的交流电转换为直流电

4）（　　　）不是电池管理系统主要的功用。

　　A.电池包电量计算　　　　　　　B.电池温度、电压、湿度检测

　　C.能量回馈　　　　　　　　　　D.充放电控制、预充控制

5）旋变传感器的主要用途是（　　　）。

　　A.输出电力传送电能　　　　　　B.变压变流

　　C.感应电机旋转实时位置　　　　D.随动系统装置

6）电池的体积越大，其能量（　　　）。

　　A.越大　　　　　B.越小　　　　　C.固定不变　　　D.不确定

7）（　　　）参数是BMS中用来反映动力电池健康状态的。

　　A.SOC　　　　　B.SOP　　　　　C.SOH　　　　　D.DOD

8）动力电池系统磷酸铁锂的单体电压为（　　　），工作电压范围为2.7~3.7V。

　　A.3.1V　　　　　B.3.2V　　　　　C.3.5V　　　　　D.3.7V

三、实训任务

1.认知锂电池单体和模组

1）分析锂电池并填空。

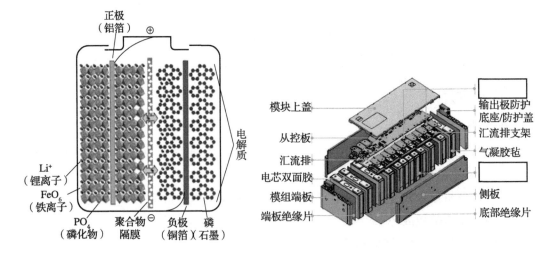

图4-1　锂电池原理和锂电池模组

2）化学反应方程：

　　充电：

　　放电：

3）比亚迪 E5 动力电池由_____个单体电池串联而成，并分成了_____个模组，内含_____个分压接触器。

2. 拆装检测电池管理器

1）找到电池管理器的位置，断开蓄电池负极。

2）拔下电池管理器的连接线束。

3）拆下左 / 右侧各两颗螺栓。

图 4-2 比亚迪 E5 电池管理器

图 4-3 比亚迪 E5 电池管理器固定螺栓

3. 指出并检测秦 EV 的 BMS 端子

指出比亚迪秦 EV 上的 BMS 端子，检测其性能并填入下表。

插接器	引脚号	引脚线束颜色	对地电压值或波形	其端子作用是什么	结果判断
	BMC01-7 ~ GND				
	BMC01-8				
	BMC01-18				
	BMC01-21				
	BMC01-22				
	BMC02-3				
	BMC02-4				
	BMC02-14				

4. 指认驱动电机零部件

根据下图指认驱动电机零部件并填空。

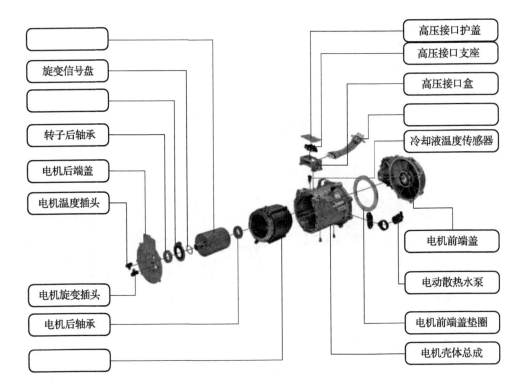

旋变信号盘		高压接口护盖
转子后轴承		高压接口支座
电机后端盖		高压接口盒
电机温度插头		冷却液温度传感器
电机旋变插头		电机前端盖
电机后轴承		电动散热水泵
		电机前端盖垫圈
		电机壳体总成

图 4-4 驱动电机爆炸图

5. 查找电机控制器插接器的端子

检测电机控制器插接器并填写下表。

插接器	引脚号	引脚线束的颜色	测量对地电压值或波形	其端子作用是什么	结果判断
	1–				
	2–				
	4–				
	7–				
	8–				
	49–				
	50–				
	60–				

6.测量旋变传感器各线圈电阻

 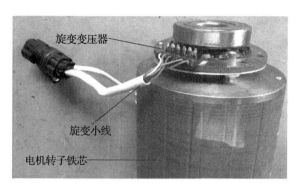

图4-5 旋变传感器

测量旋变传感器正弦阻值_____Ω，余弦阻值_____Ω，励磁阻值_____Ω。

7.测量旋变传感器励磁信号的波形

检测励磁信号波形优先在电机控制器端测量，没有信号的话可以追溯回电机端测量。测量波形时示波器需要将励磁＋、励磁－接在同一探头，其他信号类似，画出其波形。

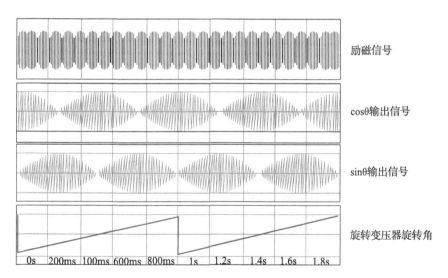

图4-6 旋变传感器励磁信号波形

8.测量驱动电机三相绕组内的电阻

用电机电阻测试仪（毫欧表）测量驱动电机三相绕组的内阻。U—V间的电阻_____Ω，U—W间的电阻_____Ω，V—W间的电阻_____Ω。

9.检测驱动电机各相的感应电压

有条件旋转电机转子，可以用万用表检测三相电机的交流感应电压：U—搭铁的电压＿＿＿V、V—搭铁的电压＿＿＿V、W—搭铁的电压＿＿＿V。

针脚定义		针脚定义		参考值
1	余弦-	5	余弦+	16±4Ω
2	正弦-	6	正弦+	16±4Ω
3	励磁-	7	励磁+	8.3±2Ω
4	温度+	8	温度-	53.65kΩ~151.9151.9kΩ

图4-7　驱动电机内部结构和传感器检测

四、效果评价

☺ **对各自完成的任务和小组代表展示的情况进行小组评价：**

1. 训练任务的关键技能及基本技能有没有掌握？

评价情况：

2. 训练任务的目标有没有实现？效果如何？

评价情况：

参评人员：

3. 100分的任务，您给他（她）多少分：

老师签名：

日　期：　　　年　　　月　　　日

任务 5
检测与排除新能源汽车充电系统故障

一、任务描述

学生姓名		班级		学号	
实训教室		学时		日期	
任务描述					

任务描述	新能源汽车充电分为直流充电和交流充电。由于交流充电时间较长，需要长时间占用一个停车位进行充电，当车辆有紧急电能补充需求时难以满足。直流桩（也称非车载充电机），俗称"快充"。它是固定安装在电动汽车外，与市电网连接，可以为电动汽车动力电池提供直流电源的供电装置。
任务要求	**知识要求：** • 掌握新能源汽车充电系统的结构、位置和功能。 • 掌握新能源汽车充电系统的控制逻辑及诊断方法。 **技能要求：** • 能够借助诊断设备完成新能源汽车充电系统的故障排查。 • 能够建立新能源汽车充电系统故障诊断思路。 **素养要求：** • 严格执行汽车高压上下电操作规范，养成严谨科学的工作态度。 • 在进行高压相关操作前，必须穿戴好劳保用品，检查工具以及校对仪器，拉好警戒线，并放置高压警示牌。 • 尊重他人劳动，不窃取他人成果，养成团结协作精神，总结经验。 • 严格执行 5S 现场管理。

二、应知应会

1. 选择题

1）电动汽车的快速充电是（　　　）充电。

    A. 交流   B. 直流   C. 发电机   D. 发动机

2）直流充电接触器由（　　　）控制器控制闭合。

    A. 车载充电机   B. BMS   C. VCU   D. 快充桩

3）当电池电量低于（　　　）时，充电指示灯点亮，当电池电量低于（　　　）时，屏幕提示请尽快充电。

    A. 30%　15%   B. 40%　15%   C. 30%　5%   D. 20%　5%

2. 判断题

1）仪表上的充电桩带一个小插头的指示灯亮起时，说明车辆正在充电。（　　）

2）除了仪表上的指示灯外，部分车型在其他位置也设计有充电指示灯。（　　）

三、实训任务

1. 认知充电枪的电锁

图5-1　充电枪锁块　　　　图5-2　充电口推杆　　　　图5-3　充电口应急拉锁

2. 检测充电枪和充电口

1）测量随车便携式充电枪上的 CC 与 PE 之间的阻值参见下表，测量端子为_____和_____，此枪的功率和电流分别为_____和_____；按下开关时的电阻为_____。

CC 与 PE 之间的阻值		充电枪
3.3kW 以下	680Ω/1500Ω	16A/8A
7kW	220Ω	32A
40kW 以下	100Ω	63A

图5-4　充电枪 CC 检测　　　　图5-5　按下开关后的 CC 阻值

2）交流充电口 PE 与搭铁的测量：测量_____与_____之间的电阻，为_____Ω。检测插接器并填写下表。

插接器	测量位置	引脚线束的颜色	测量实际值或波形	其作用或含义是什么	结果判断
	L1				
	PE CC CC-PE				
	CP				
	N				
	DC+ DC-				
	A+ A-				
	S+ S-				
	CC1 CC2 CC1-PE CC2-PE				

3. 检查直流充电接触器的电阻

测量直流充电接触器阻值，测量端子为_____和_____，阻值为_____。

图 5-6　直流充电口 A+ 与 A- 的测量

4. 检测 CP 信号

插枪前后测量 CP 的电压变化，充电时用示波器检测 CP 信号并画出其波形。

图 5-7　CP 信号波形

5. 查找充电关键线束的端子

查找并画出充电感应线、充电连接线、充电指示灯线的连接端子（比亚迪 E5 可参考教材图 4-2-8），将其断路观察故障现象。

四、效果评价

☺ **对各自完成的任务和小组代表展示的情况进行小组评价：**

1. 训练任务的关键技能及基本技能有没有掌握？

   评价情况：

2. 训练任务的目标有没有实现？效果如何？

   评价情况：

   参评人员：

3. 100 分的任务，您给他（她）多少分：

老师签名：

日期：　　年　　月　　日

附录 故障诊断工单

_____故障的诊断与排除过程

作业项目	作业内容	备注
起动，关键功能故障	上 OK 电故障	
故障现象确认	① 开门 操作：仪表显示□ 正常□异常现象	※ 确认故障症状并记录症状现象
	② 踩制动踏板按 POWER 键 操作：有____现象	
	③ 上电 操作：SOC 电量显示 □正常□异常现象	
	④ 上电 操作：上不了 OK 电，提示"请检查动力系统"或"_____"现象	
故障现象分析	➢ 由现象①推理可知： ➢ 由现象②推理可知： ➢ 由现象③推理可知： ➢ 由现象____推理可知： ➢ 由现象____推理可知：	◆ 可能故障范围： ◆ 最有可能的是：
增加条件 1：模块通信状态		
增加条件 2：报故障码		

增加条件 3：读相关数据流	项目	数值	单位	判断	※ 如果无相关数据则无需填写
	无			正常 / 异常	
				正常 / 异常	
				正常 / 异常	
				正常 / 异常	
				正常 / 异常	

（续）

作业项目	作业内容				备注
增加条件 4： 诊断座检测	**项目**	**数值**	**单位**	**判断**	
				正常 / 异常	
				正常 / 异常	
				正常 / 异常	
				正常 / 异常	
				正常 / 异常	
增加条件 5： 网络故障检测	**项目**	**数值**	**单位**	**判断**	
				正常 / 异常	
				正常 / 异常	
				正常 / 异常	
				正常 / 异常	
				正常 / 异常	
清除故障码并再次读取模块通信状态	检查故障码是否再次出现，并填写结果 □ 无 DTC □ 有 DTC				
确定故障范围 （模块电路图）					

部件 / 电路测试	**部件 / 线路范围**		**检查或测试后的判断结果**	
			□ 正常	□ 异常
			□ 正常	□ 异常
			□ 正常	□ 异常
			□ 正常	□ 异常
			□ 正常	□ 异常
			□ 正常	□ 异常
			□ 正常	□ 异常
	※ 注明测试条件、插件代码和编号、控制单元引脚代号以及测量结果			

故障部位确认和排除	**故障类型**	**确认的故障位置**	**排除处理说明**
	线路故障		□ 更换 □ 维修 □ 调整
	元件故障		□ 更换 □ 维修 □ 调整